权威・前沿・原创

皮书系列为
"十二五""十三五"国家重点图书出版规划项目

四川社会工作与管理蓝皮书
BLUE BOOK OF
SICHUAN SOCIAL WORK AND MANAGEMENT

四川省社会工作人力资源发展报告（2017）

REPORT ON THE SOCIAL WORK HUMAN RESOURCES
DEVELOPMENT OF SICHUAN PROVINCE (2017)

主　　编／边慧敏
副主编／钱　宁　赵修文

社会科学文献出版社
SOCIAL SCIENCES ACADEMIC PRESS (CHINA)

图书在版编目(CIP)数据

四川省社会工作人力资源发展报告.2017/边慧敏主编.--北京:社会科学文献出版社,2017.12
(四川社会工作与管理蓝皮书)
ISBN 978-7-5201-2064-7

Ⅰ.①四… Ⅱ.①边… Ⅲ.①社会工作-人力资源管理-研究报告-四川 Ⅳ.①D669

中国版本图书馆 CIP 数据核字(2017)第 315827 号

四川社会工作与管理蓝皮书
四川省社会工作人力资源发展报告(2017)

主　　编／边慧敏

出　版　人／谢寿光
项目统筹／杨桂凤
责任编辑／谢蕊芬　胡庆英

出　　版／社会科学文献出版社·社会学编辑部 (010) 59367159
　　　　　地址:北京市北三环中路甲29号院华龙大厦　邮编:100029
　　　　　网址:www.ssap.com.cn

发　　行／市场营销中心 (010) 59367081　59367018
印　　装／北京季蜂印刷有限公司

规　　格／开　本:787mm×1092mm　1/16
　　　　　印　张:16.25　字　数:213千字
版　　次／2017年12月第1版　2017年12月第1次印刷
书　　号／ISBN 978-7-5201-2064-7
定　　价／89.00元

皮书序列号／PSN B-2017-683-1/1

本书如有印装质量问题,请与读者服务中心 (010-59367028) 联系

▲ 版权所有 翻印必究

本书是四川省社会科学高水平研究团队（四川社会工作队伍人力资源管理创新研究团队）的研究成果。获得四川省社会科学高水平研究团队（四川社会工作队伍人力资源管理创新研究团队）（项目批文号：川社联函〔2015〕17号）的资助。

编 委 会

主　编　边慧敏

副主编　钱　宁　赵修文

成　员（按姓氏笔画排列）

　　　　　尹庆双　李迎生　陈井安　姜晓平　顾东辉
　　　　　徐永祥　徐玖平

主要编撰者简介

边慧敏 曾在西南财经大学政治经济学系获得学士、硕士学位，人口研究所获得博士学位，毕业后留校任教，历任助教、讲师、副教授。现为西华大学教授、博士生导师。任四川省委委员、四川省社科联副主席，为享受国务院政府特殊津贴专家、教育部高等学校社会学类学科专业教学指导委员会委员、中组部领导干部考试与测评中心特聘专家、四川省人才工作领导小组专家、中国政治学会常务理事、四川省政治学会副会长、四川省体制改革和机构编制管理研究会副会长、中国侨联特聘专家、四川省侨联特聘专家咨询委员会副主任委员、四川省社会科学高水平研究团队（四川社会工作队伍人力资源管理创新研究团队）负责人。曾先后赴日本国际交流基金会、台湾大学、伦敦政治经济学院、牛津大学和瑞典乌普萨拉大学访学、讲学，参加培训、研修。先后60多次获得省部级、全国学会及省级学会与教学科研单位各种奖励。发表论文60多篇，主编或参编著作30多部。曾作为课题负责人主持国家、省部级、政府及企业的科研课题和规划项目共100多项。

钱　宁 博士，毕业于吉林大学哲学专业。现为西华大学社会发展学院教授、博士生导师，中国社会学会常务理事，中国社会福利研究专业委员会副理事长，中国社会工作教育协会常务理事。担任《社会建设》《社会工作》《社会工作与管理》等学术刊物编委或学术顾问，中国人民大学复印报刊资料中心《社会工作》编委。主编《现代社会福利思想》、《工业社会工作》、《现代社会福利思想》（第二版）等三部教材，出版学术著作《社会正义、公民权利和集体主义》、《社会福利视域中的社会工作》、《社区建设中的社会工作探索》（合著）、《基督教与少数民族社会文化变迁》（主编），发表学术论文80余篇。对社会福利理论、社会工作、社会政策、民族社会学等领域有较深入的研究，并取得了一定成绩。曾获得省部级优秀成果奖一等奖1次、二等奖1次、三等奖3次。研究方向为社会福利、社会工作、社会政策、非营利组织和志愿者服务等。

赵修文　博士，毕业于西南财经大学产业经济学专业。现为西华大学管理学院教授、硕士生导师。四川省社会科学高水平研究团队（四川社会工作队伍人力资源管理创新研究团队）成员。主持和参与国家级、省部级、企业集团的科研项目10多项。获四川省人民政府优秀教学成果一等奖1项。在《应用数学学报》《科研管理》《中国高等教育》《科学学研究》《科学管理研究》《国家教育行政学院学报》等CSSCI和CSCD来源期刊发表学术论文30余篇，出版专著3部，主编和参编教材3部。研究方向为组织行为与人力资源管理、隐性知识计量与管理、价值观管理、产业组织理论等。

唐代盛　博士，毕业于西南财经大学法学专业。现为北京交通大学经济管理学院教授、博士生导师，北京交通大学劳动经济与人力资源管理研究所副所长，四川省学术和技术带头人后备人选，劳动经济学会理事，劳动经济学会就业促进专业委员会副会长，四川省人口学会副秘书长。主持和参加国家级课题、省部级课题和政府重点重大项目30多项，担任 Physica A（Elsevier）、《中国管理科学》审稿人，在 The Lancet、PLOS ONE、Human Vaccines & Immunotherapeutics 等SCI、SSCI来源期刊，《经济学家》《改革》《经济学动态》《人口研究》

《中国行政管理》等 CSSCI 来源期刊发表学术论文 60 余篇，获得四川省第十七次社会科学优秀成果一等奖等多个学术奖项。研究方向为劳动经济、健康经济、公共管理。

总报告和专题报告均由钱宁教授统稿、审定。

总报告各部分执笔撰写人如下。

导言部分，由唐代盛教授、张冲副教授、茹婧副教授执笔撰写。

四川省社会工作人力资源发展现状部分，由朱琳副教授、苏文明副教授执笔撰写。

四川省社会工作人力资源发展问题分析部分，由胡冬梅副教授、成欢副教授执笔撰写。

推进四川省社会工作人力资源发展的政策建议部分，由赵修文教授、王磊副教授、刘雪梅老师执笔撰写。

三个专题报告的执笔撰写人如下。

专题报告1：《四川省城乡社区社会工作人才队伍建设的问题与对策研究》，执笔撰写人为朱琳副教授。

专题报告2：《四川省民办社会工作服务机构人力资源发展的局限及对策研究》，执笔撰写人为黄皓老师、谢缘老师。

专题报告3：《养老服务社会工作人力资源发展研究及其对四川省的启示》，执笔撰写人为吴柏良博士。

摘　要

总报告以2006年党的十六届六中全会《中共中央关于构建社会主义和谐社会若干重大问题的决定》提出的构建一支宏大的社会工作人才队伍战略部署为背景，以四川省社会工作发展中的人力资源问题为研究对象，同时结合国内外社会工作人力资源发展的经验，探讨了四川省社会工作人力资源发展的现状、问题和对策。通过实地调研、文献梳理和集体研讨，总报告对四川省社会工作人力资源发展的整体状况进行了描述，对存在的问题进行了分析，提出了促进四川省社会工作人力资源发展的对策建议。同时，分报告又针对四川省城乡社区社会工作人力资源问题和社会组织中的人力资源管理问题进行了专题研究，对中国老年服务中的社会工作人力资源发展问题及其对四川的启示做了专题研究。

总报告对四川省社会工作人力资源面临的挑战、发展的困境、研究的必要性及方法进行了简述，对四川省社会工作人力资源发展的基本态势、历史与现状、实践和问题进行了归纳和总结，针对四川省社会工作人力资源的职业评价、薪酬激励、职业竞争力、管理体制方面存在的问题进行了深入分析，以此为基础，从制度建设、保障体系、激励体系和社会治理四个方面提出了推进四川省社会工作人力资源发展的政策建议。

在专题报告中，《四川省城乡社区社会工作人才队伍建设的问题与对策研究》分析了四川省城乡社区社会工作人才队伍建设的现状、困境及对策，以期对四川省社区基层治理体系提供有益借鉴。《四川省民办社会工作服务机构人力资源发展的局限及对策研究》针对四

川省民办社会服务机构的人力资源发展状况，分析了四川省民办社会工作服务机构人力资源发展遇到的问题及挑战，并提出了相应的对策建议。《养老服务社会工作人力资源发展研究及其对四川省的启示》从国内养老服务社会工作发展情况分析入手，对近年来我国老年社会工作人力资源发展的状况进行了分析探讨，对四川省养老服务社会工作人力资源发展在人才培养模式创新、职业环境改善、专业化发展提升等方面提出了对策建议。

Abstract

This report is based on the background of building a grand social work talent team strategy proposed *on The Construction of Socialist Harmonious Society Certain Major Issue Decision* in the Party's Sixth Plenary Session of the 16th CPC Central Committee which was held in 2006. This report takes the problem of social work human resources development in Sichuan province as the research object to discuss the current situation, problems and countermeasures of social work human resources in Sichuan province combining it with both domestic and overseas experience. Report takes field research, literature research and group discussion as the main research method to describe the overall situation of the social work human resources development in Sichuan province. Report analyzes the existing problems and proposes countermeasures to promoting the social work human resources development in Sichuan. Meanwhile, several subject researches has been made focusing on the problems of social work human resources development in urban and rural community in Sichuan Province, the human resources management in social organizations in Sichuan Province and the social work human resources development in China's elderly services with its enlightenment to Sichuan.

This report briefly reviews the challenge and the predicament which social work human resources in Sichuan province are facing and its necessity and method of this research. Report summarizes the basic situation, history and recent advance, practice and problems of the social work human resources development in Sichuan Province. From the aspects of occupation evaluation, incentive system, occupation competitiveness and administrative system of social work human resources in Sichuan Province, report does deep analysis of the challenge which social work in Sichuan Province is facing. On that basis, report gives countermeasures on system construction, security system, incentive system and social governance in order to put forward to promote social work of human resources development in Sichuan Province.

In the subject researches, *The Research on the Problems and Countermeasures of Talent Team Construction of Community Social Work in Urban and Rural Areas of Sichuan Province* analyzes the status, difficulties and countermeasures of talent team construction of community social work in urban and rural areas in Sichuan Province. It is expected to provide useful reference to the basic community governance system in Sichuan. Another subject research *Research on the Limitations and Countermeasures of Private Social Work Service Organizations' Human Resources Development in Sichuan Province* according to the limitations of social work human resources development in Sichuan's private social service organizations, analyzes the problem of private social work services in Sichuan social work human resource development issues and challenges, and puts forward the corresponding policy recommendations. The last subject research *Research on the Human Resources Development of Elderly Care Service of Social Work and Its Enlightenment in Sichuan Province* starting from the development of domestic pension services social work analysis, discusses China's social work for the elderly human resource development situation in recent years and proposes some countermeasures and suggestions on the innovation of talent team training mode, improvement of occupation environment, enhancement of professional development and so on.

目　录

Ⅰ　总报告

B.1　四川省社会工作人力资源发展总报告 …………………… / 001

Ⅱ　专题报告

B.2　四川省城乡社区社会工作人才队伍建设的问题与
　　　对策研究……………………………………………… 朱　琳 / 145

B.3　四川省民办社会工作服务机构人力资源发展的局限
　　　及对策研究………………………………… 黄　皓　谢　缘 / 176

B.4　养老服务社会工作人力资源发展研究及其对
　　　四川省的启示…………………………………… 吴柏良 / 205

CONTENTS

Ⅰ General Report

B.1 General Report on the Social Work Human Resources Development of Sichuan Province / 001

Ⅱ Subject Reports

B.2 Research on the Problems and Countermeasures of Talent Team Construction of Community Social Work in Urban and Rural Areas of Sichuan Province　*Zhu Lin* / 145

B.3 Research on the Limitations and Countermeasures of Private Social Work Service Organizations' Human Resources Development in Sichuan Province　*Huang Hao, Xie Yuan* / 176

B.4 Research on the Human Resources Development of Elderly Care Service of Social Work and Its Enlightenment in Sichuan Province　*Wu Bailiang* / 205

总报告

General Report

B.1 四川省社会工作人力资源发展总报告

摘　要： 党的十六届六中全会以来，社会工作迅速发展，社会工作专业价值得以凸显，社会工作人才队伍建设初现成效。当前，四川省正处于经济社会转型发展的关键时期，社会工作的发展离不开科学、规范、激励相融的社会工作人力资源管理。本报告以四川省社会工作发展中的人力资源问题为研究对象，通过实地调研、文献梳理和集体研讨，认真梳理了四川省社会工作人力资源发展的现状，对四川省社会工作人力资源发展的基本态势、历史与现状、实践和问题进行了归纳和总结，从四川省社会工作人力资源的职业评价、薪酬激励、职业竞争力、管理体制方面，深入分析了四川省社会工作人力资源面临的挑战、发展的困境，并以此为基础，从制度建设、保障体系、激励体系和社会治理四个方面提出了推进四川省社会工作人力资源发展的政策建议。

关键词： 社会工作人力资源 社会工作 管理与发展 对策建议

一 导言

（一）2006年以来中国社会工作发展的状况

中国快速的社会变革和转型引发了多种社会问题。为应对各种风险对中国社会的巨大冲击，党的治国理政理念正逐步实现从社会管理到社会治理的转变。伴随我国决胜全面建成小康社会和全面建设社会主义现代化强国等一系列国家战略议题的提出，作为社会重要平等组成部分的贫弱人群成为追求全面发展过程中需要面对的重大问题[①]，社会工作专业正成为参与中国创新社会治理机制的新兴力量。但是，作为一种外来的新兴专业，社会工作人力资源发展滞后与中国经济社会发展的现实需求之间的矛盾成为这一时期社会工作发展的核心问题。社会工作者是助人行动的主体，如何促进社会工作人力资源更好的发展，成为现阶段的关键任务。

1. 中国社会工作发展的背景

2006年，中国共产党第十六届中央委员会第六次全体会议审议通过的《中共中央关于构建社会主义和谐社会若干重大问题的决定》（以下简称《决定》）提出，要建设民主法制、公平正义、诚信友爱、充满活力、安定有序、人与自然和谐相处的社会主义和谐社会。同时，《决定》提出了加强社会工作人才队伍建设的重要部署，明确指出要造就一支规模宏大、结构合理、素质优良的社会工作人才队伍。2010年党中央、国务院颁布的《国家中长期人才发展规划纲要（2010～2020年）》指出，以中高级社会工作人才为重点，培养造就一支职业化、专业化的社会工作人才队伍。《社会工作专业人才队伍建设中长期规划

---

① 翟振武：《中国人口科学发展的回顾与展望》，《中国人口科学》2007年第5期。

(2011~2020年)》也提出,到2015年社会工作专业人才总量要达到50万人、2020年要达到145万人。2010年10月,党的十七届五中全会再次强调要加强社会建设,加强和创新社会管理。从十六届四中全会到十八大的重要文件均就社会建设与社会管理创新有所论述,社会工作作为社会建设的重要手段得到国家的关注和重视。2016年,民政部等12部门联合出台的《关于加强社会工作专业岗位开发与人才激励保障的意见》明确了社会工作从业人员的工资待遇、职业地位、晋升空间、岗位开发等,对社会工作人才队伍建设的核心问题也进行了进一步明确。2015年至今,"社会工作"被连续写入政府工作报告,2015年政府工作报告提出"发展专业社会工作、志愿服务和慈善事业",2016年提出"支持专业社会工作、志愿服务和慈善事业发展",2017年提出"促进专业社会工作、志愿服务发展"。十六届六中全会以来,社会工作从局部探索向全局发展过渡,社会工作专业价值得以显现。四川省的社会工作人才队伍建设尚处于发展初期,面对现实需求和国家规划,探索社会工作人才队伍建设有效途径、加快社会工作专业人才队伍建设是四川省面临的一项重大课题和紧迫任务。

社会工作是工业化和现代化的必然产物,是社会发展和人类文明进步的重要成果和标志,是现代社会解决社会问题、化解社会矛盾、维护社会稳定的重要制度性安排,是国家实施社会政策的一项重要基础性工作。在我国经历国家与社会高度一体化之后,国家与社会关系的重塑引致政府主动让渡、分离出部分社会空间。市场经济和社会转型引发各类社会组织[①]

[①] 社会组织是一个比较大的概念,是为了实现特定的目标而有意识地组合起来的社会群体,类似的概念还有社会团体、第三部门、非营利组织等,但并不是所有的社会组织都是社会工作服务机构或社会工作组织。在四川某些地区,有众多的社会组织,这些组织中有的在做社会工作,但也有一些并不提供社会工作服务。这其实也是一种当前社会工作准入标准不统一的体现。在我们的调研访谈中,各地对于"民办社会工作服务机构"的理解和执行是不一样的,因此,在本书中,有些地方统指社会组织时,我们使用社会组织的概念,在具体到社会工作服务机构时,我们使用社会工作服务机构或社会工作组织的概念。

兴起，2013年，我国社会团体、民办非企业单位、基金会等多个类型的社会组织规模达到54.05万个，社会工作相关从业人员达600多万人。社会组织大多数是按照政府系统或依托项目进行管理，其人员、人事的设立基本上仿照行政系列或项目化管理进行，无法提供面对"市民社会"工作的人力资源管理的制度性激励，因而造成相当普遍的人力资源管理与发展困境。

当前，四川省正处于经济社会转型发展的关键时期，随着工业化、信息化、城镇化、市场化、国际化进程的加快推进，经济体制变革，社会结构变动，利益格局调整，思想观念变化，失业、贫困、人口老龄化等复杂多样的社会问题随之而来，社会的急剧转型、矛盾的集中凸显，使人民群众对福利保障、社会服务等方面的美好生活的需求越来越高。这就对社会工作及高素质、专业化的社会工作人才队伍产生了较大诉求。社会组织和社会工作人力资源的形成和发展，离不开科学、规范与激励相融的社会工作人力资源管理，因而推动四川省社会工作人力资源管理实践的发展成为社会工作发展的内在要求。

2. 社会工作人力资源发展面临的挑战

2014年，中国经济发展进入了新常态，作为国家的发展战略和发展目标，从数量扩张型向质量效益型转变。在经济新常态下，社会工作发展也面临新的挑战。在这一时期，四川面临全面深化改革、推进新型城镇化、创新社会治理、构建适度普惠型社会福利体制等诸多历史任务，这对社会工作发展及其人力资源开发提出了新的更高要求，因而社会工作人力资源发展面临历史机遇的同时也面临着社会联系弱化、社会"原子化"等带来的挑战。

首先，从社会关系的变化来看。从社会关系的特点来看，社会群体是指人们通过互动而形成的、由某种社会关系联结起来的共同体，在这个共同体中，社会成员具有共同的身份和某种团结感以及共同期待。初级群体是由面对面的交往形成的，具有亲密成员关系的社会群体,其类型主要包括家庭、同辈群体、邻居、朋友等。初级群体的概念最初是由美国社会学家库利提出来的,他在1909年出版的著作《社会组织》中,把家庭、邻里、儿童游戏群称为初级群体。伴随现代化和社会发展的进程,社会中的初级群体关系弱化已成为国内外社会发展面临的共同问题。美国学者帕克提出,在城市环境中,邻里关系正在失去其在更简单、更原始的社会形态中所具有的重要性,在那里,成千上万的人虽然居住、生活之地近在咫尺,却连见面点头之交都没有,初级群体中的那种亲密关系弱化了,依赖于这种关系的道德秩序慢慢解体了。整个社会中的初级群体缺乏合群能力,使得社会资本大量流失,产生了较多的负面效应。在社会群体的家族关系、邻里关系、朋友关系弱化的情形下,国内社会工作从业人员在社会工作的开展方面将会面临较多的障碍和问题。

其次,从社会联结模式的变化来看。20世纪90年代以来,单位体制逐渐走向解体,社会转型中的社会联结模式的转换问题由此产生。对"国家－单位－个人"社会联结模式进行改革,绝不意味着要建立一个以个人主义为基础的"国家－个人"模式。在政府与个体之间如果没有次级社会群体的存在,社会发展的基础将变得脆弱和无序。如果次级社会群体与个体联系紧密,次级社会群体就会把个体纳入社会生活的主流和秩序之中。如果在国家与个体之间没有初级社会群体和法人群体作为中介,国家与个体的距离会越来越远,两者的关系将越来越流于表面,国家无法切入到个体的意识深处并将他们结合在一起。因此,经济社会转型期的社会联结模式变动必然会对所有人群产生重要影响。在社会转型时期,体制变革、私有制单位的大量涌现以及网络经济对社会关系的强烈影响,使得新形态的弱势群体开始显现,这一弱势群体生态的表现绝非仅仅体现为经济上的窘迫,更突出地表现为没有了单位归属感的社会"原子化"境遇。他们的社会危险性在于利益诉求找不到正规的管道,社会网络和社会支持也失去了正常传递的管道。社会工作从业人员要想帮助这些弱势群体走出困境，必须使其获得"自助"的本领，其中关键的环节就是修复他们的社会关系以重塑社会联结关系。社会工作以个体与环境互动形成的社会关系为切入点开展工作，寻求增强个体的社会功能。

最后，从社会转型面临的问题来看。20世纪90年代以来，以"单位社会"走向消解为时代背景，社会渐趋个体化和"原子化"，建立在个体和民间组织实践基础上的"互助合作"的理念和体系的构建便成为其中的关键。但由于过去单位制度"公"的体制抑制了社会"助"的体系多元化，在单位制度走向解体和旧有社会联结被破坏的情况下，出现了托克维尔曾经预言的问题："人人都没有援助他人的义务，人人也没有要求他人支援的权利，所以每个人既是独立的又是软弱无援的。他们的独立性，使他们在与自己平等的人们往来时充满自信心和自豪感，而他们的软弱无力，又有时使他们感到需要他人的支援，但他们却不能指望任何人给予他们以援助，因为大家都是软弱的和冷漠的。"这种状况在一定程度上消解了"助人"的基本理念，乃至"自助"也成为不可能，这对以"助人自助"为宗旨的社会工作及其从业人员专业开发构成了严峻的挑战。

3. 社会工作人力资源发展中的困境

近些年来，四川省不断加大对社会工作专业人才的培养和培训力度、壮大社会工作专业人才队伍、提升社会工作人力资源素质及优化从业人员发展环境，在这些方面取得了积极的进展和较好的成效，但也存在着一些问题与不足。

首先是社会工作人力资源发展的制度困境。具体表现在以下几个方面。

一是社会工作人力资源数量与社会工作服务机构发展非同步。从1998年开始，我国先后修订了《社会团体登记管理条例》，颁布了《中华人民共和国公益事业捐赠法》《民办非企业单位登记管理暂行条例》《基金会管理条例》《中华人民共和国民办教育促进法》《民政部财政部关于加快推进社会救助领域社会工作发展的意见》等一系列法律、法规，四川也先后出台了《关于加强社会工作专业人才队伍建设的实施意见》《四川省社会工作专业人才队伍建设"十三五"规划》《四川省民政厅关于做好全省民政系统事业单位社会工作专业技术岗位聘用工作有关问题的通知》《关于加强青少年事务社会工作专业人才队伍建设的意见》《四川省民政厅关于开展社会工作服务示范建设活动的通知》《社会工作者保密要求》《社会工作服务效果评估规范》等法规、政策，为社会工作管理提供了法律依据和政策指引，也营造了社会工作服务机构发展的氛围。2007~2014年，四川省的社会工作服务机构从14784个增长到38285个，伴随社会工作服务机构的快速发展，社会工作从业人员也出现了大幅增长，2015年达到1.5万人。就专业社会工作者的发展而言，2016年，四川省取得初级社工师的有8354人，取得中级社工师的只有2058人。持证社会工作从业人员大多未经过系统的社会工作专业训练，仅参加过短期的社会工作师和助理社会工作师考试的培训，专业知识不足，专业实务能力缺乏。数据显示，四川省社会工作从业人员和专业社会工作者数量增长幅度相对四川省社会工作服务机构发展而言，二者的发展态势并非完全一致，社会工作服务机构呈现持续增长态势，而社会工作从业人员数量增长呈现波动甚至回落态势。

二是社会工作人力资源专业素质与社会工作服务机构发展不同步。四川省社会工作人力资源专业化程度不高，表现为远未达到专业化所需要的"特殊技术、专业伦理、组织机构、社会认可"的要求。社会工作从业人员的学历和实际工作水平较低，多数没有接受过系统的社会工作专业教育，工作手段和技术方法比较落后，无法有效解决和应对新的、复杂的社会问题和多样化的社会需求。对四川社会工作机构的调查也证实了这一点。社会工作从业人员中的高学历人才较少、专业人才严重缺乏、具有职业资格的人数较少、大多数工作经验不足、持证人员岗位分布狭窄反映出社会工作从业人员素质和专业技能仍然具有较大的提升空间。

三是社会工作的公众认知与社会工作服务机构发展不同步。社会工作植根于西方伦理和文化，在四川的发展还出现了出水土不服的现象，社会工作的本土理论、社会认可程度以及专业权威均尚未建立。传统文化以及社会主义道德体系均强调利他主义的价值原则，但市场经济的兴起使功利主义、利己主义冲击着社会工作利他主义的价值基础。此外，最新的调研发现，有56.5%的社会工作服务机构人数在10人及以下，社会工作服务机构成立时间晚、规模小、社会关系缺乏、从业人员收入水平较低且职业声望不高，导致对高素质人员的吸引不够。

上述非同步性态势可以从宏观层面的政策平台和发展环境角度得到阐释。其一，发展平台缺失。社会工作岗位设置缺乏具操作性的管理制度，缺乏明确的岗位和施展抱负的平台减弱了社会工作对从业人员的吸引力。其二，社会认同度较低。社会工作人力资源管理目前还缺乏有效的行业自律机制，对社会工作服务机构从业人员的资格水平与服务质量无法进行监管，无法提升社会工作职业的社会声望和地位。其三，制度供给不足。社会工作人力资源管理缺乏明确和专门的法律规范与保护，缺乏长效的财政投入体制和运行机制，无法有效保护社会工作从业人员的权利。其四，管理体制不明确。对社会工作从业人员的管理存在主体不明确、体制不健全的问题，缺乏统一的联动机制和政策支持，一些政策文件没有形成有效的细化标准，难以落地实施。制度供给不足和理念碎片化导致社会工作整体性的文化、价值和治理体系缺乏，使得在宏观层面上无法为社会工作微观人力资源管理运行提供恰当的组织愿景和使命，导致社会工作人力资源管理缺乏清晰而明确的战略。

其次是社会工作人力资源发展的实践困境。具体可以从以下几个方面来分析。

一是社会工作服务机构文化和价值观与从业人员的认知偏差问题。社会工作有强烈的价值涉入,并富有道德实践意味,其使命感和理想性决定了进入社会工作领域的从业人员认同社会工作服务机构的理念和价值与否对社会工作人力资源管理运行效率高低具有决定性的影响。根据2013年我们对四川省社会服务机构从业人员的随机抽样调查,岗位设置、薪酬与福利制度、绩效管理与激励评估制度被认为是最重要的三项管理制度,分别占56.3%、53.3%和52.6%,只有13.3%的员工选择了组织价值或文化建设。这表明以价值观为核心管理要素的社会工作,价值观和组织文化引导受制于社会工作服务机构管理者的态度、实施方式等关键因素,员工在较大程度上忽略了社会工作的价值观和文化因素,导致社会工作运作效力下降。从职业认同度来看,"大部分社工专业毕业生未从事社工行业"现象突出;从工作年限来看,"社工人才流动非常频繁",社会工作从业人员多把社会工作作为过渡性、跳板型职业,然后通过各种途径进入事业单位或到其他领域另谋发展,工作3年及以上的仅占13.0%,这成为当前社会工作人力资源发展的最大困境,也在一定程度上反映出社工从业人员对组织文化和价值体系的认同度较低。

二是社会工作组织架构与员工职业发展问题。四川社会工作服务机构大多比较单一,多以项目为依托运行,机构的规模较小。最新调查显示,有56.5%的社会工作服务机构的员工规模为0~10人。以项目为依托使得社会工作从业人员的流动性显著增强,职业稳定性降低,同时,这一简单的组织架构也导致社会工作组织对员工短期化管理的倾向明显,员工职业发展通道狭窄,社会工作从业人员的职业生涯路径不明晰和职业倦怠明显。职业短期化成为四川省社会组织持续发展的另一症结,"留不住人"成为多数社会工作组织的显著特征。

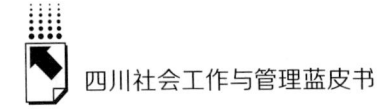

三是社会工作人力资源管理运行问题。从2015年四川省社会科学高水平团队社会工作人力资源管理创新研究课题组的随机抽样调查情况来看，全省的社会工作人力资源在管理运行上，面临的主要问题有如下几个方面。第一，招聘甄选问题。社会工作服务机构在员工招聘甄选方面同样需要强调员工良好的专业技能，不过社会工作服务机构更应强调的是员工的道德素质、个人兴趣与组织文化的契合、团队合作以及民主意识。统计结果显示，社会工作服务机构更倾向于录用综合能力强的员工，这一比例达57.7%，其次才是价值观（20.5%）、专业背景（10.3%）、工作经历（10.3%）和团队精神（1.3%）。价值观、团队精神等被较大程度地忽略了，而且用人门槛低、标准不一。价值观和用人标准是社会工作服务机构的关键性管理要素，而价值观又具有相对稳定性，因此，社会工作服务机构在招聘甄选环节就应挑选与社会组织价值观一致或基本一致的员工。第二，培训开发问题。社会工作从业人员的培训与开发，也就是社会工作服务机构的专业化建设，是符合社会工作服务机构长期发展战略的一种理念或行为。统计结果显示，四川省社会工作服务机构还没有制订完善的员工培训计划，制订员工培训计划的仅占41.1%，对社会工作从业人员的实务培训、专业督导等缺乏有效支持及投入。从培训内容来看，社会工作服务机构从业人员的培训内容主要集中于服务过程中所需要的专业技术和沟通技巧，但较少涉及社会工作服务机构的价值体系和战略使命，这导致员工在提供服务过程中，对于做什么、怎么做和为何做等实务中的基本价值要求和专业判断问题难以把握，产生混乱。第三，绩效评价问题。社会工作服务机构从业人员的绩效管理是理论界和实际操作中的一个难题。目前，社会工作服务机构的绩效指标较多关注的是员工业绩等个体硬性指标和情景指标，而较少关注价值、道德等软性指标。统计结果显示，有72.7%的社会工作服务机构主要通过物质杠杆进行奖惩。这反映出社会工作服务机构对员工的绩效评价方法在当前还主要是从营利性组织借鉴的绩效考核方法，并在借鉴的过程中进行了改造与修正，对"社会工作服务机构员工绩效评价不一定与物质激励直接挂钩"仍然认识不足，对传统的绩效考核框架并没有实质性的突破。第四，薪酬管理问题。合理确定社会工作机构员工的薪酬待遇是保证机构稳定运行和社工职业发展的重要条件，也是社会工作人力资源发展必须解决的问题。然而，社会工作服务机构员工薪酬偏低，缺乏弹性，直接导致了从业人员的不稳定、流失率高等问题。统计结果显示，有87.1%的社会工作从业人员年收入低于60000元，低于公共管理、社会保障和社会组织从业人员年平均工资（为63704元）与技术服务从业人员年平均工资（为78812元），且大多没有医疗、养老等福利保障。社会工作服务机构的公益性和奉献精神是由社会工作服务机构的价值体系和使命感所决定的，这使得以传统"经济人"假设为前提的激励方式遭遇困境，要在新的框架下思考社会工作服务机构从业人员的激励问题，就需要在实践中将激励重心逐渐从以"经济人"为基础转向以"道德人"为基础，在逐步提高社会工作服务机构从业人员的薪酬水平的同时，也要在激励体系中纳入价值观等因素。

（二）开展社会工作人力资源发展研究的必要性

1. 有利于人才队伍建设体系的规范和完善

在过去的十多年里，政府出台了《社会工作专业人才队伍建设中长期规划（2011～2020年）》等一系列政策文件，指出了人才队伍建设的主要方向。但社会工作在具体发展方面，尤其是在人才队伍薪酬保障机制及晋升机制建设方面，仍存在着许多问题。因此，对社会工作人力资源发展的研究，有利于完善社会工作的人才选拔、注册管理、岗位责任、培训、绩效考核以及薪酬等人力资源管理制度，促进社会工作人才队伍体系建设的规范化；有利于构建合理、科学的社会工作人才培养机制，建立与其他行业专业技术人员相一致的社会保障机制，为社会工作人员铺就一条稳定的发展道路，确保社会工作人力资源可持续发展。

四川省目前的社会工作初级人才队伍建设虽取得了一定成效，但中高级社工专业人才仍不能满足社会的需要，尤其是与东部沿海地区相比，人才队伍建设体系还比较滞后。希望本课题的研究，能有效推进四川社会工作专业人才政策和制度体系健全、完善，为四川造就一支数量充足、结构合理、素质优良、充满活力的社会工作专业人才队伍提供理论指导和实践方向。

2. 有利于社会工作服务机构管理的科学性和高效性

近十年来，我国的社会工作职业化发展迅速，但社会工作行业内缺乏一套行之有效的人力资源管理体系，管理松散，社会组织之间缺乏必要的人力资源信息沟通和交流，对员工特长、能力都不够了解，因而派发任务后，可能无法保证任务完成效率及质量。事实上，对于社会组织而言，规模越大，越需要一套完善、有效的人力资源管理体系来维持社会组织对人才的集约化管理，这更是维持社会组织高效运转不可或缺的条件。因此，通过开展社会工作人力资源发展研究，将社会工作行业内的人力资源进行整合，对当前的人力资源管理体系查漏补缺，能够使之有效地为社会组织的管理服务，能够更具体地掌握各种人才的能力、专长及品格，选择、吸纳符合组织要求的人才，从而实现社会组织管理社会工作人才的科学性和高效性。此外，通过社会组织之间人才信息的相互交流，实现各社会组织人才信息共享，在工作任务选派时能根据人才特点进行合理、科学的分配，进而减少社会组织吸纳与管理人才的时间和经济成本，提升人力资源管理效率。

当前四川省的社会工作组织在组织战略、专业能力建设、管理制度设计、公信力塑造、人力资源开发与志愿者团队管理等方面都存在较多的问题，专业性强、管理规范、有规模、有品牌特色的社工机构也很少，希望通过四川省社会工作人力资源发展的研究，推进社会组织，尤其是社会工作服务机构的有效管理和科学运行。

3. 有利于社会工作人力资源的专业化和职业化

在国家的大力支持下，社会工作迅速发展，大量人才响应国家的号召，前赴后继地进入社会工作行业。然而，助理社工师考试作为社会工作行业的入门考试，其报考条件比较宽泛，并没有针对社会工作的专业性提出较高的要求。在现实中，社工服务机构的一线社工招聘标准不够严格，甚至对是否持有社工师证与是否接受过社会工作的相关教育不做具体要求，这直接导致了社会工作行业的入门门槛相当低，甚至让社会大众形成了"社工＝社区工作人员"的偏差观念。这些负面因素都对社会工作人力资源的专业化与职业化进程产生了一定的阻力。因此，开展社会工作人力资源发展研究旨在有效推进社会工作人力资源的专业化和职业化进程，从而推进社会工作领域人力资源管理体系的形成与完善。通过设置合理、科学的行业准入门槛与专业能力培训体系，保证社会工作从业人员的入门专业能力水准与其未来合理的专业能力提升幅度。因此，开展社会工作人力资源发展研究也有利于构建专业水平高、职业化程度高的社会工作人才队伍，进而提升社会工作服务的专业化水平、工作效率以及社会认同度。

当前四川省社会工作也面临进入门槛低、专业化程度不高、职业上升通道不通畅、职业稳定性和连续性差等问题，这都严重制约着社工服务水平的提升。对本课题的研究，有助于四川社会工作人才队伍的专业价值伦理不断强化，专业水平、服务能力不断提升，并能长期、稳定、积极地投身社会治理与社会服务事业。

（三）本报告的主要依据与研究方法

1. 社会工作的人力资源发展依据

党的十六届六中全会指出，"要建设宏大的社会工作人才队伍。

这是构建和谐社会的一个重要依托，也是人才强国战略的一个新的内容"。《国家中长期人才发展规划纲要（2010～2020年）》将社会工作人才确定为重点发展的专门性人才，并提出了"到2015年，社会工作人才总量达到145万人。到2020年，社会工作人才总量达到300万人"的人才发展目标。2011年，中组部、民政部等18个部门联合发布的《关于加强社会工作专业人才队伍建设的意见》（以下简称《意见》）是我国第一个关于规范社会工作人才队伍建设的纲领性文件。《意见》明确提出，"社会工作专业人才是具有一定社会工作专业知识技能，在社会福利、社会救助、慈善事业、社区建设、婚姻家庭、精神卫生、残障康复、教育辅导、就业援助、职工帮扶、犯罪预防、禁毒戒毒、矫治帮教、人口计生、纠纷调解、应急处置等领域直接提供服务的专门人员"。

根据我国社会工作的实践情况并借鉴国际经验，本报告将社会工作人才队伍做出如下界定：社会工作人才队伍是在遵循社会工作价值观和理念的基础上，运用社会工作专业方法从事职业性社会服务的人员的总称。社会工作人才队伍包括两大类型：一类是专业社会工作人才队伍，一类是实际社会工作人才队伍，也就是福利服务机构和救助部门的从业人员。

人力资源（Human Resources，简称HR），最早是由现代管理学之父彼得·德鲁克于1954年在其著作《管理的实践》中提出的，是指在一个国家或一定的地区范围内，能够作为生产性要素投入社会经济活动的具有劳动能力的人口总和。狭义的人力资源是独立的经营团体或组织所需人员具备的能力。广义的人力资源还包括潜在的处于储备状态的，在一定条件下可以投入到社会经济生活中的人口。由于中国的社会工作起步较晚，2008年才开始进行社会工作者职业水平考试，社会工作人力资源管理体系尚未完全建立，从培养和发展的角度来讲，我们更应从广义的角度去理解社会工作人力资源的含义，它不仅应包括已经获得职业资格认证的专业社会工作者，还包括潜在的或尚未获得认证的，但是以社会工作专业方法服务的社会工作服务人员。因此，本报告的社会工作人力资源是指运用专业的社会工作理念、方法与技术，针对有需要的服务对象开展服务的全部劳动者。

社会工作人力资源的概念是对传统的社会工作专业人才队伍概念的进一步提升和扩充，囊括了更多以社会工作方法从事社会服务的群体。将原有的狭义的社会工作人才管理理念和系统科学的人力资源管理理念相结合，有助于专业社会工作者的培养、评价和激励，有利于实现国家中长期人才发展规划纲要的目标，有利于推动社会工作学科的理论发展和实践探索。我们把我国社会工作人力资源分为四个层次：第一个层次，专业社会工作者，指取得助理社会工作师和社会工作师的社会工作从业人员，即持证社工；第二个层次，非专业社会工作服务者，包括两类人群，一类是社会工作专业本科或研究生毕业后从事社会工作的人员，另一类是未接受社会工作专业训练，但长期在民政、司法、卫生等政府部门或事业单位从事与社会工作相关服务的公职人员；第三个层次，社会工作专业学生，即就读于高等院校社会工作专业本科或研究生的在校学生；第四个层次，志愿者，他们是开展社会工作服务的有力保障。

按照社会工作人力资源和人力资源发展的概念，本报告认为社会工作人力资源发展，是指由政府和相关机构为运用社会工作专业方法从事社会服务的人群提供的具备短期绩效取向（performance oriented）和长期战略取向（strategy oriented）的学习活动，其目的是促进社会工作人才队伍的建设和发展，实现社会工作人才队伍从数量到质量的全面提高，最终达到相应的社会经济目标。

2. 本报告的主要理论依据

本报告的理论依据主要是人力资源理论。人力资源理论产生和发展于20世纪初，实现了由强调对物的管理到重视对人的管理的范式转向。20世纪50年代，彼得·德鲁克在其《管理的实践》一书中指出，"人力资源"是组织管理中的重要资源，人力资源管理是为了实现组织对人力资源的获取、开发和利用而进行的人力资源的规划、选拔、培训、录用、考核、激励等过程，从而实现组织的目标，促进组织的发展。进入20世纪60年代以后，在西奥·舒尔茨的人力资本理论的推动下，逐步形成了一套较为完善的人力资源管理理论、方法、步骤和措施。因此，人力资源管理的相关理论，如人力资本理论、激励理论、战略管理理论等可以为社工人力资源发展提供理论依据。

人力资本理论。社会工作人力资源发展的基本问题是社会工作的人力资本的开发和投资问题，因此，对社会工作者的人力资本的开发、投资就成为社会工作人力资源发展的关键一环。因此，这就构成了本报告的第一个理论——人力资本理论。美国经济学家西奥多·舒尔茨在《自由教育形成的资本》和《人力资本投资》等著作中较为系统地提出了人力资源发展的理论。加里·贝克尔在《人力资本》一书中阐述了人力资源的微观经济分析理论。人力资本理论主要包含以下观点：第一，人力资本的投入是社会生产力发展的主导因素；第二，只有实现了一定的投入，掌握了知识和技能的人力资源才会成为一切生产要素中最重要的资源；第三，人力资本投资的核算体现为劳动者身上的知识、技能、工作熟练程度、资历、经验等因素；第四，人力资本投资的目的是要获得投资收益，而人力资本投资的收益率要高于其他生产要素投资的收益率。

人力资本理论对于社会工作人力资源发展具有积极意义。社会工作人力资本是社会工作持续健康发展的关键。但目前，中国的社会工作发展受到各种条件的限制，忽视了社会工作者人力资本的提升，所以应通过完善管理制度、加强能力建设、加大资金支持等，加大社会工作人力资本的投资。

激励理论。社会工作人力资源发展离不开一套科学有效的激励机制。现阶段,社会工作者的待遇未能与工作绩效挂钩,无法有效调动社会工作者的工作积极性。另外,社会工作人才队伍在选聘、晋升、培养、使用和评价方面都缺乏具体的可操作化的规范体系,难以吸引和留住社会工作专业人才,也难以提升社会工作者的专业能力,因此,各级政府和相关组织、社会工作机构应根据社会工作者的实际需求,采取符合客观规律的激励机制,调动起社会工作从业人员的积极性和能动性。

激励理论认为要针对人的需要来采取相应的管理措施,激励是人力资源管理的核心内容,在机构管理中发挥着关键作用。激励理论和人的需要紧密结合在一起,它是行为科学中解决需要、动机、目标和行为四者之间关系的核心理论。较常见的激励理论有马斯洛的需要层次理论、赫茨伯格的双因素理论和弗鲁姆期望理论等。

马斯洛的需要层次理论将人的需要分为七个层次,生理的需要、安全的需要、友爱和归属的需要、尊重的需要、求知的需要、求美的需要和自我实现的需要。[①] 生理和安全的需要是人最基本的需要,主要表现为人们的物质追求;而友爱和归属、尊重、求知、求美和自我实现的需要则是人们精神上的需要,是人较高层次的需要。人的各种需要常常同时存在,但在同一个时期,各种需要的强度和顺序不同。要通过了解社会工作者不同层次的需要,采取相应的激励措施去满足他们的需要,调动他们的积极性,引导他们的工作行为。

赫茨伯格的双因素理论认为,激发人的动机的因素包含保健因素和激励因素。其中,保健因素又称为维持因素,带有预防性、保持人维持工作现状和工作积极性的作用,属于外在因素,如果处理不当,会导致员工的不满;激励因素与工作本身相关,是影响员工工作情绪的内在因素,能够有效、长久地调动员工的积极性。双因素理论在社

---

① 马斯洛:《动机与人格》,许金声等译,华夏出版社,1987。

工人力资源发展中具有重要的作用。其一，作为社会工作服务机构的管理者，要注意保健因素，防止社会工作者因对工作外的因素的不满而影响工作积极性。要通过激励因素去激发社会工作者的工作热情，使他们努力工作。其二，创造激励因素，通过奖金的发放，使优秀的社会工作者得到认可，产生一种成就感。但是，管理者应更多关注与社会工作本身有关的因素的作用，通过让社会工作者做具有挑战性的工作激发他们的工作热情，促使他们主动地完成工作任务。

弗鲁姆的期望理论。弗鲁姆认为，人的积极性与目标的价值联系密切，也与目标实现的可能性联系密切。人们受自我需要和满足需要的可能性的驱使，会形成一种期望心理。期望的形成以人的能力和以往的经验为依据。在社工人力资源的开发和管理中，期望理论具有以下启示。一是社会工作服务机构管理者不仅需要重视激励因素，更要提高社会工作者的期望。二是管理者应该提高对绩效与报酬相关性的认识。三是管理者应采取多元化的奖励形式，使工资报酬在一定程度上与社会工作者的期望相吻合。

社会工作人力资源发展必须建立在对社会工作者各种层次的需要的认识和理解的基础上，通过运用相应的保健因素和激励因素，去满足社会工作者的各层次需要，不断提高社会工作者对其角色和事业的期望值和认同感，进而更好地促进社会工作人力资源健康发展。

战略管理理论。要对社会工作的人力资本进行开发，就必须建立高效和科学的社会工作人力资本战略管理体系，因此，战略理论对社会工作人力资源发展具有重要借鉴意义。战略管理理论产生于20世纪的美国。1965年，美国著名的战略学家安索夫在其著作《公司战略》一书中开始使用"战略管理"一词，将战略从军事领域拓展至经济管理活动领域。战略管理是组织机构为赢得竞争优势而采取的一种手段，是一个管理的过程。有关战略管理的研究存在两大观点，资源配置战略论和竞争战略观。安索夫的资源配置战略理论以环境、战略、组织作为支柱来构建战略管理理论的基本框架。迈克尔·波特竞争战略观认为通过竞争战略达到高于平均报酬的目的。

战略管理主要针对的是企业发展过程中所遇到的综合性决策问题，更注重的是企业宏观方面的管理，虽然它由各个细节构成，但不受细节的拘束，而是超越细节。相对于具体的管理工作而言，战略管理的价值虽然更为抽象，但对于组织发展却是极其重要的。战略管理的价值既有其客观的存在形式，又有其主观的反映形式。从客观存在形式来看，战略管理是组织与外部环境互动的产物，是适应外部条件逐渐变革的结果。从主观反映形式来看，战略管理也是凝聚组织自身要素适应外在环境的过程，二者形成了从内到外、从外到内的反复辩证过程。战略管理价值也是社会工作机构发展的基础和结果，注重的是社会工作机构价值观和理念的体现，对促进社会工作机构发展有重要意义。

战略管理中的文化内容同样对社会工作机构的顺利发展产生重要影响。首先，企业文化是企业发展战略的根本。对企业文化的创新，可以调动员工的积极性和工作热情，使其形成归属感，从而为企业的发展共同努力；其次，企业战略管理需要与其文化相互调试，客观世界处于不断变革之中，企业文化应该顺应战略变化而做出相应的改变，只有这样才可以在保证企业原则的同时对战略进行重新规划。因此，社会工作机构在对本机构的战略管理进行分析时，需要将机构文化当作其根基，如此才能促进社会工作机构持续和稳定发展。

德鲁克认为，伟大的组织必须学会"在激发变革的同时保持自己的核心使命"。同样，社会工作机构在运营过程中，虽然需要不断根据社会结构、社会变革做出相应的改变，但社会工作机构的核心使命，即助人自助和修复社会的核心使命并没有改变，这是需要不断对其社会工作者强化的核心使命。

3. **本报告的研究方法**

本报告在方法论上结合了实证主义和人文主义的方法论。本报告的主要研究方式为文献研究、实证研究和调查研究,采用的具体方法为文献法、问卷法、访谈法。

以下详细介绍经验研究过程中涉及的数据来源、总体情况以及样本抽样方法等。

(1) 调研的数据来源及获取

在研究方案的设计过程中,四川省社会科学高水平团队、社会工作人力资源管理创新研究课题组(以下简称"课题组")在走访和电话联系了四川省民政局相关负责注册、登记的行政管理部门,获得了最新的各地登记社会工作服务机构、社会工作持证人员的数量和基本信息后,确定了调研的区域和机构范围,并对课题组成员进行了分组和调研任务安排。

在划分研究区域时,课题组在查阅相关资料的基础上,参考了四川省人民政府2015年划分的五大经济区:成都经济区、川南经济区、川东北经济区、川西北经济区和攀西经济区[①]。并在这5个经济区基础上,根据地区经济发展水平和社会工作人才队伍的发展情况进一步进行了抽样框的划定,包括:成都经济区第一圈层5个区县、第二圈层6个区县、第三圈层8个区县和成都市以外7个地市,川南经济区4个地市,川东北经济区5个地市,川西北经济区2个地市(州)和攀西经济区2个地市(州),共计5个经济区、8个抽样框、39个地区[②]。

---

① 《四川省人民政府办公厅关于印发全省五大经济区2015年重点工作方案的通知》,http://www.sc.gov.cn/10462/10883/11066/2015/9/7/10351487.shtml,最后访问日期:2015年10月20日。

② 5个经济区:成都经济区、川南经济区、川东北经济区、川西北经济区、攀西经济区;8个抽样框:成都经济区第一圈层、成都经济区第二圈层、成都经济区第三圈层、成都市以外7个地区、川南经济区、川东北经济区、川西北经济区、攀西经济区;39个地区:锦江区、青羊区、金牛区、武侯区、成华区、龙泉驿区、新都区、温江区、郫县、双流县、青白江区、金堂县、大邑县、蒲江县、新津县、都江堰市、彭州市、邛崃市、崇州市、资阳市、雅安市、德阳市、绵阳市、遂宁市、乐山市、眉山市、泸州市、内江市、自贡市、宜宾市、南充市、达州市、广元市、巴中市、广安市、阿坝藏族羌族自治州、甘孜藏族自治州、凉山彝族自治州、攀枝花市。

所调查范围包括这 39 个地区中抽样区域的当地民政部门和事业机关单位、社会工作服务机构、社区、行业协会和第三方评估机构中的社会工作人员。考虑到数据的更新速度，为了减少信息获取的误差，课题组讨论并确定通过分组落实的方式完成了各地区的基本数据获取工作，获取到的信息包括各地社会工作服务机构数量、各机构内社会工作持证人员数量和非持证社会工作人员数量、各地注册社会工作专业人员数量、各地行业协会数量等。获取数据的方式为走访或电话联系各地民政部门、各地注册和管理社会工作人才和机构的组织和单位。由于目前在四川省级层面上无法直接获取登记的社会工作服务机构数量、取得社会工作职业资格证书的人员数量的总体数据或详细信息，课题组成员根据分工要求，通过电话联系各自负责区域的当地民政部门或社会工作服务、管理部门，获取到了各地的社会工作服务机构数量、取得社会工作职业资格证书的人员数量。由于各地对于社会工作服务机构、持证社会工作者的认识和界定有所差异，加上调研的时效性问题，实际统计的数据在一定程度上会有误差。但经过后续的实地调研访谈，课题组从实际调研信息中获取到了符合信度、效度要求的访谈编码信息，有效提高了调研的科学性和可信度。

（2）各地区基本信息

四川省面积为 48.6 万平方公里，总人口为 8140.2 万人（2014年常住人口）；为多民族聚居地，有 55 个少数民族，共计 490.8 万人；地区生产总值 30103.1 亿元（2015 年）；辖 18 个地级市，3 个自治州；社会工作面广、量大、难度高。近年来，随着四川省社会经济的快速发展和社会问题的不断涌现，四川省社会工作人才队伍也不断壮大。

根据课题组分组分工调研情况，目前四川省登记社会工作服务机构有 272 家，获得全国社会工作职业资格证书的人员有 5117 人。其中，成都经济区注册社会工作服务机构有224家，持证社会工作人员4170人。表1为各地区的基本情况①。

表1 四川省各地区注册社会工作机构和持证社会工作人员数量

单位：家，人

经济区	圈层	四川省各市州及区县名称	社工机构数	考证人数	圈层总计机构数
成都经济区	成都市第一圈层	锦江区	12	338	60
		青羊区	8	358	
		金牛区	21	209	
		武侯区	14	226	
		成华区	5	426	
	成都市第二圈层	龙泉驿区	4	130	38
		新都区	12	318	
		温江区	11	195	
		郫县	6	141	
		双流县	4	15	
		青白江区	1	49	
成都经济区	成都市第三圈层	金堂县	3	60	29
		大邑县	4	54	
		蒲江县	3	47	
		新津县	3	10	
		都江堰市	9	115	
		彭州市	2	52	
		邛崃市	2	25	
		崇州市	3	104	
	成都市以外7个地市	资阳市	12	187	97
		雅安市	45	5	
		德阳市	3	71	
		绵阳市	14	517	
		遂宁市	18	350	
		乐山市	2	119	
		眉山市	3	49	

① 由于各地对于社会工作服务机构、持证社会工作者的认识和界定有差异，加上调研的时效性问题，因此，实际统计的数据在一定程度上会有误差。

续表

经济区	圈层	四川省各市州及区县名称	社工机构数	考证人数	圈层总计机构数
川南经济区		泸州市	16	65	31
		内江市	12	65	
		自贡市	2	161	
		宜宾市	1	230	
川东北经济区		南充市	—	—	9
		达州市	0	32	
		广元市	9	50	
		巴中市	0	31	
		广安市	0	26	
川西北经济区		阿坝藏族羌族自治州	4	19	4
		甘孜藏族自治州	0	0	
攀西经济区		凉山彝族自治州	3	37	4
		攀枝花市	1	231	
合计			272	5117	272

（3）抽样方案及样本确定

本研究采用分层定比抽样方法确定样本数量，即保证每层（各地区）所抽取的比值相等。在调研基础信息的基础上，利用excel的随机数生成器进行分层定比抽样。

具体的操作方法是：首先，确定抽取比例；接着，将各地区的272家机构进行编码，从数字1到272；随后，按照机构所属地区对每个机构进行排序；然后，利用excel的随机数生成器（可重复随机数）进行随机数的生成，在一定的比例下确定各地区需抽取的样本数；最后，根据生成的随机数编号来确定哪些地区被抽取到。

在制定抽样方案时，一共设计了三种抽样方案，所抽取的比例分别是40%、30%和25%。三种抽样框的随机数生成信息和抽样框信息如表2所示。

表2 三种抽样方案设计（比例为40%、30%、25%）

经济区	圈层	四川省各市州及区县名称	社工机构数	圈层总计机构数	第一种抽样方案（40%抽取）		第二种抽样方案（30%抽取）		第三种抽样方案（25%抽取）	
					抽样数量	随机抽样的样本编号	抽样数量	随机抽样的样本编号	抽样数量	随机抽样的样本编号
成都经济区	成都市第一圈层	锦江区	12	60	24	锦江区5个、青羊区13个、武侯区6个	18	锦江区3个、青羊区1个、金牛区9个、武侯区4个、成华区1个	15	锦江区3个、青羊区2个、金牛区6个、武侯区2个、成华区2个
		青羊区	8							
		金牛区	21							
		武侯区	14							
		成华区	5							
	成都市第二圈层	龙泉驿区	4	38	15	龙泉驿区1个、新都区6个、温江区3个、郫县1个、双流区4个	11	龙泉驿区2个、新都区2个、温江区3个、郫县2个、双流区2个	10	龙泉驿区1个、新都区3个、温江区3个、郫县3个
		新都区	12							
		温江区	11							
		郫县	6							
		双流区	4							
		青白江区	1							
	成都市第三圈层	金堂县	3	29	12	金堂县1个、大邑县1个、蒲江县1个、新津县4个、都江堰市1个、邛崃市2个、崇州市2个	9	金堂县1个、大邑县2个、新津县1个、都江堰市3个、彭州市1个、崇州市1个	7	金堂县2个、蒲江县1个、都江堰市2个、邛崃市1个
		大邑县	4							
		蒲江县	3							
		新津县	3							
		都江堰市	9							
		彭州市	2							
		邛崃市	2							
		崇州市	3							

续表

经济区	圈层	四川省各市州及区县名称	社工机构数	圈层总计机构数	第一种抽样方案（40%抽取）抽样数量	第一种抽样方案 随机抽样的样本编号	第二种抽样方案（30%抽取）抽样数量	第二种抽样方案 随机抽样的样本编号	第三种抽样方案（25%抽取）抽样数量	第三种抽样方案 随机抽样的样本编号
成都经济区	成都市外7个地市	资阳市	12	97	39	资阳市 9 个、雅安市 18 个、绵阳市 5 个、遂宁市 6 个、眉山市 1 个	29	资阳市 3 个、雅安市 13 个、德阳市 1 个、绵阳市 6 个、遂宁市 7 个	24	资阳市 2 个、雅安市 12 个、德阳市 1 个、绵阳市 3 个、遂宁市 5 个、乐山市 1 个
		雅安市	45							
		德阳市	3							
		绵阳市	14							
		遂宁市	18							
		乐山市	2							
		眉山市	3							
川南经济区		泸州市	16	31	12	泸州市 7 个、内江市 5 个	9	泸州市 6 个、内江市 3 个	8	泸州市 4 个、内江市 2 个、自贡市 1 个、宜宾市 1 个
		内江市	12							
		自贡市	2							
		宜宾市	1							
川东北经济区		南充市	0	9	4	广元市 4 个	3	广元市 3 个	2	广元市 2 个
		达州市	0							
		广元市	9							
		巴中市	0							
		广安市	0							
川西北经济区		阿坝藏族羌族自治州	4	4	2	阿坝 2 个	1	阿坝 1 个	1	阿坝 1 个
		甘孜藏族自治州	0							
攀西经济区		凉山彝族自治州	3	4	2	凉山 2 个	1	攀枝花市 1 个	1	凉山 1 个
		攀枝花市	1							
合计			272	272	110		81		68	

025

(4) 调研的具体实施和人员分组

研究采用抽取比例为25%的抽样框进行分组调研，即涉及社工机构为：锦江区3个、青羊区2个、金牛区6个、武侯区2个、成华区2个；龙泉驿区1个、新都区3个、温江区3个、郫县3个；金堂县2个、蒲江县1个、都江堰市2个、邛崃市2个；资阳市2个、雅安市12个、德阳市1个、绵阳市3个、遂宁市5个、乐山市1个；泸州市4个、内江市2个、自贡市1个、宜宾市1个；广元市2个；阿坝1个；凉山1个。

抽样调查和访谈从2015年12月初开始实施，持续到2016年7月结束。调研分小组进行，各小组由带队老师及研究生对民政部门的领导及分管民政工作的部门负责人进行了深度访谈，也对该地区的社工机构负责人和一般员工进行了深度访谈，还对机构的人员进行了随机抽样的问卷调查。

（四）本报告的基本思路与主要内容

1. 本报告的基本思路

十六届六中全会以来，社会工作发展从局部探索向全局发展过渡，逐渐从宏观到具体，尤其是社会工作人才发展规划（2011~2020年）的提出，对未来社会工作人才队伍的建设与发展起到了宏观的规划与指导作用。但是，对社会工作人力资源的具体发展缺乏较为详细的规划和说明，在选（招聘与配置）、用（绩效管理）、育（培训与开发）、留（薪酬福利）四个方面尚未建立起完善的制度，从而导致社会工作人力资源在招聘与配置、激励和评价、专业化服务、薪酬福利、职业认同感、成就感等方面都存在较大的问题。本报告紧紧围绕社会工作人力资源发展这一主题，借助宏观与微观视角、定性与定量相结合的研究方法，遵循"宏观分析—实地调查—个案解析"和"理论与政策相结合"的研究思路，探索四川社会工作人力资源发展的现状、问题和对策。首先，对国家和四川的社会工作人力资源发展现状进行了总结。其次，基于四川各地的调查资料，对四川社会工作人力资源发展的问题进行了分析。最后，为促进四川社会工作人力资源健康发展，提出了相应的对策建议。

2. 本报告的主要内容

第一，介绍四川社会工作人力资源发展现状。主要包括四川社会工作人力资源发展的相关政策、现状以及存在的问题。四川社会工作人力资源发展表现出较好的趋势：政府不断加强对社会工作人才队伍建设的顶层设计；社会工作人力资源队伍不断壮大；社会工作人力资源发展的保障措施有序推进。但是也存在较多问题：社会工作人力资源结构（性别、学历层次、专业水平、区域分布等）不合理；社会工作人力资源管理缺乏规范性；专业教育不适应社会工作人力资源发展的要求；职业认同度低导致人才队伍不稳定。

第二，对四川社会工作人力资源发展存在的问题进行分析。主要从人力资源发展的职业评价、薪酬激励、职业竞争力、管理体制等方面进行分析。职业评价体系不健全、职业评价标准不统一等问题主要是由现有的政策、制度、行业发展、职业期待、社会认同所导致的。社会工作者的薪酬在平均水平、构成与等级等方面存在问题，影响了薪酬对社会工作人力资源激励作用的发挥，这主要是受薪酬体系不健全、项目化投入、机构薪酬管理制度和行业发展状况等的影响。社会工作从业者职业竞争力不足，这主要是受其专业水平、角色定位和职业地位等的影响。此外，社会工作人力资源发展的问题还与现行行业管理体制不健全、整体行业水平较低、社会服务组织发展不足等密切相关。

第三，尝试提出推进四川社会工作人力资源管理与发展的政策建议。主要从政策、制度、职业保障、评价激励、社会治理等方面构建体系。首先，建立和完善社会工作人力资源制度体系，加强社会工作人力资源评价依据、规划机制、准入标准、分类系统、职级体系以及分配机制等方面的建设。其次，社会工作人力资源职业保障体系应由可持续经费多元供给机制、多样性职业教育培训机制、职业发展与职位晋升机制、互动性区域轮岗流动机制、社会保障帮扶性机制和职业准入法律保障性机制构成。再次，优化社会工作人力资源评价激励体系应从绩效导向薪酬发放配给机制、多元性主体评价和考核机制、多维度行业评价和分析标准、多因素职业评价和考核标准及科学的岗位晋升和流动机制等方面展开。最后，社会治理要求社会工作人力资源的管理必须强调以政府为主导，统筹社会各方资源，以标准化和规范化的管理提供社会工作服务，在社会工作过程中倡导民众参与，激发社会活力，激发社工动力，最终通过多中心治理主体的参与和共享实现对社会工作人力资源的可持续开发。

二　四川省社会工作人力资源发展现状

（一）四川省社会工作人力资源发展的基本态势

四川省地处我国西部，不仅地域广阔、人口众多、多民族聚集，而且是一个经济发展相对落后、城乡发展极不平衡的省份。全省不仅存在大量的边缘社区和贫困弱势群体需要扶持，而且在统筹城乡发展、加快推进新型城镇化、建设社会主义新农村过程中，需要大量具有"奉献、乐善、平等、利他"社工精神的优秀专业社会工作人才参与到四川发展建设中来，能否提升四川省社会工作专业人才队伍建设水平，事关四川适应经济新常态、融入"五大发展理念"、建成和谐美丽四川的大局。本部分通过梳理四川省社会工作人才队伍建设的总体规划、四川省社会工作人力发展的政策举措及落实情况等，直观反映四川省社会工作人力资源发展的基本态势。

四川省社会工作人才队伍建设总体规划主要依据《四川省"十

皮书系列

2018年

智库成果出版与传播平台

社会科学文献出版社
SOCIAL SCIENCES ACADEMIC PRESS (CHINA)

社长致辞

蓦然回首，皮书的专业化历程已经走过了二十年。20年来从一个出版社的学术产品名称到媒体热词再到智库成果研创及传播平台，皮书以专业化为主线，进行了系列化、市场化、品牌化、数字化、国际化、平台化的运作，实现了跨越式的发展。特别是在党的十八大以后，以习近平总书记为核心的党中央高度重视新型智库建设，皮书也迎来了长足的发展，总品种达到600余种，经过专业评审机制、淘汰机制遴选，目前，每年稳定出版近400个品种。"皮书"已经成为中国新型智库建设的抓手，成为国际国内社会各界快速、便捷地了解真实中国的最佳窗口。

20年孜孜以求，"皮书"始终将自己的研究视野与经济社会发展中的前沿热点问题紧密相连。600个研究领域，3万多位分布于800余个研究机构的专家学者参与了研创写作。皮书数据库中共收录了15万篇专业报告，50余万张数据图表，合计30亿字，每年报告下载量近80万次。皮书为中国学术与社会发展实践的结合提供了一个激荡智力、传播思想的入口，皮书作者们用学术的话语、客观翔实的数据谱写出了中国故事壮丽的篇章。

20年跬步千里，"皮书"始终将自己的发展与时代赋予的使命与责任紧紧相连。每年百余场新闻发布会，10万余次中外媒体报道，中、英、俄、日、韩等12个语种共同出版。皮书所具有的凝聚力正在形成一种无形的力量，吸引着社会各界关注中国的发展，参与中国的发展，它是我们向世界传递中国声音、总结中国经验、争取中国国际话语权最主要的平台。

皮书这一系列成就的取得，得益于中国改革开放的伟大时代，离不开来自中国社会科学院、新闻出版广电总局、全国哲学社会科学规划办公室等主管部门的大力支持和帮助，也离不开皮书研创者和出版者的共同努力。他们与皮书的故事创造了皮书的历史，他们对皮书的拳拳之心将继续谱写皮书的未来！

现在，"皮书"品牌已经进入了快速成长的青壮年时期。全方位进行规范化管理，树立中国的学术出版标准；不断提升皮书的内容质量和影响力，搭建起中国智库产品和智库建设的交流服务平台和国际传播平台；发布各类皮书指数，并使之成为中国指数，让中国智库的声音响彻世界舞台，为人类的发展做出中国的贡献——这是皮书未来发展的图景。作为"皮书"这个概念的提出者，"皮书"从一般图书到系列图书和品牌图书，最终成为智库研究和社会科学应用对策研究的知识服务和成果推广平台这整个过程的操盘者，我相信，这也是每一位皮书人执着追求的目标。

"当代中国正经历着我国历史上最为广泛而深刻的社会变革，也正在进行着人类历史上最为宏大而独特的实践创新。这种前无古人的伟大实践，必将给理论创造、学术繁荣提供强大动力和广阔空间。"

在这个需要思想而且一定能够产生思想的时代，皮书的研创出版一定能创造出新的更大的辉煌！

社会科学文献出版社社长
中国社会学会秘书长

2017年11月

社会科学文献出版社简介

社会科学文献出版社（以下简称"社科文献出版社"）成立于1985年，是直属于中国社会科学院的人文社会科学学术出版机构。成立至今，社科文献出版社始终依托中国社会科学院和国内外人文社会科学界丰厚的学术出版和专家学者资源，坚持"创社科经典，出传世文献"的出版理念、"权威、前沿、原创"的产品定位以及学术成果和智库成果出版的专业化、数字化、国际化、市场化的经营道路。

社科文献出版社是中国新闻出版业转型与文化体制改革的先行者。积极探索文化体制改革的先进方向和现代企业经营决策机制，社科文献出版社先后荣获"全国文化体制改革工作先进单位"、中国出版政府奖·先进出版单位奖、中国社会科学院先进集体、全国科普工作先进集体等荣誉称号。多人次荣获"第十届韬奋出版奖""全国新闻出版行业领军人才""数字出版先进人物""北京市新闻出版广电行业领军人才"等称号。

社科文献出版社是中国人文社会科学学术出版的大社名社，也是以皮书为代表的智库成果出版的专业强社。年出版图书2000余种，其中皮书400余种，出版新书字数5.5亿字，承印与发行中国社科院院属期刊72种，先后创立了皮书系列、列国志、中国史话、社科文献学术译库、社科文献学术文库、甲骨文书系等一大批既有学术影响又有市场价值的品牌，确立了在社会学、近代史、苏东问题研究等专业学科及领域出版的领先地位。图书多次荣获中国出版政府奖、"三个一百"原创图书出版工程、"五个'一'工程奖"、"大众喜爱的50种图书"等奖项，在中央国家机关"强素质·做表率"读书活动中，入选图书品种数位居各大出版社之首。

社科文献出版社是中国学术出版规范与标准的倡议者与制定者，代表全国50多家出版社发起实施学术著作出版规范的倡议，承担学术著作规范国家标准的起草工作，率先编撰完成《皮书手册》对皮书品牌进行规范化管理，并在此基础上推出中国版芝加哥手册——《社科文献出版社学术出版手册》。

社科文献出版社是中国数字出版的引领者，拥有皮书数据库、列国志数据库、"一带一路"数据库、减贫数据库、集刊数据库等4大产品线11个数据库产品，机构用户达1300余家，海外用户百余家，荣获"数字出版转型示范单位""新闻出版标准化先进单位""专业数字内容资源知识服务模式试点企业标准化示范单位"等称号。

社科文献出版社是中国学术出版走出去的践行者。社科文献出版社海外图书出版与学术合作业务遍及全球40余个国家和地区，并于2016年成立俄罗斯分社，累计输出图书500余种，涉及近20个语种，累计获得国家社科基金中华学术外译项目资助76种、"丝路书香工程"项目资助60种、中国图书对外推广计划项目资助71种以及经典中国国际出版工程资助28种，被五部委联合认定为"2015-2016年度国家文化出口重点企业"。

如今，社科文献出版社完全靠自身积累拥有固定资产3.6亿元，年收入3亿元，设置了七大出版分社、六大专业部门，成立了皮书研究院和博士后科研工作站，培养了一支近400人的高素质与高效率的编辑、出版、营销和国际推广队伍，为未来成为学术出版的大社、名社、强社，成为文化体制改革与文化企业转型发展的排头兵奠定了坚实的基础。

宏观经济类

经济蓝皮书
2018年中国经济形势分析与预测

李平 / 主编　2017年12月出版　定价：89.00元

◆ 本书为总理基金项目，由著名经济学家李扬领衔，联合中国社会科学院等数十家科研机构、国家部委和高等院校的专家共同撰写，系统分析了2017年的中国经济形势并预测2018年中国经济运行情况。

城市蓝皮书
中国城市发展报告No.11

潘家华　单菁菁 / 主编　2018年9月出版　估价：99.00元

◆ 本书是由中国社会科学院城市发展与环境研究中心编著的，多角度、全方位地立体展示了中国城市的发展状况，并对中国城市的未来发展提出了许多建议。该书有强烈的时代感，对中国城市发展实践有重要的参考价值。

人口与劳动绿皮书
中国人口与劳动问题报告No.19

张车伟 / 主编　2018年10月出版　估价：99.00元

◆ 本书为中国社会科学院人口与劳动经济研究所主编的年度报告，对当前中国人口与劳动形势做了比较全面和系统的深入讨论，为研究中国人口与劳动问题提供了一个专业性的视角。

皮书系列重点推荐 宏观经济类·区域经济类

中国省域竞争力蓝皮书
中国省域经济综合竞争力发展报告（2017~2018）

李建平　李闽榕　高燕京/主编　2018年5月出版　估价：198.00元

◆ 本书融多学科的理论为一体，深入追踪研究了省域经济发展与中国国家竞争力的内在关系，为提升中国省域经济综合竞争力提供有价值的决策依据。

金融蓝皮书
中国金融发展报告（2018）

王国刚/主编　2018年2月出版　估价：99.00元

◆ 本书由中国社会科学院金融研究所组织编写，概括和分析了2017年中国金融发展和运行中的各方面情况，研讨和评论了2017年发生的主要金融事件，有利于读者了解掌握2017年中国的金融状况，把握2018年中国金融的走势。

区域经济类

京津冀蓝皮书
京津冀发展报告（2018）

祝合良　叶堂林　张贵祥/等著　2018年6月出版　估价：99.00元

◆ 本书遵循问题导向与目标导向相结合、统计数据分析与大数据分析相结合、纵向分析和长期监测与结构分析和综合监测相结合等原则，对京津冀协同发展新形势与新进展进行测度与评价。

社会政法类

皮书系列
重点推荐

社会政法类

社会蓝皮书
2018年中国社会形势分析与预测

李培林　陈光金　张翼/主编　2017年12月出版　定价：89.00元

◆ 本书由中国社会科学院社会学研究所组织研究机构专家、高校学者和政府研究人员撰写，聚焦当下社会热点，对2017年中国社会发展的各个方面内容进行了权威解读，同时对2018年社会形势发展趋势进行了预测。

法治蓝皮书
中国法治发展报告 No.16（2018）

李林　田禾/主编　2018年3月出版　估价：118.00元

◆ 本年度法治蓝皮书回顾总结了2017年度中国法治发展取得的成就和存在的不足，对中国政府、司法、检务透明度进行了跟踪调研，并对2018年中国法治发展形势进行了预测和展望。

教育蓝皮书
中国教育发展报告（2018）

杨东平/主编　2018年4月出版　估价：99.00元

◆ 本书重点关注了2017年教育领域的热点，资料翔实，分析有据，既有专题研究，又有实践案例，从多角度对2017年教育改革和实践进行了分析和研究。

皮书系列重点推荐 社会政法类

社会体制蓝皮书
中国社会体制改革报告 No.6（2018）

龚维斌/主编　2018年3月出版　估价：99.00元

◆ 本书由国家行政学院社会治理研究中心和北京师范大学中国社会管理研究院共同组织编写，主要对2017年社会体制改革情况进行回顾和总结，对2018年的改革走向进行分析，提出相关政策建议。

社会心态蓝皮书
中国社会心态研究报告（2018）

王俊秀　杨宜音/主编　2018年12月出版　估价：99.00元

◆ 本书是中国社会科学院社会学研究所社会心理研究中心"社会心态蓝皮书课题组"的年度研究成果，运用社会心理学、社会学、经济学、传播学等多种学科的方法进行了调查和研究，对于目前中国社会心态状况有较广泛和深入的揭示。

华侨华人蓝皮书
华侨华人研究报告（2018）

贾益民/主编　2018年1月出版　估价：139.00元

◆ 本书关注华侨华人生产与生活的方方面面。华侨华人是中国建设21世纪海上丝绸之路的重要中介者、推动者和参与者。本书旨在全面调研华侨华人，提供最新涉侨动态、理论研究成果和政策建议。

民族发展蓝皮书
中国民族发展报告（2018）

王延中/主编　2018年10月出版　估价：188.00元

◆ 本书从民族学人类学视角，研究近年来少数民族和民族地区的发展情况，展示民族地区经济、政治、文化、社会和生态文明"五位一体"建设取得的辉煌成就和面临的困难挑战，为深刻理解中央民族工作会议精神、加快民族地区全面建成小康社会进程提供了实证材料。

产业经济类·行业及其他类　皮书系列重点推荐

产业经济类

房地产蓝皮书
中国房地产发展报告 No.15（2018）

李春华　王业强 / 主编　2018年5月出版　估价：99.00元

◆ 2018年《房地产蓝皮书》持续追踪中国房地产市场最新动态，深度剖析市场热点，展望2018年发展趋势，积极谋划应对策略。对2017年房地产市场的发展态势进行全面、综合的分析。

新能源汽车蓝皮书
中国新能源汽车产业发展报告（2018）

中国汽车技术研究中心　日产（中国）投资有限公司
东风汽车有限公司 / 编著　2018年8月出版　估价：99.00元

◆ 本书对中国2017年新能源汽车产业发展进行了全面系统的分析，并介绍了国外的发展经验。有助于相关机构、行业和社会公众等了解中国新能源汽车产业发展的最新动态，为政府部门出台新能源汽车产业相关政策法规、企业制定相关战略规划，提供必要的借鉴和参考。

行业及其他类

旅游绿皮书
2017～2018年中国旅游发展分析与预测

中国社会科学院旅游研究中心 / 编　2018年2月出版　估价：99.00元

◆ 本书从政策、产业、市场、社会等多个角度勾画出2017年中国旅游发展全貌，剖析了其中的热点和核心问题，并就未来发展作出预测。

皮书系列 重点推荐 — 行业及其他类

民营医院蓝皮书
中国民营医院发展报告（2018）

薛晓林 / 主编　2018年1月出版　估价：99.00元

◆ 本书在梳理国家对社会办医的各种利好政策的前提下，对我国民营医疗发展现状、我国民营医院竞争力进行了分析，并结合我国医疗体制改革对民营医院的发展趋势、发展策略、战略规划等方面进行了预估。

会展蓝皮书
中外会展业动态评估研究报告（2018）

张敏 / 主编　2018年12月出版　估价：99.00元

◆ 本书回顾了2017年的会展业发展动态，结合"供给侧改革"、"互联网+"、"绿色经济"的新形势分析了我国展会的行业现状，并介绍了国外的发展经验，有助于行业和社会了解最新的展会业动态。

中国上市公司蓝皮书
中国上市公司发展报告（2018）

张平　王宏淼 / 主编　2018年9月出版　估价：99.00元

◆ 本书由中国社会科学院上市公司研究中心组织编写的，着力于全面、真实、客观反映当前中国上市公司财务状况和价值评估的综合性年度报告。本书详尽分析了2017年中国上市公司情况，特别是现实中暴露出的制度性、基础性问题，并对资本市场改革进行了探讨。

工业和信息化蓝皮书
人工智能发展报告（2017~2018）

尹丽波 / 主编　2018年6月出版　估价：99.00元

◆ 本书国家工业信息安全发展研究中心在对2017年全球人工智能技术和产业进行全面跟踪研究基础上形成的研究报告。该报告内容翔实、视角独特，具有较强的产业发展前瞻性和预测性，可为相关主管部门、行业协会、企业等全面了解人工智能发展形势以及进行科学决策提供参考。

国际问题与全球治理类

世界经济黄皮书

2018年世界经济形势分析与预测

张宇燕 / 主编　2018年1月出版　估价：99.00元

◆ 本书由中国社会科学院世界经济与政治研究所的研究团队撰写，分总论、国别与地区、专题、热点、世界经济统计与预测等五个部分，对2018年世界经济形势进行了分析。

国际城市蓝皮书

国际城市发展报告（2018）

屠启宇 / 主编　2018年2月出版　估价：99.00元

◆ 本书作者以上海社会科学院从事国际城市研究的学者团队为核心，汇集同济大学、华东师范大学、复旦大学、上海交通大学、南京大学、浙江大学相关城市研究专业学者。立足动态跟踪介绍国际城市发展时间中，最新出现的重大战略、重大理念、重大项目、重大报告和最佳案例。

非洲黄皮书

非洲发展报告No.20（2017～2018）

张宏明 / 主编　2018年7月出版　估价：99.00元

◆ 本书是由中国社会科学院西亚非洲研究所组织编撰的非洲形势年度报告，比较全面、系统地分析了2017年非洲政治形势和热点问题，探讨了非洲经济形势和市场走向，剖析了大国对非洲关系的新动向；此外，还介绍了国内非洲研究的新成果。

皮书系列 重点推荐　国别类

国别类

美国蓝皮书
美国研究报告（2018）

郑秉文 黄平 / 主编　2018年5月出版　估价：99.00元

◆ 本书是由中国社会科学院美国研究所主持完成的研究成果，它回顾了美国2017年的经济、政治形势与外交战略，对美国内政外交发生的重大事件及重要政策进行了较为全面的回顾和梳理。

德国蓝皮书
德国发展报告（2018）

郑春荣 / 主编　2018年6月出版　估价：99.00元

◆ 本报告由同济大学德国研究所组织编撰，由该领域的专家学者对德国的政治、经济、社会文化、外交等方面的形势发展情况，进行全面的阐述与分析。

俄罗斯黄皮书
俄罗斯发展报告（2018）

李永全 / 编著　2018年6月出版　估价：99.00元

◆ 本书系统介绍了2017年俄罗斯经济政治情况，并对2016年该地区发生的焦点、热点问题进行了分析与回顾；在此基础上，对该地区2018年的发展前景进行了预测。

文化传媒类

皮书系列
重点推荐

文化传媒类

新媒体蓝皮书
中国新媒体发展报告 No.9（2018）

唐绪军 / 主编　2018 年 6 月出版　估价：99.00 元

◆ 本书是由中国社会科学院新闻与传播研究所组织编写的关于新媒体发展的最新年度报告，旨在全面分析中国新媒体的发展现状，解读新媒体的发展趋势，探析新媒体的深刻影响。

移动互联网蓝皮书
中国移动互联网发展报告（2018）

余清楚 / 主编　2018 年 6 月出版　估价：99.00 元

◆ 本书着眼于对 2017 年度中国移动互联网的发展情况做深入解析，对未来发展趋势进行预测，力求从不同视角、不同层面全面剖析中国移动互联网发展的现状、年度突破及热点趋势等。

文化蓝皮书
中国文化消费需求景气评价报告（2018）

王亚南 / 主编　2018 年 2 月出版　估价：99.00 元

◆ 本书首创全国文化发展量化检测评价体系，也是至今全国唯一的文化民生量化检测评价体系，对于检验全国及各地"以人民为中心"的文化发展具有首创意义。

皮书系列
重点推荐

地方发展类

地方发展类

北京蓝皮书

北京经济发展报告（2017～2018）

杨松 / 主编　2018年6月出版　估价：99.00元

◆ 本书对2017年北京市经济发展的整体形势进行了系统性的分析与回顾，并对2018年经济形势走势进行了预测与研判，聚焦北京市经济社会发展中的全局性、战略性和关键领域的重点问题，运用定量和定性分析相结合的方法，对北京市经济社会发展的现状、问题、成因进行了深入分析，提出了可操作性的对策建议。

温州蓝皮书

2018年温州经济社会形势分析与预测

蒋儒标　王春光　金浩 / 主编　2018年4月出版　估价：99.00元

◆ 本书是中共温州市委党校和中国社会科学院社会学研究所合作推出的第十一本温州蓝皮书，由来自党校、政府部门、科研机构、高校的专家、学者共同撰写的2017年温州区域发展形势的最新研究成果。

黑龙江蓝皮书

黑龙江社会发展报告（2018）

王爱丽 / 主编　2018年6月出版　估价：99.00元

◆ 本书以千份随机抽样问卷调查和专题研究为依据，运用社会学理论框架和分析方法，从专家和学者的独特视角，对2017年黑龙江省关系民生的问题进行广泛的调研与分析，并对2017年黑龙江省诸多社会热点和焦点问题进行了有益的探索。这些研究不仅可以为政府部门更加全面深入了解省情、科学制定决策提供智力支持，同时也可以为广大读者认识、了解、关注黑龙江社会发展提供理性思考。

宏观经济类

城市蓝皮书
中国城市发展报告（No.11）
著(编)者：潘家华 单菁菁
2018年9月出版 / 估价：99.00元
PSN B-2007-091-1/1

城乡一体化蓝皮书
中国城乡一体化发展报告（2018）
著(编)者：付崇兰
2018年9月出版 / 估价：99.00元
PSN B-2011-226-1/2

城镇化蓝皮书
中国新型城镇化健康发展报告（2018）
著(编)者：张占斌
2018年8月出版 / 估价：99.00元
PSN B-2014-396-1/1

创新蓝皮书
创新型国家建设报告（2018~2019）
著(编)者：詹正茂
2018年12月出版 / 估价：99.00元
PSN B-2009-140-1/1

低碳发展蓝皮书
中国低碳发展报告（2018）
著(编)者：张希良 齐晔
2018年6月出版 / 估价：99.00元
PSN B-2011-223-1/1

低碳经济蓝皮书
中国低碳经济发展报告（2018）
著(编)者：薛进军 赵忠秀
2018年11月出版 / 估价：99.00元
PSN B-2011-194-1/1

发展和改革蓝皮书
中国经济发展和体制改革报告No.9
著(编)者：邹东涛 王再文
2018年1月出版 / 估价：99.00元
PSN B-2008-122-1/1

国家创新蓝皮书
中国创新发展报告（2017）
著(编)者：陈劲
2018年3月出版 / 估价：99.00元
PSN B-2014-370-1/1

金融蓝皮书
中国金融发展报告（2018）
著(编)者：王国刚
2018年2月出版 / 估价：99.00元
PSN B-2004-031-1/7

经济蓝皮书
2018年中国经济形势分析与预测
著(编)者：李平 2017年12月出版 / 定价：89.00元
PSN B-1996-001-1/1

经济蓝皮书春季号
2018年中国经济前景分析
著(编)者：李扬 2018年5月出版 / 估价：99.00元
PSN B-1999-008-1/1

经济蓝皮书夏季号
中国经济增长报告（2017~2018）
著(编)者：李扬 2018年9月出版 / 估价：99.00元
PSN B-2010-176-1/1

经济信息绿皮书
中国与世界经济发展报告（2018）
著(编)者：杜平
2017年12月出版 / 估价：99.00元
PSN G-2003-023-1/1

农村绿皮书
中国农村经济形势分析与预测（2017~2018）
著(编)者：魏后凯 黄秉信
2018年4月出版 / 估价：99.00元
PSN G-1998-003-1/1

人口与劳动绿皮书
中国人口与劳动问题报告No.19
著(编)者：张车伟 2018年11月出版 / 估价：99.00元
PSN G-2000-012-1/1

新型城镇化蓝皮书
新型城镇化发展报告（2017）
著(编)者：李伟 宋敏 沈体雁
2018年3月出版 / 估价：99.00元
PSN B-2005-038-1/1

中国省域竞争力蓝皮书
中国省域经济综合竞争力发展报告（2016~2017）
著(编)者：李建平 李闽榕 高燕京
2018年2月出版 / 估价：198.00元
PSN B-2007-088-1/1

中小城市绿皮书
中国中小城市发展报告（2018）
著(编)者：中国城市经济学会中小城市经济发展委员会
中国城镇化促进会中小城市发展委员会
《中国中小城市发展报告》编纂委员会
中小城市发展战略研究院
2018年11月出版 / 估价：128.00元
PSN G-2010-161-1/1

区域经济类

东北蓝皮书
中国东北地区发展报告（2018）
著(编)者：姜晓秋　2018年11月出版／估价：99.00元
PSN B-2006-067-1/1

金融蓝皮书
中国金融中心发展报告（2017～2018）
著(编)者：王力　黄育华　2018年11月出版／估价：99.00元
PSN B-2011-186-6/7

京津冀蓝皮书
京津冀发展报告（2018）
著(编)者：祝合良　叶堂林　张贵祥
2018年6月出版／估价：99.00元
PSN B-2012-262-1/1

西北蓝皮书
中国西北发展报告（2018）
著(编)者：任宗哲　白宽犁　王建康
2018年4月出版／估价：99.00元
PSN B-2012-261-1/1

西部蓝皮书
中国西部发展报告（2018）
著(编)者：璋勇　任保平　2018年8月出版／估价：99.00元
PSN B-2005-039-1/1

长江经济带产业蓝皮书
长江经济带产业发展报告（2018）
著(编)者：吴传清　2018年11月出版／估价：128.00元
PSN B-2017-666-1/1

长江经济带蓝皮书
长江经济带发展报告（2017～2018）
著(编)者：王振　2018年11月出版／估价：99.00元
PSN B-2016-575-1/1

长江中游城市群蓝皮书
长江中游城市群新型城镇化与产业协同发展报告（2018）
著(编)者：杨刚强　2018年11月出版／估价：99.00元
PSN B-2016-578-1/1

长三角蓝皮书
2017年创新融合发展的长三角
著(编)者：刘飞跃　2018年3月出版／估价：99.00元
PSN B-2005-038-1/1

长株潭城市群蓝皮书
长株潭城市群发展报告（2017）
著(编)者：张萍　朱有志　2018年1月出版／估价：99.00元
PSN B-2008-109-1/1

中部竞争力蓝皮书
中国中部经济社会竞争力报告（2018）
著(编)者：教育部人文社会科学重点研究基地南昌大学中国
　　　　　中部经济社会发展研究中心
2018年12月出版／估价：99.00元
PSN B-2012-276-1/1

中部蓝皮书
中国中部地区发展报告（2018）
著(编)者：宋亚平　2018年12月出版／估价：99.00元
PSN B-2007-089-1/1

区域蓝皮书
中国区域经济发展报告（2017～2018）
著(编)者：赵弘　2018年5月出版／估价：99.00元
PSN B-2004-034-1/1

中三角蓝皮书
长江中游城市群发展报告（2018）
著(编)者：秦尊文　2018年9月出版／估价：99.00元
PSN B-2014-417-1/1

中原蓝皮书
中原经济区发展报告（2018）
著(编)者：李英杰　2018年6月出版／估价：99.00元
PSN B-2011-192-1/1

珠三角流通蓝皮书
珠三角商圈发展研究报告（2018）
著(编)者：王先庆　林至颖　2018年7月出版／估价：99.00元
PSN B-2012-292-1/1

社会政法类

北京蓝皮书
中国社区发展报告（2017～2018）
著(编)者：于燕燕　2018年9月出版／估价：99.00元
PSN B-2007-083-5/8

殡葬绿皮书
中国殡葬事业发展报告（2017～2018）
著(编)者：李伯森　2018年4月出版／估价：158.00元
PSN G-2010-180-1/1

城市管理蓝皮书
中国城市管理报告（2017-2018）
著(编)者：刘林　刘承水　2018年5月出版／估价：158.00元
PSN B-2013-336-1/1

城市生活质量蓝皮书
中国城市生活质量报告（2017）
著(编)者：张连城　张平　杨春学　郎丽华
2018年2月出版／估价：99.00元
PSN B-2013-326-1/1

皮书系列 2018全品种

社会政法类

城市政府能力蓝皮书
中国城市政府公共服务能力评估报告（2018）
著(编)者：何艳玲　2018年4月出版／估价：99.00元
PSN B-2013-338-1/1

创业蓝皮书
中国创业发展研究报告（2017~2018）
著(编)者：黄群慧　赵卫星　钟宏武
2018年11月出版／估价：99.00元
PSN B-2016-577-1/1

慈善蓝皮书
中国慈善发展报告（2018）
著(编)者：杨团　2018年6月出版／估价：99.00元
PSN B-2009-142-1/1

党建蓝皮书
党的建设研究报告No.2（2018）
著(编)者：崔建民　陈东平　2018年1月出版／估价：99.00元
PSN B-2016-523-1/1

地方法治蓝皮书
中国地方法治发展报告No.3（2018）
著(编)者：李林　田禾　2018年3月出版／估价：118.00元
PSN B-2015-442-1/1

电子政务蓝皮书
中国电子政务发展报告（2018）
著(编)者：李季　2018年8月出版／估价：99.00元
PSN B-2003-022-1/1

法治蓝皮书
中国法治发展报告No.16（2018）
著(编)者：吕艳滨　2018年3月出版／估价：118.00元
PSN B-2004-027-1/3

法治蓝皮书
中国法院信息化发展报告No.2（2018）
著(编)者：李林　田禾　2018年2月出版／估价：108.00元
PSN B-2017-604-3/3

法治政府蓝皮书
中国法治政府发展报告（2018）
著(编)者：中国政法大学法治政府研究院
2018年4月出版／估价：99.00元
PSN B-2015-502-1/2

法治政府蓝皮书
中国法治政府评估报告（2018）
著(编)者：中国政法大学法治政府研究院
2018年9月出版／估价：168.00元
PSN B-2016-576-2/2

反腐倡廉蓝皮书
中国反腐倡廉建设报告No.8
著(编)者：张英伟　2018年12月出版／估价：99.00元
PSN B-2012-259-1/1

扶贫蓝皮书
中国扶贫开发报告（2018）
著(编)者：李培林　魏后凯　2018年12月出版／估价：128.00元
PSN B-2016-599-1/1

妇女发展蓝皮书
中国妇女发展报告No.6
著(编)者：王金玲　2018年9月出版／估价：158.00元
PSN B-2006-069-1/1

妇女教育蓝皮书
中国妇女教育发展报告No.3
著(编)者：张李玺　2018年10月出版／估价：99.00元
PSN B-2008-121-1/1

妇女绿皮书
2018年：中国性别平等与妇女发展报告
著(编)者：谭琳　2018年12月出版／估价：99.00元
PSN G-2006-073-1/1

公共安全蓝皮书
中国城市公共安全发展报告（2017~2018）
著(编)者：黄育华　杨文明　赵建辉
2018年6月出版／估价：99.00元
PSN B-2017-628-1/1

公共服务蓝皮书
中国城市基本公共服务力评价（2018）
著(编)者：钟君　刘志昌　吴正昊
2018年12月出版／估价：99.00元
PSN B-2011-214-1/1

公民科学素质蓝皮书
中国公民科学素质报告（2017~2018）
著(编)者：李群　陈雄　马宗文
2018年1月出版／估价：99.00元
PSN B-2014-379-1/1

公益蓝皮书
中国公益慈善发展报告（2016）
著(编)者：朱健刚　胡小军　2018年2月出版／估价：99.00元
PSN B-2012-283-1/1

国际人才蓝皮书
中国国际移民报告（2018）
著(编)者：王辉耀　2018年2月出版／估价：99.00元
PSN B-2012-304-3/4

国际人才蓝皮书
中国留学发展报告（2018）No.7
著(编)者：王辉耀　苗绿　2018年12月出版／估价：99.00元
PSN B-2012-244-2/4

海洋社会蓝皮书
中国海洋社会发展报告（2017）
著(编)者：崔凤　宋宁而　2018年3月出版／估价：99.00元
PSN B-2015-478-1/1

行政改革蓝皮书
中国行政体制改革报告No.7（2018）
著(编)者：魏礼群　2018年6月出版／估价：99.00元
PSN B-2011-231-1/1

华侨华人蓝皮书
华侨华人研究报告（2017）
著(编)者：贾益民　2018年1月出版／估价：139.00元
PSN B-2011-204-1/1

皮书系列 2018全品种　社会政法类

环境竞争力绿皮书
中国省域环境竞争力发展报告（2018）
著(编)者：李建平　李闽榕　王金南
2018年11月出版／估价：198.00元
PSN G-2010-165-1/1

环境绿皮书
中国环境发展报告（2017~2018）
著(编)者：李波　2018年4月出版／估价：99.00元
PSN G-2006-048-1/1

家庭蓝皮书
中国"创建幸福家庭活动"评估报告（2018）
著(编)者：国务院发展研究中心"创建幸福家庭活动评估"课题组
2018年12月出版／估价：99.00元
PSN B-2015-508-1/1

健康城市蓝皮书
中国健康城市建设研究报告（2018）
著(编)者：王鸿春　盛继洪　2018年12月出版／估价：99.00元
PSN B-2016-564-2/2

健康中国蓝皮书
社区首诊与健康中国分析报告（2018）
著(编)者：高和荣　杨叔禹　姜杰
2018年4月出版／估价：99.00元
PSN B-2017-611-1/1

教师蓝皮书
中国中小学教师发展报告（2017）
著(编)者：曾晓东　鱼霞　2018年6月出版／估价：99.00元
PSN B-2012-289-1/1

教育扶贫蓝皮书
中国教育扶贫报告（2018）
著(编)者：司树杰　王文静　李兴洲
2018年12月出版／估价：99.00元
PSN B-2016-590-1/1

教育蓝皮书
中国教育发展报告（2018）
著(编)者：杨东平　2018年4月出版／估价：99.00元
PSN B-2006-047-1/1

金融法治建设蓝皮书
中国金融法治建设年度报告（2015~2016）
著(编)者：朱小黄　2018年6月出版／估价：99.00元
PSN B-2017-633-1/1

京津冀教育蓝皮书
京津冀教育发展研究报告（2017~2018）
著(编)者：方中雄　2018年4月出版／估价：99.00元
PSN B-2017-608-1/1

就业蓝皮书
2018年中国本科生就业报告
著(编)者：麦可思研究院　2018年6月出版／估价：99.00元
PSN B-2009-146-1/2

就业蓝皮书
2018年中国高职高专生就业报告
著(编)者：麦可思研究院　2018年6月出版／估价：99.00元
PSN B-2015-472-2/2

科学教育蓝皮书
中国科学教育发展报告（2018）
著(编)者：王康友　2018年10月出版／估价：99.00元
PSN B-2015-487-1/1

劳动保障蓝皮书
中国劳动保障发展报告（2018）
著(编)者：刘燕斌　2018年9月出版／估价：158.00元
PSN B-2014-415-1/1

老龄蓝皮书
中国老年宜居环境发展报告（2017）
著(编)者：党俊武　周燕珉　2018年1月出版／估价：99.00元
PSN B-2013-320-1/1

连片特困区蓝皮书
中国连片特困区发展报告（2017~2018）
著(编)者：游俊　冷志明　丁建军
2018年4月出版／估价：99.00元
PSN B-2013-321-1/1

流动儿童蓝皮书
中国流动儿童教育发展报告（2017）
著(编)者：杨东平　2018年1月出版／估价：99.00元
PSN B-2017-600-1/1

民调蓝皮书
中国民生调查报告（2018）
著(编)者：谢耘耕　2018年12月出版／估价：99.00元
PSN B-2014-398-1/1

民族发展蓝皮书
中国民族发展报告（2018）
著(编)者：王延中　2018年10月出版／估价：188.00元
PSN B-2006-070-1/1

女性生活蓝皮书
中国女性生活状况报告No.12（2018）
著(编)者：韩湘景　2018年7月出版／估价：99.00元
PSN B-2006-071-1/1

汽车社会蓝皮书
中国汽车社会发展报告（2017~2018）
著(编)者：王俊秀　2018年1月出版／估价：99.00元
PSN B-2011-224-1/1

青年蓝皮书
中国青年发展报告（2018）No.3
著(编)者：廉思　2018年4月出版／估价：99.00元
PSN B-2013-333-1/1

青少年蓝皮书
中国未成年人互联网运用报告（2017~2018）
著(编)者：李为民　李文革　沈杰
2018年11月出版／估价：99.00元
PSN B-2010-156-1/1

社会政法类 — 皮书系列 2018全品种

人权蓝皮书
中国人权事业发展报告No.8（2018）
著(编)者：李君如　2018年9月出版 / 估价：99.00元
PSN B-2011-215-1/1

社会保障绿皮书
中国社会保障发展报告No.9（2018）
著(编)者：王延中　2018年1月出版 / 估价：99.00元
PSN G-2001-014-1/1

社会风险评估蓝皮书
风险评估与危机预警报告（2017~2018）
著(编)者：唐钧　2018年8月出版 / 估价：99.00元
PSN B-2012-293-1/1

社会工作蓝皮书
中国社会工作发展报告（2016~2017）
著(编)者：民政部社会工作研究中心
2018年8月出版 / 估价：99.00元
PSN B-2009-141-1/1

社会管理蓝皮书
中国社会管理创新报告No.6
著(编)者：连玉明　2018年11月出版 / 估价：99.00元
PSN B-2012-300-1/1

社会蓝皮书
2018年中国社会形势分析与预测
著(编)者：李培林　陈光金　张翼
2017年12月出版 / 定价：89.00元
PSN B-1998-002-1/1

社会体制蓝皮书
中国社会体制改革报告No.6（2018）
著(编)者：龚维斌　2018年3月出版 / 估价：99.00元
PSN B-2013-330-1/1

社会心态蓝皮书
中国社会心态研究报告（2018）
著(编)者：王俊秀　2018年12月出版 / 估价：99.00元
PSN B-2011-199-1/1

社会组织蓝皮书
中国社会组织报告（2017-2018）
著(编)者：黄晓勇　2018年1月出版 / 估价：99.00元
PSN B-2008-118-1/2

社会组织蓝皮书
中国社会组织评估发展报告（2018）
著(编)者：徐家良　2018年12月出版 / 估价：99.00元
PSN B-2013-366-2/2

生态城市绿皮书
中国生态城市建设发展报告（2018）
著(编)者：刘举科　孙伟平　胡文臻
2018年9月出版 / 158.00元
PSN G-2012-269-1/1

生态文明绿皮书
中国省域生态文明建设评价报告（ECI 2018）
著(编)者：严耕　2018年12月出版 / 估价：99.00元
PSN G-2010-170-1/1

退休生活蓝皮书
中国城市居民退休生活质量指数报告（2017）
著(编)者：杨一帆　2018年5月出版 / 估价：99.00元
PSN B-2017-618-1/1

危机管理蓝皮书
中国危机管理报告（2018）
著(编)者：文学国　范正青
2018年8月出版 / 估价：99.00元
PSN B-2010-171-1/1

学会蓝皮书
2018年中国学会发展报告
著(编)者：麦可思研究院
2018年12月出版 / 估价：99.00元
PSN B-2016-597-1/1

医改蓝皮书
中国医药卫生体制改革报告（2017~2018）
著(编)者：文学国　房志武
2018年11月出版 / 估价：99.00元
PSN B-2014-432-1/1

应急管理蓝皮书
中国应急管理报告（2018）
著(编)者：宋英华　2018年9月出版 / 估价：99.00元
PSN B-2016-562-1/1

政府绩效评估蓝皮书
中国地方政府绩效评估报告No.2
著(编)者：贠杰　2018年12月出版 / 估价：99.00元
PSN B-2017-672-1/1

政治参与蓝皮书
中国政治参与报告（2018）
著(编)者：房宁　2018年8月出版 / 估价：128.00元
PSN B-2011-200-1/1

政治文化蓝皮书
中国政治文化报告（2018）
著(编)者：邢元敏　魏大鹏　龚克
2018年8月出版 / 估价：128.00元
PSN B-2017-615-1/1

中国传统村落蓝皮书
中国传统村落保护现状报告（2018）
著(编)者：胡彬彬　李向军　王晓波
2018年12月出版 / 估价：99.00元
PSN B-2017-663-1/1

中国农村妇女发展蓝皮书
农村流动女性城市生活发展报告（2018）
著(编)者：谢丽华　2018年12月出版 / 估价：99.00元
PSN B-2014-434-1/1

宗教蓝皮书
中国宗教报告（2017）
著(编)者：邱永辉　2018年8月出版 / 估价：99.00元
PSN B-2008-117-1/1

产业经济类

保健蓝皮书
中国保健服务产业发展报告 No.2
著(编)者：中国保健协会　中共中央党校
2018年7月出版 / 估价：198.00元
PSN B-2012-272-3/3

保健蓝皮书
中国保健食品产业发展报告 No.2
著(编)者：中国保健协会
　　　　　中国社会科学院食品药品产业发展与监管研究中心
2018年8月出版 / 估价：198.00元
PSN B-2012-271-2/3

保健蓝皮书
中国保健用品产业发展报告 No.2
著(编)者：中国保健协会
　　　　　国务院国有资产监督管理委员会研究中心
2018年3月出版 / 估价：198.00元
PSN B-2012-270-1/3

保险蓝皮书
中国保险业竞争力报告（2018）
著(编)者：保监会　2018年12月出版 / 估价：99.00元
PSN B-2013-311-1/1

冰雪蓝皮书
中国冰上运动产业发展报告（2018）
著(编)者：孙承华　杨占武　刘戈　张鸿俊
2018年9月出版 / 估价：99.00元
PSN B-2017-648-3/3

冰雪蓝皮书
中国滑雪产业发展报告（2018）
著(编)者：孙承华　伍斌　魏庆华　张鸿俊
2018年9月出版 / 估价：99.00元
PSN B-2016-559-1/3

餐饮产业蓝皮书
中国餐饮产业发展报告（2018）
著(编)者：邢颖
2018年6月出版 / 估价：99.00元
PSN B-2009-151-1/1

茶业蓝皮书
中国茶产业发展报告（2018）
著(编)者：杨江帆　李闽榕
2018年10月出版 / 估价：99.00元
PSN B-2010-164-1/1

产业安全蓝皮书
中国文化产业安全报告（2018）
著(编)者：北京印刷学院文化产业安全研究院
2018年12月出版 / 估价：99.00元
PSN B-2014-378-12/14

产业安全蓝皮书
中国新媒体产业安全报告（2016～2017）
著(编)者：肖丽　2018年6月出版 / 估价：99.00元
PSN B-2015-500-14/14

产业安全蓝皮书
中国出版传媒产业安全报告（2017～2018）
著(编)者：北京印刷学院文化产业安全研究院
2018年3月出版 / 估价：99.00元
PSN B-2014-384-13/14

产业蓝皮书
中国产业竞争力报告（2018）No.8
著(编)者：张其仔　2018年12月出版 / 估价：168.00元
PSN B-2010-175-1/1

动力电池蓝皮书
中国新能源汽车动力电池产业发展报告（2018）
著(编)者：中国汽车技术研究中心
2018年8月出版 / 估价：99.00元
PSN B-2017-639-1/1

杜仲产业绿皮书
中国杜仲橡胶资源与产业发展报告（2017～2018）
著(编)者：杜红岩　胡文臻　俞锐
2018年1月出版 / 估价：99.00元
PSN G-2013-350-1/1

房地产蓝皮书
中国房地产发展报告No.15（2018）
著(编)者：李春华　王业强
2018年5月出版 / 估价：99.00元
PSN B-2004-028-1/1

服务外包蓝皮书
中国服务外包产业发展报告（2017～2018）
著(编)者：王晓红　刘德军
2018年6月出版 / 估价：99.00元
PSN B-2013-331-2/2

服务外包蓝皮书
中国服务外包竞争力报告（2017～2018）
著(编)者：刘春生　王力　黄育华
2018年12月出版 / 估价：99.00元
PSN B-2011-216-1/2

工业和信息化蓝皮书
世界信息技术产业发展报告（2017～2018）
著(编)者：尹丽波　2018年6月出版 / 估价：99.00元
PSN B-2015-449-2/6

工业和信息化蓝皮书
战略性新兴产业发展报告（2017～2018）
著(编)者：尹丽波　2018年6月出版 / 估价：99.00元
PSN B-2015-450-3/6

产业经济类 | 皮书系列 2018全品种

客车蓝皮书
中国客车产业发展报告（2017~2018）
著（编）者：姚蔚　2018年10月出版／估价：99.00元
PSN B-2013-361-1/1

流通蓝皮书
中国商业发展报告（2018~2019）
著（编）者：王雪峰　林诗慧
2018年7月出版／估价：99.00元
PSN B-2009-152-1/2

能源蓝皮书
中国能源发展报告（2018）
著（编）者：崔民选　王军生　陈义和
2018年12月出版／估价：99.00元
PSN B-2006-049-1/1

农产品流通蓝皮书
中国农产品流通产业发展报告（2017）
著（编）者：贾敬敦　张东科　张玉玺　张鹏毅　周伟
2018年1月出版／估价：99.00元
PSN B-2012-288-1/1

汽车工业蓝皮书
中国汽车工业发展年度报告（2018）
著（编）者：中国汽车工业协会
　　　　　中国汽车技术研究中心
　　　　　丰田汽车公司
2018年5月出版／估价：168.00元
PSN B-2015-463-1/2

汽车工业蓝皮书
中国汽车零部件产业发展报告（2017~2018）
著（编）者：中国汽车工业协会
　　　　　中国汽车工程研究院深圳市沃特玛电池有限公司
2018年9月出版／估价：99.00元
PSN B-2016-515-2/2

汽车蓝皮书
中国汽车产业发展报告（2018）
著（编）者：中国汽车工程学会
　　　　　大众汽车集团（中国）
2018年11月出版／估价：99.00元
PSN B-2008-124-1/1

世界茶业蓝皮书
世界茶业发展报告（2018）
著（编）者：李闽榕　冯廷佺
2018年5月出版／估价：168.00元
PSN B-2017-619-1/1

世界能源蓝皮书
世界能源发展报告（2018）
著（编）者：黄晓勇　2018年6月出版／估价：168.00元
PSN B-2013-349-1/1

体育蓝皮书
国家体育产业基地发展报告（2016~2017）
著（编）者：李颖川　2018年4月出版／估价：168.00元
PSN B-2017-609-5/5

体育蓝皮书
中国体育产业发展报告（2018）
著（编）者：阮伟　钟秉枢
2018年12月出版／估价：99.00元
PSN B-2010-179-1/5

文化金融蓝皮书
中国文化金融发展报告（2018）
著（编）者：杨涛　金巍
2018年5月出版／估价：99.00元
PSN B-2017-610-1/1

新能源汽车蓝皮书
中国新能源汽车产业发展报告（2018）
著（编）者：中国汽车技术研究中心
　　　　　日产（中国）投资有限公司
　　　　　东风汽车有限公司
2018年8月出版／估价：99.00元
PSN B-2013-347-1/1

薏仁米产业蓝皮书
中国薏仁米产业发展报告No.2（2018）
著（编）者：李发耀　石明　秦礼康
2018年8月出版／估价：99.00元
PSN B-2017-645-1/1

邮轮绿皮书
中国邮轮产业发展报告（2018）
著（编）者：汪泓　2018年10月出版／估价：99.00元
PSN G-2014-419-1/1

智能养老蓝皮书
中国智能养老产业发展报告（2018）
著（编）者：朱勇　2018年10月出版／估价：99.00元
PSN B-2015-488-1/1

中国节能汽车蓝皮书
中国节能汽车发展报告（2017~2018）
著（编）者：中国汽车工程研究院股份有限公司
2018年9月出版／估价：99.00元
PSN B-2016-565-1/1

中国陶瓷产业蓝皮书
中国陶瓷产业发展报告（2018）
著（编）者：左和平　黄速建
2018年10月出版／估价：99.00元
PSN B-2016-573-1/1

装备制造业蓝皮书
中国装备制造业发展报告（2018）
著（编）者：徐东华　2018年12月出版／估价：118.00元
PSN B-2015-505-1/1

行业及其他类

"三农"互联网金融蓝皮书
中国"三农"互联网金融发展报告（2018）
著（编）者：李勇坚 王弢
2018年8月出版 / 估价：99.00元
PSN B-2016-560-1/1

SUV蓝皮书
中国SUV市场发展报告（2017～2018）
著（编）者：靳军　2018年9月出版 / 估价：99.00元
PSN B-2016-571-1/1

冰雪蓝皮书
中国冬季奥运会发展报告（2018）
著（编）者：孙承华 伍斌 魏庆华 张鸿俊
2018年9月出版 / 估价：99.00元
PSN B-2017-647-2/3

彩票蓝皮书
中国彩票发展报告（2018）
著（编）者：益彩基金　2018年4月出版 / 估价：99.00元
PSN B-2015-462-1/1

测绘地理信息蓝皮书
测绘地理信息供给侧结构性改革研究报告（2018）
著（编）者：库热西·买合苏提
2018年12月出版 / 估价：168.00元
PSN B-2009-145-1/1

产权市场蓝皮书
中国产权市场发展报告（2017）
著（编）者：曹和平　2018年5月出版 / 估价：99.00元
PSN B-2009-147-1/1

城投蓝皮书
中国城投行业发展报告（2018）
著（编）者：华景斌
2018年11月出版 / 估价：300.00元
PSN B-2016-514-1/1

大数据蓝皮书
中国大数据发展报告（No.2）
著（编）者：连玉明　2018年5月出版 / 估价：99.00元
PSN B-2017-620-1/1

大数据应用蓝皮书
中国大数据应用发展报告No.2（2018）
著（编）者：陈军君　2018年8月出版 / 估价：99.00元
PSN B-2017-644-1/1

对外投资与风险蓝皮书
中国对外直接投资与国家风险报告（2018）
著（编）者：中债资信评估有限责任公司
　　　　　中国社会科学院世界经济与政治研究所
2018年4月出版 / 估价：189.00元
PSN B-2017-606-1/1

工业和信息化蓝皮书
人工智能发展报告（2017～2018）
著（编）者：尹丽波　2018年6月出版 / 估价：99.00元
PSN B-2015-448-1/6

工业和信息化蓝皮书
世界智慧城市发展报告（2017～2018）
著（编）者：尹丽波　2018年6月出版 / 估价：99.00元
PSN B-2017-624-6/6

工业和信息化蓝皮书
世界网络安全发展报告（2017～2018）
著（编）者：尹丽波　2018年6月出版 / 估价：99.00元
PSN B-2015-452-5/6

工业和信息化蓝皮书
世界信息化发展报告（2017～2018）
著（编）者：尹丽波　2018年6月出版 / 估价：99.00元
PSN B-2015-451-4/6

工业设计蓝皮书
中国工业设计发展报告（2018）
著（编）者：王晓红 于炜 张立群　2018年9月出版 / 估价：168.00元
PSN B-2014-420-1/1

公共关系蓝皮书
中国公共关系发展报告（2018）
著（编）者：柳斌杰　2018年11月出版 / 估价：99.00元
PSN B-2016-579-1/1

管理蓝皮书
中国管理发展报告（2018）
著（编）者：张晓东　2018年10月出版 / 估价：99.00元
PSN B-2014-416-1/1

海关发展蓝皮书
中国海关发展前沿报告（2018）
著（编）者：干春晖　2018年6月出版 / 估价：99.00元
PSN B-2017-616-1/1

互联网医疗蓝皮书
中国互联网健康医疗发展报告（2018）
著（编）者：芮晓武　2018年6月出版 / 估价：99.00元
PSN B-2016-567-1/1

黄金市场蓝皮书
中国商业银行黄金业务发展报告（2017～2018）
著（编）者：平安银行　2018年3月出版 / 估价：99.00元
PSN B-2016-524-1/1

会展蓝皮书
中外会展业动态评估研究报告（2018）
著（编）者：张敏 任中峰 聂鑫焱 牛盼强
2018年12月出版 / 估价：99.00元
PSN B-2013-327-1/1

基金会蓝皮书
中国基金会发展报告（2017～2018）
著（编）者：中国基金会发展报告课题组
2018年4月出版 / 估价：99.00元
PSN B-2013-368-1/1

基金会绿皮书
中国基金会发展独立研究报告（2018）
著（编）者：基金会中心网　中央民族大学基金会研究中心
2018年6月出版 / 估价：99.00元
PSN G-2011-213-1/1

行业及其他类

皮书系列 2018全品种

基金会透明度蓝皮书
中国基金会透明度发展研究报告（2018）
著(编)者：基金会中心网
　　　　　清华大学廉政与治理研究中心
2018年9月出版 / 估价：99.00元
PSN B-2013-339-1/1

建筑装饰蓝皮书
中国建筑装饰行业发展报告（2018）
著(编)者：葛道顺 刘晓一
2018年10月出版 / 估价：198.00元
PSN B-2016-553-1/1

金融监管蓝皮书
中国金融监管报告（2018）
著(编)者：胡滨　2018年5月出版 / 估价：99.00元
PSN B-2012-281-1/1

金融蓝皮书
中国互联网金融行业分析与评估（2018~2019）
著(编)者：黄国平 伍旭川　2018年12月出版 / 估价：99.00元
PSN B-2016-585-7/7

金融科技蓝皮书
中国金融科技发展报告（2018）
著(编)者：李扬 孙国峰　2018年10月出版 / 估价：99.00元
PSN B-2014-374-1/1

金融信息服务蓝皮书
中国金融信息服务发展报告（2018）
著(编)者：李平　2018年5月出版 / 估价：99.00元
PSN B-2017-621-1/1

京津冀金融蓝皮书
京津冀金融发展报告（2018）
著(编)者：王爱俭 王璟怡　2018年10月出版 / 估价：99.00元
PSN B-2016-527-1/1

科普蓝皮书
国家科普能力发展报告（2018）
著(编)者：王康友　2018年5月出版 / 估价：138.00元
PSN B-2017-632-4/4

科普蓝皮书
中国基层科普发展报告（2017~2018）
著(编)者：赵立新 陈玲　2018年9月出版 / 估价：99.00元
PSN B-2016-568-3/4

科普蓝皮书
中国科普基础设施发展报告（2017~2018）
著(编)者：任福君　2018年6月出版 / 估价：99.00元
PSN B-2010-174-1/3

科普蓝皮书
中国科普人才发展报告（2017~2018）
著(编)者：郑念 任嵘嵘　2018年7月出版 / 估价：99.00元
PSN B-2016-512-2/4

科普能力蓝皮书
中国科普能力评价报告（2018~2019）
著(编)者：李富强 李群　2018年8月出版 / 估价：99.00元
PSN B-2016-555-1/1

临空经济蓝皮书
中国临空经济发展报告（2018）
著(编)者：连玉明　2018年9月出版 / 估价：99.00元
PSN B-2014-421-1/1

旅游安全蓝皮书
中国旅游安全报告（2018）
著(编)者：郑向敏 谢朝武　2018年5月出版 / 估价：158.00元
PSN B-2012-280-1/1

旅游绿皮书
2017~2018年中国旅游发展分析与预测
著(编)者：宋瑞　2018年2月出版 / 估价：99.00元
PSN G-2002-018-1/1

煤炭蓝皮书
中国煤炭工业发展报告（2018）
著(编)者：岳福斌　2018年12月出版 / 估价：99.00元
PSN B-2008-123-1/1

民营企业社会责任蓝皮书
中国民营企业社会责任报告（2018）
著(编)者：中华全国工商业联合会
2018年12月出版 / 估价：99.00元
PSN B-2015-510-1/1

民营医院蓝皮书
中国民营医院发展报告（2017）
著(编)者：薛晓林　2018年1月出版 / 估价：99.00元
PSN B-2012-299-1/1

闽商蓝皮书
闽商发展报告（2018）
著(编)者：李闽榕 王日根 林琛
2018年12月出版 / 估价：99.00元
PSN B-2012-298-1/1

农业应对气候变化蓝皮书
中国农业气象灾害及其灾损评估报告（No.3）
著(编)者：矫梅燕　2018年1月出版 / 估价：118.00元
PSN B-2014-413-1/1

品牌蓝皮书
中国品牌战略发展报告（2018）
著(编)者：汪同三　2018年10月出版 / 估价：99.00元
PSN B-2016-580-1/1

企业扶贫蓝皮书
中国企业扶贫研究报告（2018）
著(编)者：钟宏武　2018年12月出版 / 估价：99.00元
PSN B-2016-593-1/1

企业公益蓝皮书
中国企业公益研究报告（2018）
著(编)：钟宏武 汪杰 黄晓娟
2018年12月出版 / 估价：99.00元
PSN B-2015-501-1/1

企业国际化蓝皮书
中国企业全球化报告（2018）
著(编)者：王辉耀 苗绿　2018年11月出版 / 估价：99.00元
PSN B-2014-427-1/1

皮书系列 2018全品种 — 行业及其他类

企业蓝皮书
中国企业绿色发展报告No.2（2018）
著(编)者：李红玉 朱光辉
2018年8月出版 / 估价：99.00元
PSN B-2015-481-2/2

企业社会责任蓝皮书
中资企业海外社会责任研究报告（2017~2018）
著(编)者：钟宏武 叶柳红 张蒽
2018年1月出版 / 估价：99.00元
PSN B-2017-603-2/2

企业社会责任蓝皮书
中国企业社会责任研究报告（2018）
著(编)者：黄群慧 钟宏武 张蒽 汪杰
2018年11月出版 / 估价：99.00元
PSN B-2009-149-1/2

汽车安全蓝皮书
中国汽车安全发展报告（2018）
著(编)者：中国汽车技术研究中心
2018年8月出版 / 估价：99.00元
PSN B-2014-385-1/1

汽车电子商务蓝皮书
中国汽车电子商务发展报告（2018）
著(编)者：中华全国工商业联合会汽车经销商商会
　　　　　北方工业大学
　　　　　北京易观智库网络科技有限公司
2018年10月出版 / 估价：158.00元
PSN B-2015-485-1/1

汽车知识产权蓝皮书
中国汽车产业知识产权发展报告（2018）
著(编)者：中国汽车工程研究院股份有限公司
　　　　　中国汽车工程学会
　　　　　重庆长安汽车股份有限公司
2018年12月出版 / 估价：99.00元
PSN B-2016-594-1/1

青少年体育蓝皮书
中国青少年体育发展报告（2017）
著(编)者：刘扶民 杨桦
2018年1月出版 / 估价：99.00元
PSN B-2015-482-1/1

区块链蓝皮书
中国区块链发展报告（2018）
著(编)者：李伟
2018年9月出版 / 估价：99.00元
PSN B-2017-649-1/1

群众体育蓝皮书
中国群众体育发展报告（2017）
著(编)者：刘国永 戴健
2018年5月出版 / 估价：99.00元
PSN B-2014-411-1/3

群众体育蓝皮书
中国社会体育指导员发展报告（2018）
著(编)者：刘国永 王欢
2018年4月出版 / 估价：99.00元
PSN B-2016-520-3/3

人力资源蓝皮书
中国人力资源发展报告（2018）
著(编)者：余兴安
2018年11月出版 / 估价：99.00元
PSN B-2012-287-1/1

融资租赁蓝皮书
中国融资租赁业发展报告（2017~2018）
著(编)者：李光荣 王力
2018年8月出版 / 估价：99.00元
PSN B-2015-443-1/1

商会蓝皮书
中国商会发展报告No.5（2017）
著(编)者：王钦敏
2018年7月出版 / 估价：99.00元
PSN B-2008-125-1/1

商务中心区蓝皮书
中国商务中心区发展报告No.4（2017~2018）
著(编)者：李国红 单菁菁
2018年9月出版 / 估价：99.00元
PSN B-2015-444-1/1

设计产业蓝皮书
中国创新设计发展报告（2018）
著(编)者：王晓红 张立群 于炜
2018年11月出版 / 估价：99.00元
PSN B-2016-581-2/2

社会责任管理蓝皮书
中国上市公司社会责任能力成熟度报告No.4（2018）
著(编)者：肖红军 王晓光 李伟阳
2018年12月出版 / 估价：99.00元
PSN B-2015-507-2/2

社会责任管理蓝皮书
中国企业公众透明度报告No.4（2017~2018）
著(编)者：黄速建 熊梦 王晓光 肖红军
2018年4月出版 / 估价：99.00元
PSN B-2015-440-1/2

食品药品蓝皮书
食品药品安全与监管政策研究报告（2016~2017）
著(编)者：唐民皓
2018年6月出版 / 估价：99.00元
PSN B-2009-129-1/1

输血服务蓝皮书
中国输血行业发展报告（2018）
著(编)者：孙俊
2018年12月出版 / 估价：99.00元
PSN B-2016-582-1/1

水利风景区蓝皮书
中国水利风景区发展报告（2018）
著(编)者：董建文 兰思仁
2018年10月出版 / 估价：99.00元
PSN B-2015-480-1/1

私募市场蓝皮书
中国私募股权市场发展报告（2017~2018）
著(编)者：曹和平
2018年12月出版 / 估价：99.00元
PSN B-2010-162-1/1

碳排放权交易蓝皮书
中国碳排放权交易报告（2018）
著(编)者：孙永平
2018年11月出版 / 估价：99.00元
PSN B-2017-652-1/1

碳市场蓝皮书
中国碳市场报告（2018）
著(编)者：定金彪
2018年11月出版 / 估价：99.00元
PSN B-2014-430-1/1

行业及其他类 — 皮书系列 2018全品种

体育蓝皮书
中国公共体育服务发展报告（2018）
著(编)者：戴健　2018年12月出版 / 估价：99.00元
PSN B-2013-367-2/5

土地市场蓝皮书
中国农村土地市场发展报告（2017～2018）
著(编)者：李光荣　2018年3月出版 / 估价：99.00元
PSN B-2016-526-1/1

土地整治蓝皮书
中国土地整治发展研究报告（No.5）
著(编)者：国土资源部土地整治中心
2018年7月出版 / 估价：99.00元
PSN B-2014-401-1/1

土地政策蓝皮书
中国土地政策研究报告（2018）
著(编)者：高延利　李宪文　2017年12月出版 / 估价：99.00元
PSN B-2015-506-1/1

网络空间安全蓝皮书
中国网络空间安全发展报告（2018）
著(编)者：惠志斌　覃庆玲
2018年11月出版 / 估价：99.00元
PSN B-2015-466-1/1

文化志愿服务蓝皮书
中国文化志愿服务发展报告（2018）
著(编)者：张永新　良警宇　2018年11月出版 / 估价：128.00元
PSN B-2016-596-1/1

西部金融蓝皮书
中国西部金融发展报告（2017～2018）
著(编)者：李忠民　2018年8月出版 / 估价：99.00元
PSN B-2010-160-1/1

协会商会蓝皮书
中国行业协会商会发展报告（2017）
著(编)者：景朝阳　李勇　2018年4月出版 / 估价：99.00元
PSN B-2015-461-1/1

新三板蓝皮书
中国新三板市场发展报告（2018）
著(编)者：王力　2018年8月出版 / 估价：99.00元
PSN B-2016-533-1/1

信托市场蓝皮书
中国信托业市场报告（2017～2018）
著(编)者：用益金融信托研究院
2018年1月出版 / 估价：198.00元
PSN B-2014-371-1/1

信息化蓝皮书
中国信息化形势分析与预测（2017～2018）
著(编)者：周宏仁　2018年8月出版 / 估价：99.00元
PSN B-2010-168-1/1

信用蓝皮书
中国信用发展报告（2017～2018）
著(编)者：章政　田侃　2018年4月出版 / 估价：99.00元
PSN B-2013-328-1/1

休闲绿皮书
2017～2018年中国休闲发展报告
著(编)者：宋瑞　2018年7月出版 / 估价：99.00元
PSN G-2010-158-1/1

休闲体育蓝皮书
中国休闲体育发展报告（2017～2018）
著(编)者：李相如　钟秉枢
2018年10月出版 / 估价：99.00元
PSN B-2016-516-1/1

养老金融蓝皮书
中国养老金融发展报告（2018）
著(编)者：董克用　姚余栋
2018年9月出版 / 估价：99.00元
PSN B-2016-583-1/1

遥感监测绿皮书
中国可持续发展遥感监测报告（2017）
著(编)者：顾行发　汪克强　潘教峰　李闽榕　徐东华　王琦安
2018年6月出版 / 估价：298.00元
PSN B-2017-629-1/1

药品流通蓝皮书
中国药品流通行业发展报告（2018）
著(编)者：佘鲁林　温再兴
2018年7月出版 / 估价：198.00元
PSN B-2014-429-1/1

医疗器械蓝皮书
中国医疗器械行业发展报告（2018）
著(编)者：王宝亭　耿鸿武
2018年10月出版 / 估价：99.00元
PSN B-2017-661-1/1

医院蓝皮书
中国医院竞争力报告（2018）
著(编)者：庄一强　曾益新　2018年3月出版 / 估价：118.00元
PSN B-2016-528-1/1

瑜伽蓝皮书
中国瑜伽业发展报告（2017～2018）
著(编)者：张永建　徐华锋　朱泰余
2018年6月出版 / 估价：198.00元
PSN B-2017-625-1/1

债券市场蓝皮书
中国债券市场发展报告（2017～2018）
著(编)者：杨农　2018年10月出版 / 估价：99.00元
PSN B-2016-572-1/1

志愿服务蓝皮书
中国志愿服务发展报告（2018）
著(编)者：中国志愿服务联合会
2018年11月出版 / 估价：99.00元
PSN B-2017-664-1/1

中国上市公司蓝皮书
中国上市公司发展报告（2018）
著(编)者：张鹏　张平　黄胤英
2018年9月出版 / 估价：99.00元
PSN B-2014-414-1/1

皮书系列 2018全品种 — 行业及其他类 · 国际问题与全球治理类

中国新三板蓝皮书
中国新三板创新与发展报告（2018）
著(编)者：刘平安 闻召林
2018年8月出版 / 估价：158.00元
PSN B-2017-638-1/1

中医文化蓝皮书
北京中医药文化传播发展报告（2018）
著(编)者：毛嘉陵　2018年5月出版 / 估价：99.00元
PSN B-2015-468-1/2

中医文化蓝皮书
中国中医药文化传播发展报告（2018）
著(编)者：毛嘉陵　2018年7月出版 / 估价：99.00元
PSN B-2016-584-2/2

中医药蓝皮书
北京中医药知识产权发展报告No.2
著(编)者：汪洪 屠志涛　2018年4月出版 / 估价：168.00元
PSN B-2017-602-1/1

资本市场蓝皮书
中国场外交易市场发展报告（2016~2017）
著(编)者：高峦　2018年3月出版 / 估价：99.00元
PSN B-2009-153-1/1

资产管理蓝皮书
中国资产管理行业发展报告（2018）
著(编)者：郑智　2018年7月出版 / 估价：99.00元
PSN B-2014-407-2/2

资产证券化蓝皮书
中国资产证券化发展报告（2018）
著(编)者：纪志宏　2018年11月出版 / 估价：99.00元
PSN B-2017-660-1/1

自贸区蓝皮书
中国自贸区发展报告（2018）
著(编)者：王力 黄育华　2018年6月出版 / 估价：99.00元
PSN B-2016-558-1/1

国际问题与全球治理类

"一带一路"跨境通道蓝皮书
"一带一路"跨境通道建设研究报告（2018）
著(编)者：郭业洲　2018年8月出版 / 估价：99.00元
PSN B-2016-557-1/1

"一带一路"蓝皮书
"一带一路"建设发展报告（2018）
著(编)者：王晓泉　2018年6月出版 / 估价：99.00元
PSN B-2016-552-1/1

"一带一路"投资安全蓝皮书
中国"一带一路"投资与安全研究报告（2017~2018）
著(编)者：邹统钎 梁昊光　2018年4月出版 / 估价：99.00元
PSN B-2017-612-1/1

"一带一路"文化交流蓝皮书
中阿文化交流发展报告（2017）
著(编)者：王辉　2018年9月出版 / 估价：99.00元
PSN B-2017-655-1/1

G20国家创新竞争力黄皮书
二十国集团（G20）国家创新竞争力发展报告（2017~2018）
著(编)者：李建平 李闽榕 赵新力 周天勇
2018年7月出版 / 估价：168.00元
PSN Y-2011-229-1/1

阿拉伯黄皮书
阿拉伯发展报告（2016~2017）
著(编)者：罗林　2018年3月出版 / 估价：99.00元
PSN Y-2014-381-1/1

北部湾蓝皮书
泛北部湾合作发展报告（2017~2018）
著(编)者：吕余生　2018年12月出版 / 估价：99.00元
PSN B-2008-114-1/1

北极蓝皮书
北极地区发展报告（2017）
著(编)者：刘惠荣　2018年7月出版 / 估价：99.00元
PSN B-2017-634-1/1

大洋洲蓝皮书
大洋洲发展报告（2017~2018）
著(编)者：喻常森　2018年10月出版 / 估价：99.00元
PSN B-2013-341-1/1

东北亚区域合作蓝皮书
2017年"一带一路"倡议与东北亚区域合作
著(编)者：刘亚政 金美花
2018年5月出版 / 估价：99.00元
PSN B-2017-631-1/1

东盟黄皮书
东盟发展报告（2017）
著(编)者：杨晓强 庄国土
2018年3月出版 / 估价：99.00元
PSN Y-2012-303-1/1

东南亚蓝皮书
东南亚地区发展报告（2017~2018）
著(编)者：王勤　2018年12月出版 / 估价：99.00元
PSN B-2012-240-1/1

非洲黄皮书
非洲发展报告No.20（2017~2018）
著(编)者：张宏明　2018年7月出版 / 估价：99.00元
PSN Y-2012-239-1/1

非传统安全蓝皮书
中国非传统安全研究报告（2017~2018）
著(编)者：潇枫 罗中枢　2018年8月出版 / 估价：99.00元
PSN B-2012-273-1/1

皮书系列 2018全品种

国际问题与全球治理类

国际安全蓝皮书
中国国际安全研究报告（2018）
著（编）者：刘慧　2018年7月出版／估价：99.00元
PSN B-2016-521-1/1

国际城市蓝皮书
国际城市发展报告（2018）
著（编）者：屠启宇　2018年2月出版／估价：99.00元
PSN B-2012-260-1/1

国际形势黄皮书
全球政治与安全报告（2018）
著（编）者：张宇燕　2018年1月出版／估价：99.00元
PSN Y-2001-016-1/1

公共外交蓝皮书
中国公共外交发展报告（2018）
著（编）者：赵启正 雷蔚真　2018年4月出版／估价：99.00元
PSN B-2015-457-1/1

金砖国家黄皮书
金砖国家综合创新竞争力发展报告（2018）
著（编）者：赵新力 李闽榕 黄茂兴
2018年8月出版／估价：128.00元
PSN Y-2017-643-1/1

拉美黄皮书
拉丁美洲和加勒比发展报告（2017~2018）
著（编）者：袁东振　2018年6月出版／估价：99.00元
PSN Y-1999-007-1/1

澜湄合作蓝皮书
澜沧江-湄公河合作发展报告（2018）
著（编）者：刘稚　2018年9月出版／估价：99.00元
PSN B-2011-196-1/1

欧洲蓝皮书
欧洲发展报告（2017~2018）
著（编）者：黄平 周弘 程卫东
2018年6月出版／估价：99.00元
PSN B-1999-009-1/1

葡语国家蓝皮书
葡语国家发展报告（2016~2017）
著（编）者：王成安 张敏 刘金兰
2018年4月出版／估价：99.00元
PSN B-2015-503-1/2

葡语国家蓝皮书
中国与葡语国家关系发展报告·巴西（2016）
著（编）者：张曙光　2018年8月出版／估价：99.00元
PSN B-2016-563-2/2

气候变化绿皮书
应对气候变化报告（2018）
著（编）者：王伟光 郑国光　2018年11月出版／估价：99.00元
PSN G-2009-144-1/1

全球环境竞争力绿皮书
全球环境竞争力报告（2018）
著（编）者：李建平 李闽榕 王金南
2018年12月出版／估价：198.00元
PSN G-2013-363-1/1

全球信息社会蓝皮书
全球信息社会发展报告（2018）
著（编）者：丁波涛 唐涛　2018年10月出版／估价：99.00元
PSN B-2017-665-1/1

日本经济蓝皮书
日本经济与中日经贸关系研究报告（2018）
著（编）者：张季风　2018年6月出版／估价：99.00元
PSN B-2008-102-1/1

上海合作组织黄皮书
上海合作组织发展报告（2018）
著（编）者：李进峰　2018年6月出版／估价：99.00元
PSN Y-2009-130-1/1

世界创新竞争力黄皮书
世界创新竞争力发展报告（2017）
著（编）者：李建平 李闽榕 赵新力
2018年1月出版／估价：168.00元
PSN Y-2013-318-1/1

世界经济黄皮书
2018年世界经济形势分析与预测
著（编）者：张宇燕　2018年1月出版／估价：99.00元
PSN Y-1999-006-1/1

丝绸之路蓝皮书
丝绸之路经济带发展报告（2018）
著（编）者：任宗哲 白宽犁 谷孟宾
2018年1月出版／估价：99.00元
PSN B-2014-410-1/1

新兴经济体蓝皮书
金砖国家发展报告（2018）
著（编）者：林跃勤 周文　2018年8月出版／估价：99.00元
PSN B-2011-195-1/1

亚太蓝皮书
亚太地区发展报告（2018）
著（编）者：李向阳　2018年5月出版／估价：99.00元
PSN B-2001-015-1/1

印度洋地区蓝皮书
印度洋地区发展报告（2018）
著（编）者：汪戎　2018年6月出版／估价：99.00元
PSN B-2013-334-1/1

渝新欧蓝皮书
渝新欧沿线国家发展报告（2018）
著（编）者：杨柏 黄森　2018年6月出版／估价：99.00元
PSN B-2017-626-1/1

中阿蓝皮书
中国-阿拉伯国家经贸发展报告（2018）
著（编）者：张廉 段庆林 王林聪 杨巧红
2018年12月出版／估价：99.00元
PSN B-2016-598-1/1

中东黄皮书
中东发展报告No.20（2017~2018）
著（编）者：杨光　2018年10月出版／估价：99.00元
PSN Y-1998-004-1/1

中亚黄皮书
中亚国家发展报告（2018）
著（编）者：孙力　2018年6月出版／估价：99.00元
PSN Y-2012-238-1/1

国别类

澳大利亚蓝皮书
澳大利亚发展报告（2017-2018）
著（编）者：孙有中 韩锋　2018年12月出版 / 估价：99.00元
PSN B-2016-587-1/1

巴西黄皮书
巴西发展报告（2017）
著（编）者：刘国枝　2018年5月出版 / 估价：99.00元
PSN Y-2017-614-1/1

德国蓝皮书
德国发展报告（2018）
著（编）者：郑春荣　2018年6月出版 / 估价：99.00元
PSN B-2012-278-1/1

俄罗斯黄皮书
俄罗斯发展报告（2018）
著（编）者：李永全　2018年6月出版 / 估价：99.00元
PSN Y-2006-061-1/1

韩国蓝皮书
韩国发展报告（2017）
著（编）者：牛林杰 刘宝全　2018年5月出版 / 估价：99.00元
PSN B-2010-155-1/1

加拿大蓝皮书
加拿大发展报告（2018）
著（编）者：唐小松　2018年9月出版 / 估价：99.00元
PSN B-2014-389-1/1

美国蓝皮书
美国研究报告（2018）
著（编）者：郑秉文 黄平　2018年5月出版 / 估价：99.00元
PSN B-2011-210-1/1

缅甸蓝皮书
缅甸国情报告（2017）
著（编）者：孔鹏 杨祥章　2018年1月出版 / 估价：99.00元
PSN B-2013-343-1/1

日本蓝皮书
日本研究报告（2018）
著（编）者：杨伯江　2018年6月出版 / 估价：99.00元
PSN B-2002-020-1/1

土耳其蓝皮书
土耳其发展报告（2018）
著（编）者：郭长刚 刘义　2018年9月出版 / 估价：99.00元
PSN B-2014-412-1/1

伊朗蓝皮书
伊朗发展报告（2017~2018）
著（编）者：冀开运　2018年10月 / 估价：99.00元
PSN B-2016-574-1/1

以色列蓝皮书
以色列发展报告（2018）
著（编）者：张倩红　2018年8月出版 / 估价：99.00元
PSN B-2015-483-1/1

印度蓝皮书
印度国情报告（2017）
著（编）者：吕昭义　2018年4月出版 / 估价：99.00元
PSN B-2012-241-1/1

英国蓝皮书
英国发展报告（2017~2018）
著（编）者：王展鹏　2018年12月出版 / 估价：99.00元
PSN B-2015-486-1/1

越南蓝皮书
越南国情报告（2018）
著（编）者：谢林城　2018年1月出版 / 估价：99.00元
PSN B-2006-056-1/1

泰国蓝皮书
泰国研究报告（2018）
著（编）者：庄国土 张禹东 刘文正
2018年10月出版 / 估价：99.00元
PSN B-2016-556-1/1

文化传媒类

"三农"舆情蓝皮书
中国"三农"网络舆情报告（2017~2018）
著（编）者：农业部信息中心
2018年6月出版 / 估价：99.00元
PSN B-2017-640-1/1

传媒竞争力蓝皮书
中国传媒国际竞争力研究报告（2018）
著（编）者：李本乾 刘强 王大可
2018年8月出版 / 估价：99.00元
PSN B-2013-356-1/1

传媒蓝皮书
中国传媒产业发展报告（2018）
著（编）者：崔保国　2018年5月出版 / 估价：99.00元
PSN B-2005-035-1/1

传媒投资蓝皮书
中国传媒投资发展报告（2018）
著（编）者：张向东 谭云明
2018年6月出版 / 估价：148.00元
PSN B-2015-474-1/1

文化传媒类 — 皮书系列 2018全品种

非物质文化遗产蓝皮书
中国非物质文化遗产发展报告（2018）
著(编)者：陈平　2018年5月出版／估价：128.00元
PSN B-2015-469-1/2

非物质文化遗产蓝皮书
中国非物质文化遗产保护发展报告（2018）
著(编)者：宋俊华　2018年10月出版／估价：128.00元
PSN B-2016-586-2/2

广电蓝皮书
中国广播电影电视发展报告（2018）
著(编)者：国家新闻出版广电总局发展研究中心
2018年7月出版／估价：99.00元
PSN B-2006-072-1/1

广告主蓝皮书
中国广告主营销传播趋势报告No.9
著(编)者：黄升民　杜国清　邵华冬　等
2018年10月出版／估价：158.00元
PSN B-2005-041-1/1

国际传播蓝皮书
中国国际传播发展报告（2018）
著(编)者：胡正荣　李继东　姬德强
2018年12月出版／估价：99.00元
PSN B-2014-408-1/1

国家形象蓝皮书
中国国家形象传播报告（2017）
著(编)者：张昆　2018年3月出版／估价：128.00元
PSN B-2017-605-1/1

互联网治理蓝皮书
中国网络社会治理研究报告（2018）
著(编)者：罗昕　支庭荣
2018年9月出版／估价：118.00元
PSN B-2017-653-1/1

纪录片蓝皮书
中国纪录片发展报告（2018）
著(编)者：何苏六　2018年10月出版／估价：99.00元
PSN B-2011-222-1/1

科学传播蓝皮书
中国科学传播报告（2016~2017）
著(编)者：詹正茂　2018年6月出版／估价：99.00元
PSN B-2008-120-1/1

两岸创意经济蓝皮书
两岸创意经济研究报告（2018）
著(编)者：罗昌智　董泽平
2018年10月出版／估价：99.00元
PSN B-2014-437-1/1

媒介与女性蓝皮书
中国媒介与女性发展报告（2017~2018）
著(编)者：刘利群　2018年5月出版／估价：99.00元
PSN B-2013-345-1/1

媒体融合蓝皮书
中国媒体融合发展报告（2017）
著(编)者：梅宁华　支庭荣　2018年1月出版／估价：99.00元
PSN B-2015-479-1/1

全球传媒蓝皮书
全球传媒发展报告（2017~2018）
著(编)者：胡正荣　李继东　2018年6月出版／估价：99.00元
PSN B-2012-237-1/1

少数民族非遗蓝皮书
中国少数民族非物质文化遗产发展报告（2018）
著(编)者：肖远平（彝）　柴立（满）
2018年10月出版／估价：118.00元
PSN B-2015-467-1/1

视听新媒体蓝皮书
中国视听新媒体发展报告（2018）
著(编)者：国家新闻出版广电总局发展研究中心
2018年7月出版／估价：118.00元
PSN B-2011-184-1/1

数字娱乐产业蓝皮书
中国动画产业发展报告（2018）
著(编)者：孙立军　孙平　牛兴侦
2018年10月出版／估价：99.00元
PSN B-2011-198-1/2

数字娱乐产业蓝皮书
中国游戏产业发展报告（2018）
著(编)者：孙立军　刘跃军
2018年10月出版／估价：99.00元
PSN B-2017-662-2/2

文化创新蓝皮书
中国文化创新报告（2017·No.8）
著(编)者：傅才武　2018年4月出版／估价：99.00元
PSN B-2009-143-1/1

文化建设蓝皮书
中国文化发展报告（2018）
著(编)者：江畅　孙伟平　戴茂堂
2018年5月出版／估价：99.00元
PSN B-2014-392-1/1

文化科技蓝皮书
文化科技创新发展报告（2018）
著(编)者：于平　李凤亮　2018年10月出版／估价：99.00元
PSN B-2013-342-1/1

文化蓝皮书
中国公共文化服务发展报告（2017~2018）
著(编)者：刘新成　张永新　张旭
2018年12月出版／估价：99.00元
PSN B-2007-093-2/10

文化蓝皮书
中国少数民族文化发展报告（2017~2018）
著(编)者：武翠英　张晓明　任乌晶
2018年9月出版／估价：99.00元
PSN B-2013-369-9/10

文化蓝皮书
中国文化产业供需协调检测报告（2018）
著(编)者：王亚南　2018年2月出版／估价：99.00元
PSN B-2013-323-8/10

皮书系列 2018全品种　文化传媒类 · 地方发展类-经济

文化蓝皮书
中国文化消费需求景气评价报告（2018）
著（编）者：王亚南　2018年2月出版 / 估价：99.00元
PSN B-2011-236-4/10

文化蓝皮书
中国公共文化投入增长测评报告（2018）
著（编）者：王亚南　2018年2月出版 / 估价：99.00元
PSN B-2014-435-10/10

文化品牌蓝皮书
中国文化品牌发展报告（2018）
著（编）者：欧阳友权　2018年5月出版 / 估价：99.00元
PSN B-2012-277-1/1

文化遗产蓝皮书
中国文化遗产事业发展报告（2017~2018）
著（编）者：苏杨　张颖岚　卓杰　白海峰　陈晨　陈叙图
2018年8月出版 / 估价：99.00元
PSN B-2008-119-1/1

文学蓝皮书
中国文情报告（2017~2018）
著（编）者：白烨　2018年5月出版 / 估价：99.00元
PSN B-2011-221-1/1

新媒体蓝皮书
中国新媒体发展报告No.9（2018）
著（编）者：唐绪军　2018年7月出版 / 估价：99.00元
PSN B-2010-169-1/1

新媒体社会责任蓝皮书
中国新媒体社会责任研究报告（2018）
著（编）者：钟瑛　2018年12月出版 / 估价：99.00元
PSN B-2014-423-1/1

移动互联网蓝皮书
中国移动互联网发展报告（2018）
著（编）者：余清楚　2018年6月出版 / 估价：99.00元
PSN B-2012-282-1/1

影视蓝皮书
中国影视产业发展报告（2018）
著（编）者：司若　陈鹏　陈锐　2018年4月出版 / 估价：99.00元
PSN B-2016-529-1/1

舆情蓝皮书
中国社会舆情与危机管理报告（2018）
著（编）者：谢耘耕　2018年9月出版 / 估价：138.00元
PSN B-2011-235-1/1

地方发展类-经济

澳门蓝皮书
澳门经济社会发展报告（2017~2018）
著（编）者：吴志良　郝雨凡　2018年7月出版 / 估价：99.00元
PSN B-2009-138-1/1

澳门绿皮书
澳门旅游休闲发展报告（2017~2018）
著（编）者：郝雨凡　林广志　2018年5月出版 / 估价：99.00元
PSN G-2017-617-1/1

北京蓝皮书
北京经济发展报告（2017~2018）
著（编）者：杨松　2018年6月出版 / 估价：99.00元
PSN B-2006-054-2/8

北京旅游绿皮书
北京旅游发展报告（2018）
著（编）者：北京旅游学会
2018年7月出版 / 估价：99.00元
PSN G-2012-301-1/1

北京体育蓝皮书
北京体育产业发展报告（2017~2018）
著（编）者：钟秉枢　陈杰　杨铁黎
2018年9月出版 / 估价：99.00元
PSN B-2015-475-1/1

滨海金融蓝皮书
滨海新区金融发展报告（2017）
著（编）者：王爱俭　李向前　2018年4月出版 / 估价：99.00元
PSN B-2014-424-1/1

城乡一体化蓝皮书
北京城乡一体化发展报告（2017~2018）
著（编）者：吴宝新　张宝秀　黄序
2018年5月出版 / 估价：99.00元
PSN B-2012-258-2/2

非公有制企业社会责任蓝皮书
北京非公有制企业社会责任报告（2018）
著（编）者：宋贵伦　冯培　2018年6月出版 / 估价：99.00元
PSN B-2017-613-1/1

福建旅游蓝皮书
福建省旅游产业发展现状研究（2017~2018）
著（编）者：陈敏华　黄远水
2018年12月出版 / 估价：128.00元
PSN B-2016-591-1/1

福建自贸区蓝皮书
中国（福建）自由贸易试验区发展报告(2017~2018)
著（编）者：黄茂兴　2018年4月出版 / 估价：118.00元
PSN B-2016-531-1/1

甘肃蓝皮书
甘肃经济发展分析与预测（2018）
著（编）者：安文华　罗哲　2018年1月出版 / 估价：99.00元
PSN B-2013-312-1/6

甘肃蓝皮书
甘肃商贸流通发展报告（2018）
著（编）者：张应华　王福生　王晓芳
2018年1月出版 / 估价：99.00元
PSN B-2016-522-6/6

地方发展类-经济

皮书系列
2018全品种

甘肃蓝皮书
甘肃县域和农村发展报告（2018）
著(编)者：朱智文 包东红 王建兵
2018年1月出版 / 估价：99.00元
PSN B-2013-316-5/6

甘肃农业科技绿皮书
甘肃农业科技发展研究报告（2018）
著(编)者：魏胜文 乔德华 张东伟
2018年12月出版 / 估价：198.00元
PSN B-2016-592-1/1

巩义蓝皮书
巩义经济社会发展报告（2018）
著(编)者：丁同民 朱军　2018年4月出版 / 估价：99.00元
PSN B-2016-532-1/1

广东外经贸蓝皮书
广东对外经济贸易发展研究报告（2017~2018）
著(编)者：陈万灵　2018年6月出版 / 估价：99.00元
PSN B-2012-286-1/1

广西北部湾经济区蓝皮书
广西北部湾经济区开放开发报告（2017~2018）
著(编)者：广西壮族自治区北部湾经济区和东盟开放合作办公室
　　　　　广西社会科学院
　　　　　广西北部湾发展研究院
2018年2月出版 / 估价：99.00元
PSN B-2010-181-1/1

广州蓝皮书
广州城市国际化发展报告（2018）
著(编)者：张跃国　2018年8月出版 / 估价：99.00元
PSN B-2012-246-11/14

广州蓝皮书
中国广州城市建设与管理发展报告（2018）
著(编)者：张其学 陈小钢 王宏伟　2018年8月出版 / 估价：99.00元
PSN B-2007-087-4/14

广州蓝皮书
广州创新型城市发展报告（2018）
著(编)者：尹涛　2018年6月出版 / 估价：99.00元
PSN B-2012-247-12/14

广州蓝皮书
广州经济发展报告（2018）
著(编)者：张跃国 尹涛　2018年7月出版 / 估价：99.00元
PSN B-2005-040-1/14

广州蓝皮书
2018年中国广州经济形势分析与预测
著(编)者：魏明海 谢博能 李华
2018年6月出版 / 估价：99.00元
PSN B-2011-185-9/14

广州蓝皮书
中国广州科技创新发展报告（2018）
著(编)者：于欣伟 陈爽 邓佑满　2018年8月出版 / 估价：99.00元
PSN B-2006-065-2/14

广州蓝皮书
广州农村发展报告（2018）
著(编)者：朱名宏　2018年7月出版 / 估价：99.00元
PSN B-2010-167-8/14

广州蓝皮书
广州汽车产业发展报告（2018）
著(编)者：杨再高 冯兴亚　2018年7月出版 / 估价：99.00元
PSN B-2006-066-3/14

广州蓝皮书
广州商贸业发展报告（2018）
著(编)者：张跃国 陈杰 荀振英
2018年7月出版 / 估价：99.00元
PSN B-2012-245-10/14

贵阳蓝皮书
贵阳城市创新发展报告No.3（白云篇）
著(编)者：连玉明　2018年5月出版 / 估价：99.00元
PSN B-2015-491-3/10

贵阳蓝皮书
贵阳城市创新发展报告No.3（观山湖篇）
著(编)者：连玉明　2018年5月出版 / 估价：99.00元
PSN B-2015-497-9/10

贵阳蓝皮书
贵阳城市创新发展报告No.3（花溪篇）
著(编)者：连玉明　2018年5月出版 / 估价：99.00元
PSN B-2015-490-2/10

贵阳蓝皮书
贵阳城市创新发展报告No.3（开阳篇）
著(编)者：连玉明　2018年5月出版 / 估价：99.00元
PSN B-2015-492-4/10

贵阳蓝皮书
贵阳城市创新发展报告No.3（南明篇）
著(编)者：连玉明　2018年5月出版 / 估价：99.00元
PSN B-2015-496-8/10

贵阳蓝皮书
贵阳城市创新发展报告No.3（清镇篇）
著(编)者：连玉明　2018年5月出版 / 估价：99.00元
PSN B-2015-489-1/10

贵阳蓝皮书
贵阳城市创新发展报告No.3（乌当篇）
著(编)者：连玉明　2018年5月出版 / 估价：99.00元
PSN B-2015-495-7/10

贵阳蓝皮书
贵阳城市创新发展报告No.3（息烽篇）
著(编)者：连玉明　2018年5月出版 / 估价：99.00元
PSN B-2015-493-5/10

贵阳蓝皮书
贵阳城市创新发展报告No.3（修文篇）
著(编)者：连玉明　2018年5月出版 / 估价：99.00元
PSN B-2015-494-6/10

贵阳蓝皮书
贵阳城市创新发展报告No.3（云岩篇）
著(编)者：连玉明　2018年5月出版 / 估价：99.00元
PSN B-2015-498-10/10

贵州房地产蓝皮书
贵州房地产发展报告No.5（2018）
著(编)者：武廷方　2018年7月出版 / 估价：99.00元
PSN B-2014-426-1/1

皮书系列 2018全品种
地方发展类-经济

贵州蓝皮书
贵州册亨经济社会发展报告（2018）
著（编）者：黄德林　　2018年3月出版 / 估价：99.00元
PSN B-2016-525-8/9

贵州蓝皮书
贵州地理标志产业发展报告（2018）
著（编）者：李发耀　黄其松　　2018年8月出版 / 估价：99.00元
PSN B-2017-646-10/10

贵州蓝皮书
贵安新区发展报告（2017~2018）
著（编）者：马长青　吴大华　　2018年6月出版 / 估价：99.00元
PSN B-2015-459-4/10

贵州蓝皮书
贵州国家级开放创新平台发展报告（2017~2018）
著（编）者：申晓庆　吴大华　季泓
2018年11月出版 / 估价：99.00元
PSN B-2016-518-7/10

贵州蓝皮书
贵州国有企业社会责任发展报告（2017~2018）
著（编）者：郭丽　　2018年12月出版 / 估价：99.00元
PSN B-2015-511-6/10

贵州蓝皮书
贵州民航业发展报告（2017）
著（编）者：申振东　吴大华　　2018年1月出版 / 估价：99.00元
PSN B-2015-471-5/10

贵州蓝皮书
贵州民营经济发展报告（2017）
著（编）者：杨静　吴大华　　2018年3月出版 / 估价：99.00元
PSN B-2016-530-9/9

杭州都市圈蓝皮书
杭州都市圈发展报告（2018）
著（编）者：沈翔　戚建国　　2018年5月出版 / 估价：128.00元
PSN B-2012-302-1/1

河北经济蓝皮书
河北省经济发展报告（2018）
著（编）者：马树强　金浩　张贵　　2018年4月出版 / 估价：99.00元
PSN B-2014-380-1/1

河北蓝皮书
河北经济社会发展报告（2018）
著（编）者：康振海　　2018年1月出版 / 估价：99.00元
PSN B-2014-372-1/3

河北蓝皮书
京津冀协同发展报告（2018）
著（编）者：陈璐　　2018年1月出版 / 估价：99.00元
PSN B-2017-601-2/3

河南经济蓝皮书
2018年河南经济形势分析与预测
著（编）者：王世炎　　2018年3月出版 / 估价：99.00元
PSN B-2007-086-1/1

河南蓝皮书
河南城市发展报告（2018）
著（编）者：张占仓　王建国　　2018年5月出版 / 估价：99.00元
PSN B-2009-131-3/9

河南蓝皮书
河南工业发展报告（2018）
著（编）者：张占仓　　2018年5月出版 / 估价：99.00元
PSN B-2013-317-5/9

河南蓝皮书
河南金融发展报告（2018）
著（编）者：喻新安　谷建全
2018年6月出版 / 估价：99.00元
PSN B-2014-390-7/9

河南蓝皮书
河南经济发展报告（2018）
著（编）者：张占仓　完世伟
2018年4月出版 / 估价：99.00元
PSN B-2010-157-4/9

河南蓝皮书
河南能源发展报告（2018）
著（编）者：国网河南省电力公司经济技术研究院
　　　　　河南省社会科学院
2018年3月出版 / 估价：99.00元
PSN B-2017-607-9/9

河南商务蓝皮书
河南商务发展报告（2018）
著（编）者：焦锦淼　穆荣国　　2018年5月出版 / 估价：99.00元
PSN B-2014-399-1/1

河南双创蓝皮书
河南创新创业发展报告（2018）
著（编）者：喻新安　杨雪梅　　2018年8月出版 / 估价：99.00元
PSN B-2017-641-1/1

黑龙江蓝皮书
黑龙江经济发展报告（2018）
著（编）者：朱宇　　2018年1月出版 / 估价：99.00元
PSN B-2011-190-2/2

湖南城市蓝皮书
区域城市群整合
著（编）者：童中贤　韩未名　　2018年12月出版 / 估价：99.00元
PSN B-2006-064-1/1

湖南蓝皮书
湖南城乡一体化发展报告（2018）
著（编）者：陈文胜　王文强　陆福兴
2018年8月出版 / 估价：99.00元
PSN B-2015-477-8/8

湖南蓝皮书
2018年湖南电子政务发展报告
著（编）者：梁志峰　　2018年5月出版 / 估价：128.00元
PSN B-2014-394-6/8

湖南蓝皮书
2018年湖南经济发展报告
著（编）者：卞鹰　　2018年5月出版 / 估价：128.00元
PSN B-2011-207-2/8

湖南蓝皮书
2016年湖南经济展望
著（编）者：梁志峰　　2018年5月出版 / 估价：128.00元
PSN B-2011-206-1/8

地方发展类-经济

皮书系列
2018全品种

湖南蓝皮书
2018年湖南县域经济社会发展报告
著(编)者：梁志峰　2018年5月出版／估价：128.00元
PSN B-2014-395-7/8

湖南县域绿皮书
湖南县域发展报告（No.5）
著(编)者：袁准　周小毛　黎仁寅
2018年3月出版／估价：99.00元
PSN G-2012-274-1/1

沪港蓝皮书
沪港发展报告（2018）
著(编)者：尤安山　2018年9月出版／估价：99.00元
PSN B-2013-362-1/1

吉林蓝皮书
2018年吉林经济社会形势分析与预测
著(编)者：邵汉明　2017年12月出版／估价：99.00元
PSN B-2013-319-1/1

吉林省城市竞争力蓝皮书
吉林省城市竞争力报告（2018~2019）
著(编)者：崔岳春　张磊　2018年12月出版／估价：99.00元
PSN B-2016-513-1/1

济源蓝皮书
济源经济社会发展报告（2018）
著(编)者：喻新安　2018年4月出版／估价：99.00元
PSN B-2014-387-1/1

江苏蓝皮书
2018年江苏经济发展分析与展望
著(编)者：王庆五　吴先满　2018年7月出版／估价：128.00元
PSN B-2017-635-1/3

江西蓝皮书
江西经济社会发展报告（2018）
著(编)者：陈石俊　龚建文　2018年10月出版／估价：128.00元
PSN B-2015-484-1/2

江西蓝皮书
江西设区市发展报告（2018）
著(编)者：姜玮　梁勇　2018年10月出版／估价：99.00元
PSN B-2016-517-2/2

经济特区蓝皮书
中国经济特区发展报告（2017）
著(编)者：陶一桃　2018年1月出版／估价：99.00元
PSN B-2009-139-1/1

辽宁蓝皮书
2018年辽宁经济社会形势分析与预测
著(编)者：梁启东　魏红江　2018年6月出版／估价：99.00元
PSN B-2006-053-1/1

民族经济蓝皮书
中国民族地区经济发展报告（2018）
著(编)者：李曦辉　2018年7月出版／估价：99.00元
PSN B-2017-630-1/1

南宁蓝皮书
南宁经济发展报告（2018）
著(编)者：胡建华　2018年9月出版／估价：99.00元
PSN B-2016-569-2/3

浦东新区蓝皮书
上海浦东经济发展报告（2018）
著(编)者：沈开艳　周奇　2018年2月出版／估价：99.00元
PSN B-2011-225-1/1

青海蓝皮书
2018年青海经济社会形势分析与预测
著(编)者：陈玮　2017年12月出版／估价：99.00元
PSN B-2012-275-1/2

山东蓝皮书
山东经济形势分析与预测（2018）
著(编)者：李广杰　2018年7月出版／估价：99.00元
PSN B-2014-404-1/5

山东蓝皮书
山东省普惠金融发展报告（2018）
著(编)者：齐鲁财富网
2018年9月出版／估价：99.00元
PSN B2017-676-5/5

山西蓝皮书
山西资源型经济转型发展报告（2018）
著(编)者：李志强　2018年7月出版／估价：99.00元
PSN B-2011-197-1/1

陕西蓝皮书
陕西经济发展报告（2018）
著(编)者：任宗哲　白宽犁　裴成荣
2018年1月出版／估价：99.00元
PSN B-2009-135-1/6

陕西蓝皮书
陕西精准脱贫研究报告（2018）
著(编)者：任宗哲　白宽犁　王建康
2018年6月出版／估价：99.00元
PSN B-2017-623-6/6

上海蓝皮书
上海经济发展报告（2018）
著(编)者：沈开艳
2018年2月出版／估价：99.00元
PSN B-2006-057-1/7

上海蓝皮书
上海资源环境发展报告（2018）
著(编)者：周冯琦　汤庆合
2018年2月出版／估价：99.00元
PSN B-2006-060-4/7

上饶蓝皮书
上饶发展报告（2016~2017）
著(编)者：廖其志　2018年3月出版／估价：128.00元
PSN B-2014-377-1/1

深圳蓝皮书
深圳经济发展报告（2018）
著(编)者：张骁儒　2018年6月出版／估价：99.00元
PSN B-2008-112-3/7

四川蓝皮书
四川城镇化发展报告（2018）
著(编)者：侯水平　陈炜
2018年4月出版／估价：99.00元
PSN B-2015-456-7/7

皮书系列 2018全品种　　地方发展类–经济 · 地方发展类–社会

四川蓝皮书
2018年四川经济形势分析与预测
著(编)者：杨钢　2018年1月出版 / 估价：99.00元
PSN B-2007-098-2/7

四川蓝皮书
四川企业社会责任研究报告（2017~2018）
著(编)者：侯水平　盛毅　2018年5月出版 / 估价：99.00元
PSN B-2014-386-4/7

四川蓝皮书
四川生态建设报告（2018）
著(编)者：李晟之　2018年5月出版 / 估价：99.00元
PSN B-2015-455-6/7

体育蓝皮书
上海体育产业发展报告（2017~2018）
著(编)者：张林　黄海燕　2018年10月出版 / 估价：99.00元
PSN B-2015-454-4/5

体育蓝皮书
长三角地区体育产业发展报告（2017~2018）
著(编)者：张林　2018年4月出版 / 估价：99.00元
PSN B-2015-453-3/5

天津金融蓝皮书
天津金融发展报告（2018）
著(编)者：王爱俭　孔德昌　2018年3月出版 / 估价：99.00元
PSN B-2014-418-1/1

图们江区域合作蓝皮书
图们江区域合作发展报告（2018）
著(编)者：李铁　2018年6月出版 / 估价：99.00元
PSN B-2015-464-1/1

温州蓝皮书
2018年温州经济社会形势分析与预测
著(编)者：蒋儒标　王春光　金浩
2018年4月出版 / 估价：99.00元
PSN B-2008-105-1/1

西咸新区蓝皮书
西咸新区发展报告（2018）
著(编)者：李扬　王军
2018年6月出版 / 估价：99.00元
PSN B-2016-534-1/1

修武蓝皮书
修武经济社会发展报告（2018）
著(编)者：张占仓　袁凯声
2018年10月出版 / 估价：99.00元
PSN B-2017-651-1/1

偃师蓝皮书
偃师经济社会发展报告（2018）
著(编)者：张占仓　袁凯声　何武周
2018年7月出版 / 估价：99.00元
PSN B-2017-627-1/1

扬州蓝皮书
扬州经济社会发展报告（2018）
著(编)者：陈扬
2018年12月出版 / 估价：108.00元
PSN B-2011-191-1/1

长垣蓝皮书
长垣经济社会发展报告（2018）
著(编)者：张占仓　袁凯声　秦保建
2018年10月出版 / 估价：99.00元
PSN B-2017-654-1/1

遵义蓝皮书
遵义发展报告（2018）
著(编)者：邓彦　曾征　龚永育
2018年9月出版 / 估价：99.00元
PSN B-2014-433-1/1

地方发展类–社会

安徽蓝皮书
安徽社会发展报告（2018）
著(编)者：程桦　2018年4月出版 / 估价：99.00元
PSN B-2013-325-1/1

安徽社会建设蓝皮书
安徽社会建设分析报告（2017~2018）
著(编)者：黄家海　蔡宪
2018年11月出版 / 估价：99.00元
PSN B-2013-322-1/1

北京蓝皮书
北京公共服务发展报告（2017~2018）
著(编)者：施昌奎　2018年3月出版 / 估价：99.00元
PSN B-2008-103-7/8

北京蓝皮书
北京社会发展报告（2017~2018）
著(编)者：李伟东
2018年7月出版 / 估价：99.00元
PSN B-2006-055-3/8

北京蓝皮书
北京社会治理发展报告（2017~2018）
著(编)者：殷星辰　2018年7月出版 / 估价：99.00元
PSN B-2014-391-8/8

北京律师蓝皮书
北京律师发展报告 No.3（2018）
著(编)者：王隽　2018年12月出版 / 估价：99.00元
PSN B-2011-217-1/1

地方发展类-社会

北京人才蓝皮书
北京人才发展报告（2018）
著(编)者：敏华　2018年12月出版 / 估价：128.00元
PSN B-2011-201-1/1

北京社会心态蓝皮书
北京社会心态分析报告（2017~2018）
北京市社会心理服务促进中心
2018年10月出版 / 估价：99.00元
PSN B-2014-422-1/1

北京社会组织管理蓝皮书
北京社会组织发展与管理（2018）
著(编)者：黄江松
2018年4月出版 / 估价：99.00元
PSN B-2015-446-1/1

北京养老产业蓝皮书
北京居家养老发展报告（2018）
著(编)者：陆杰华　周明明
2018年8月出版 / 估价：99.00元
PSN B-2015-465-1/1

法治蓝皮书
四川依法治省年度报告No.4（2018）
著(编)者：李林　杨天宗　田禾
2018年3月出版 / 估价：118.00元
PSN B-2015-447-2/3

福建妇女发展蓝皮书
福建省妇女发展报告（2018）
著(编)者：刘群英　2018年11月出版 / 估价：99.00元
PSN B-2011-220-1/1

甘肃蓝皮书
甘肃社会发展分析与预测（2018）
著(编)者：安文华　包晓霞　谢增虎
2018年1月出版 / 估价：99.00元
PSN B-2013-313-2/6

广东蓝皮书
广东全面深化改革研究报告（2018）
著(编)者：周林生　涂成林
2018年12月出版 / 估价：99.00元
PSN B-2015-504-3/3

广东蓝皮书
广东社会工作发展报告（2018）
著(编)者：罗观翠　2018年6月出版 / 估价：99.00元
PSN B-2014-402-2/3

广州蓝皮书
广州青年发展报告（2018）
著(编)者：徐柳　张强
2018年8月出版 / 估价：99.00元
PSN B-2013-352-13/14

广州蓝皮书
广州社会保障发展报告（2018）
著(编)者：张跃国　2018年8月出版 / 估价：99.00元
PSN B-2014-425-14/14

广州蓝皮书
2018年中国广州社会形势分析与预测
著(编)者：张强　郭志勇　何镜清
2018年6月出版 / 估价：99.00元
PSN B-2008-110-5/14

贵州蓝皮书
贵州法治发展报告（2018）
著(编)者：吴大华　2018年5月出版 / 估价：99.00元
PSN B-2012-254-2/10

贵州蓝皮书
贵州人才发展报告（2017）
著(编)者：于杰　吴大华
2018年9月出版 / 估价：99.00元
PSN B-2014-382-3/10

贵州蓝皮书
贵州社会发展报告（2018）
著(编)者：王兴骥　2018年4月出版 / 估价：99.00元
PSN B-2010-166-1/10

杭州蓝皮书
杭州妇女发展报告（2018）
著(编)者：魏颖　2018年10月出版 / 估价：99.00元
PSN B-2014-403-1/1

河北蓝皮书
河北法治发展报告（2018）
著(编)者：康振海　2018年6月出版 / 估价：99.00元
PSN B-2017-622-3/3

河北食品药品安全蓝皮书
河北食品药品安全研究报告（2018）
著(编)者：丁锦霞　2018年10月出版 / 估价：99.00元
PSN B-2015-473-1/1

河南蓝皮书
河南法治发展报告（2018）
著(编)者：张林海　2018年7月出版 / 估价：99.00元
PSN B-2014-376-6/9

河南蓝皮书
2018年河南社会形势分析与预测
著(编)者：牛苏林　2018年5月出版 / 估价：99.00元
PSN B-2005-043-1/9

河南民办教育蓝皮书
河南民办教育发展报告（2018）
著(编)者：胡大白　2018年9月出版 / 估价：99.00元
PSN B-2017-642-1/1

黑龙江蓝皮书
黑龙江社会发展报告（2018）
著(编)者：谢宝禄　2018年1月出版 / 估价：99.00元
PSN B-2011-189-1/2

湖南蓝皮书
2018年湖南两型社会与生态文明建设报告
著(编)者：卞鹰　2018年5月出版 / 估价：128.00元
PSN B-2011-208-3/8

湖南蓝皮书
2018年湖南社会发展报告
著(编)者：卞鹰　2018年5月出版 / 估价：128.00元
PSN B-2014-393-5/8

健康城市蓝皮书
北京健康城市建设研究报告（2018）
著(编)者：王鸿春　盛继洪　2018年9月出版 / 估价：99.00元
PSN B-2015-460-1/2

皮书系列 2018全品种

地方发展类-社会 · 地方发展类-文化

江苏法治蓝皮书
江苏法治发展报告No.6（2017）
著（编）者：蔡道通 龚廷泰　2018年8月出版　估价：99.00元
PSN B-2012-290-1/1

江苏蓝皮书
2018年江苏社会发展分析与展望
著（编）者：王庆五 刘旺洪　2018年8月出版　估价：128.00元
PSN B-2017-636-2/3

南宁蓝皮书
南宁法治发展报告（2018）
著（编）者：杨维超　2018年12月出版　估价：99.00元
PSN B-2015-509-1/3

南宁蓝皮书
南宁社会发展报告（2018）
著（编）者：胡建华　2018年10月出版　估价：99.00元
PSN B-2016-570-3/3

内蒙古蓝皮书
内蒙古反腐倡廉建设报告No.2
著（编）者：张志华　2018年6月出版　估价：99.00元
PSN B-2013-365-1/1

青海蓝皮书
2018年青海人才发展报告
著（编）者：王宇燕　2018年9月出版　估价：99.00元
PSN B-2017-650-2/2

青海生态文明建设蓝皮书
青海生态文明建设报告（2018）
著（编）者：张西明 高华　2018年12月出版　估价：99.00元
PSN B-2016-595-1/1

人口与健康蓝皮书
深圳人口与健康发展报告（2018）
著（编）者：陆杰华 傅崇辉　2018年11月出版　估价：99.00元
PSN B-2011-228-1/1

山东蓝皮书
山东社会形势分析与预测（2018）
著（编）者：李善峰　2018年6月出版　估价：99.00元
PSN B-2014-405-2/5

陕西蓝皮书
陕西社会发展报告（2018）
著（编）者：任宗哲 白宽犁 牛昉　2018年1月出版　估价：99.00元
PSN B-2009-136-2/6

上海蓝皮书
上海法治发展报告（2018）
著（编）者：叶必丰　2018年9月出版　估价：99.00元
PSN B-2012-296-6/7

上海蓝皮书
上海社会发展报告（2018）
著（编）者：杨雄 周海旺
2018年2月出版　估价：99.00元
PSN B-2006-058-2/7

社会建设蓝皮书
2018年北京社会建设分析报告
著（编）者：宋贵伦 冯虹　2018年9月出版　估价：99.00元
PSN B-2010-173-1/1

深圳蓝皮书
深圳法治发展报告（2018）
著（编）者：张骁儒　2018年6月出版　估价：99.00元
PSN B-2015-470-6/7

深圳蓝皮书
深圳劳动关系发展报告（2018）
著（编）者：汤庭芬　2018年8月出版　估价：99.00元
PSN B-2007-097-2/7

深圳蓝皮书
深圳社会治理与发展报告（2018）
著（编）者：张骁儒　2018年6月出版　估价：99.00元
PSN B-2008-113-4/7

生态安全绿皮书
甘肃国家生态安全屏障建设发展报告（2018）
著（编）者：刘举科 喜文华
2018年10月出版　估价：99.00元
PSN G-2017-659-1/1

顺义社会建设蓝皮书
北京市顺义区社会建设发展报告（2018）
著（编）者：王学武　2018年9月出版　估价：99.00元
PSN B-2017-658-1/1

四川蓝皮书
四川法治发展报告（2018）
著（编）者：郑泰安　2018年1月出版　估价：99.00元
PSN B-2015-441-5/7

四川蓝皮书
四川社会发展报告（2018）
著（编）者：李羚　2018年6月出版　估价：99.00元
PSN B-2008-127-3/7

云南社会治理蓝皮书
云南社会治理年度报告（2017）
著（编）者：晏雄 韩全芳
2018年5月出版　估价：99.00元
PSN B-2017-667-1/1

地方发展类-文化

北京传媒蓝皮书
北京新闻出版广电发展报告（2017～2018）
著（编）者：王志　2018年11月出版　估价：99.00元
PSN B-2016-588-1/1

北京蓝皮书
北京文化发展报告（2017～2018）
著（编）者：李建盛　2018年5月出版　估价：99.00元
PSN B-2007-082-4/8

地方发展类-文化

皮书系列 2018全品种

创意城市蓝皮书
北京文化创意产业发展报告（2018）
著（编）者：郭万超 张京成　　2018年12月出版 / 估价：99.00元
PSN B-2012-263-1/7

创意城市蓝皮书
天津文化创意产业发展报告（2017～2018）
著（编）者：谢思全　　2018年6月出版 / 估价：99.00元
PSN B-2016-536-7/7

创意城市蓝皮书
武汉文化创意产业发展报告（2018）
著（编）者：黄永林 陈汉桥　　2018年12月出版 / 估价：99.00元
PSN B-2013-354-4/7

创意上海蓝皮书
上海文化创意产业发展报告（2017～2018）
著（编）者：王慧敏 王兴全　　2018年8月出版 / 估价：99.00元
PSN B-2016-561-1/1

非物质文化遗产蓝皮书
广州市非物质文化遗产保护发展报告（2018）
著（编）者：宋俊华　　2018年12月出版 / 估价：99.00元
PSN B-2016-589-1/1

甘肃蓝皮书
甘肃文化发展分析与预测（2018）
著（编）者：王俊莲 周小华　　2018年1月出版 / 估价：99.00元
PSN B-2013-314-3/6

甘肃蓝皮书
甘肃舆情分析与预测（2018）
著（编）者：陈双梅 张谦元　　2018年1月出版 / 估价：99.00元
PSN B-2013-315-4/6

广州蓝皮书
中国广州文化发展报告（2018）
著（编）者：屈哨兵 陆志强　　2018年6月出版 / 估价：99.00元
PSN B-2009-134-7/14

广州蓝皮书
广州文化创意产业发展报告（2018）
著（编）者：徐咏虹　　2018年7月出版 / 估价：99.00元
PSN B-2008-111-6/14

海淀蓝皮书
海淀区文化和科技融合发展报告（2018）
著（编）者：陈名杰 孟景伟　　2018年5月出版 / 估价：99.00元
PSN B-2013-329-1/1

河南蓝皮书
河南文化发展报告（2018）
著（编）者：卫绍生　　2018年7月出版 / 估价：99.00元
PSN B-2008-106-2/9

湖北文化产业蓝皮书
湖北省文化产业发展报告（2018）
著（编）者：黄晓华　　2018年9月出版 / 估价：99.00元
PSN B-2017-656-1/1

湖北文化蓝皮书
湖北文化发展报告（2017~2018）
著（编）者：湖北大学高等人文研究院
　　　　　　中华文化发展湖北省协同创新中心
2018年10月出版 / 估价：99.00元
PSN B-2016-566-1/1

江苏蓝皮书
2018年江苏文化发展分析与展望
著（编）者：王庆五 樊和平　　2018年9月出版 / 估价：128.00元
PSN B-2017-637-3/3

江西文化蓝皮书
江西非物质文化遗产发展报告（2018）
著（编）者：张圣才 傅安平　　2018年12月出版 / 估价：128.00元
PSN B-2015-499-1/1

洛阳蓝皮书
洛阳文化发展报告（2018）
著（编）者：刘福兴 陈启明　　2018年7月出版 / 估价：99.00元
PSN B-2015-476-1/1

南京蓝皮书
南京文化发展报告（2018）
著（编）者：中共南京市委宣传部
2018年12月出版 / 估价：99.00元
PSN B-2014-439-1/1

宁波文化蓝皮书
宁波"一人一艺"全民艺术普及发展报告（2017）
著（编）者：张爱琴　　2018年11月出版 / 估价：128.00元
PSN B-2017-668-1/1

山东蓝皮书
山东文化发展报告（2018）
著（编）者：涂可国　　2018年5月出版 / 估价：99.00元
PSN B-2014-406-3/5

陕西蓝皮书
陕西文化发展报告（2018）
著（编）者：任宗哲 白宽犁 王长寿
2018年1月出版 / 估价：99.00元
PSN B-2009-137-3/6

上海蓝皮书
上海传媒发展报告（2018）
著（编）者：强荧 焦雨虹　　2018年2月出版 / 估价：99.00元
PSN B-2012-295-5/7

上海蓝皮书
上海文学发展报告（2018）
著（编）者：陈圣来　　2018年6月出版 / 估价：99.00元
PSN B-2012-297-7/7

上海蓝皮书
上海文化发展报告（2018）
著（编）者：荣跃明　　2018年2月出版 / 估价：99.00元
PSN B-2006-059-3/7

深圳蓝皮书
深圳文化发展报告（2018）
著（编）者：张骁儒　　2018年7月出版 / 估价：99.00元
PSN B-2016-554-7/7

四川蓝皮书
四川文化产业发展报告（2018）
著（编）者：向宝云 张立伟　　2018年4月出版 / 估价：99.00元
PSN B-2006-074-1/7

郑州蓝皮书
2018年郑州文化发展报告
著（编）者：王哲　　2018年9月出版 / 估价：99.00元
PSN B-2008-107-1/1

社会科学文献出版社　　皮书系列

❖ 皮书起源 ❖

"皮书"起源于十七、十八世纪的英国，主要指官方或社会组织正式发表的重要文件或报告，多以"白皮书"命名。在中国，"皮书"这一概念被社会广泛接受，并被成功运作、发展成为一种全新的出版形态，则源于中国社会科学院社会科学文献出版社。

❖ 皮书定义 ❖

皮书是对中国与世界发展状况和热点问题进行年度监测，以专业的角度、专家的视野和实证研究方法，针对某一领域或区域现状与发展态势展开分析和预测，具备原创性、实证性、专业性、连续性、前沿性、时效性等特点的公开出版物，由一系列权威研究报告组成。

❖ 皮书作者 ❖

皮书系列的作者以中国社会科学院、著名高校、地方社会科学院的研究人员为主，多为国内一流研究机构的权威专家学者，他们的看法和观点代表了学界对中国与世界的现实和未来最高水平的解读与分析。

❖ 皮书荣誉 ❖

皮书系列已成为社会科学文献出版社的著名图书品牌和中国社会科学院的知名学术品牌。2016年，皮书系列正式列入"十三五"国家重点出版规划项目；2013~2018年，重点皮书列入中国社会科学院承担的国家哲学社会科学创新工程项目；2018年，59种院外皮书使用"中国社会科学院创新工程学术出版项目"标识。

中国皮书网

（网址：www.pishu.cn）

发布皮书研创资讯，传播皮书精彩内容
引领皮书出版潮流，打造皮书服务平台

栏目设置

关于皮书：何谓皮书、皮书分类、皮书大事记、皮书荣誉、
皮书出版第一人、皮书编辑部
最新资讯：通知公告、新闻动态、媒体聚焦、网站专题、视频直播、下载专区
皮书研创：皮书规范、皮书选题、皮书出版、皮书研究、研创团队
皮书评奖评价：指标体系、皮书评价、皮书评奖
互动专区：皮书说、社科数托邦、皮书微博、留言板

所获荣誉

2008年、2011年，中国皮书网均在全国新闻出版业网站荣誉评选中获得"最具商业价值网站"称号；
2012年，获得"出版业网站百强"称号。

网库合一

2014年，中国皮书网与皮书数据库端口合一，实现资源共享。

权威报告·一手数据·特色资源

皮书数据库

ANNUAL REPORT(YEARBOOK) DATABASE

当代中国经济与社会发展高端智库平台

所获荣誉

- 2016年，入选"'十三五'国家重点电子出版物出版规划骨干工程"
- 2015年，荣获"搜索中国正能量 点赞2015""创新中国科技创新奖"
- 2013年，荣获"中国出版政府奖·网络出版物奖"提名奖
- 连续多年荣获中国数字出版博览会"数字出版·优秀品牌"奖

成为会员

通过网址www.pishu.com.cn或使用手机扫描二维码进入皮书数据库网站，进行手机号码验证或邮箱验证即可成为皮书数据库会员（建议通过手机号码快速验证注册）。

会员福利

- 使用手机号码首次注册的会员，账号自动充值100元体验金，可直接购买和查看数据库内容（仅限使用手机号码快速注册）。
- 已注册用户购书后可免费获赠100元皮书数据库充值卡。刮开充值卡涂层获取充值密码，登录并进入"会员中心"—"在线充值"—"充值卡充值"，充值成功后即可购买和查看数据库内容。

数据库服务热线：400-008-6695
数据库服务QQ：2475522410
数据库服务邮箱：database@ssap.cn

图书销售热线：010-59367070/7028
图书服务QQ：1265056568
图书服务邮箱：duzhe@ssap.cn

更多信息请登录

皮书数据库
http://www.pishu.com.cn

中国皮书网
http://www.pishu.cn

皮书微博
http://weibo.com/pishu

皮书微信"皮书说"

请到当当、亚马逊、京东或各地书店购买，也可办理邮购

咨询/邮购电话：010-59367028　59367070

邮　　箱：duzhe@ssap.cn

邮购地址：北京市西城区北三环中路甲29号院3号楼
　　　　　华龙大厦13层读者服务中心

邮　　编：100029

银行户名：社会科学文献出版社

开户银行：中国工商银行北京北太平庄支行

账　　号：0200010019200365434

三五"社会工作专业人才队伍建设规划》（以下简称《规划》），《规划》提出到2020年四川省社会工作人才队伍建设的总体目标是要建立健全社会工作专业人才政策和制度体系，造就一支数量充足、结构合理、素质优良、充满活力的专业化、职业化社会工作专业人才队伍。《规划》主要从发展速度、人才结构、专业能力、人才效能、人才载体、人才环境六大方面提出了具体发展要求。

第一，从发展速度方面提出实现总量的快速增长。即到2020年，四川省社会工作专业人才总量要由2015年的1.9万人增加到5.5万人。同时对社会工作人才的职业水平提出新要求，即取得社会工作师职业水平证书或达到同等能力素质的中级及以上社会工作专业人才要达到6000人。

第二，从人才结构方面提出实现结构显著优化的目标。《规划》提出要逐步优化社会工作人才的六大结构，即区域结构、城乡结构、领域结构、专业结构、能力结构和年龄结构，基本形成层层递进的人才梯队，即以初级为主体、中级为骨干、高级为引领，并提出要着力于社区、青少年事务、社会救助、特殊人群、救灾、扶贫等领域社会工作专业人才队伍的打造与建设。

第三，从专业能力方面提出不断提升社会工作人才能力的要求。《规划》对社会工作人才的思想觉悟、党性意识、职业道德水平、专业伦理及价值观、专业理论与实务能力等方面提出了新要求。

第四，从人才效能方面提出实现社会各界对社会工作专业人才的认知度显著提高的目标。社会工作专业人才需要进一步提升在提供社会服务、解决社会问题、化解社会矛盾、降低社会风险、维护社会稳定、增进公平正义、促进社会和谐等方面的专业认同度和知晓度。

第五，从人才载体方面提出要积极培育、发展各类社会工作专业服务机构的要求。《规划》提出了要特别重点培育和优先发展的两大社会工作人才，即公益慈善类、城乡社区服务类社会工作人才，同时

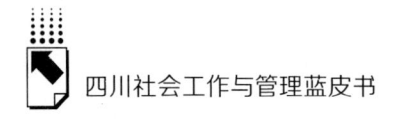

要支持和发展志愿服务组织。

第六，人才环境方面提出不断完善社会工作专业人才队伍建设的法规、政策与制度的目标。规划提出要初步形成省、市（州）、区（县）三级社会工作行业协会组织体系，各级党委、政府要高度重视社会工作及其社会工作专业人才发展，各级财政要保障对社会工作发展经费的持续投入。

1. 四川省社会工作人力资源发展的政策举措

第一，宏观层面的中央文件。2006年党的十六届六中全会做出建设社会工作专业人才队伍的战略部署之后，中央组织部联合民政部等14个部门组建政策研究起草组开始研究制定关于加强社会工作专业人才队伍建设的专门意见，同时由民政部在全国165个地区和260家单位开展试点进行探索。经过四年多时间，在全面总结国内外社会工作专业人才队伍建设的理论与实践经验的基础上，起草组形成了《关于加强社会工作专业人才队伍建设的意见》。

第二，中观层面的省级文件。为深入贯彻中央文件，2012年3月四川省委组织部、省委政法委、财政厅、民政厅等18个部门共同印发了《关于加强社会工作专业人才队伍建设的实施意见》（川组发〔2012〕6号），提出了四川省社会工作发展的具体措施。2017年7月，四川省民政厅出台了《四川省"十三五"社会工作专业人才队伍建设规划》，明确了"十三五"期间全省社会工作人才队伍建设的指导思想、基本原则、发展目标。与此同时，四川省还专门出台了规范四川省民政系统社工岗位的聘用政策，通过下发《四川省民政厅关于做好全省民政系统事业单位社会工作专业技术岗位聘用工作有关问题的通知》（川民发〔2012〕50号），明确了民政系统事业单位可根据工作需要和岗位要求直接聘任取得初级或中级社会工作职业资格的人员到相应级别专业技术职务、享受相应级别待遇的政策。在推动专业领域社工人才发展方面，四川省也做了探索，共青团四川省委员会等6家单位下发了《关于加强青少年事务社会工作专业人才队伍建设的意见》(川青联发〔2015〕5号)。

第三,微观层面的地方文件。据统计,从2006年到2016年的11年间,四川省地市(州)级政府和部门共计发布有关社会工作的文件26个,区(县)级政府和部门发布56个,其中大部分内容与加强社会工作人才队伍建设相关,如加强本地社工专业人才队伍建设的实施意见、"十三五"社会工作人才发展规划、社会工作岗位设置、社区社会工作者的准入及补贴等,这都极大地促进了四川省社会工作人才队伍的建设与发展。

2. 四川省社会工作人力资源发展的政策落实情况

对比《四川省关于加强社会工作专业人才队伍建设的实施意见》以及《四川省"十三五"社会工作专业人才队伍建设规划》,目前四川省社会工作专业人才队伍建设政策落实情况良好,社会工作专业人才队伍的质量和水平显著提升。政策落实情况主要体现在以下方面。

第一,不断落实制度设计层面对社会工作的重视。目前社会工作管理机构逐步实现了全覆盖。四川省民政厅于2007年在人事处增挂了社会工作处牌子,全省目前有5个市(州)在人事科挂牌成立了社工处,全省共有9个县(区)增挂了社会工作科/股牌子,未增挂牌子的地方也在相关科/股明确了社工人才队伍建设和相关志愿者队伍建设的职责。从岗位开发来看,社区社会工作岗位开发取得突破性进展,全省民政直属事业单位积极开发社工岗位。目前,四川省优抚安置类、社会福利类、社会事务类单位均已陆续开发了社会工作岗位;部分地方通过建立政府购买社工岗位和社工机构服务制度,大力推进社工岗位设置,拓展了社工岗位开发的范围。截至2015年底,全省社会工作专业岗位总量有5720个,其中城乡社区和民政事业单位开发设置社会工作专业岗位总量为3910个。同时,各地积极培育本土社会工作服务机构,通过降低门槛、孵化扶持等手段促进社工服务机构发展，截至 2016 年 9 月，四川省共发展了 611 家民办社工服务机构，位居西南地区前列。全省社会工作行业协会逐步发展，全省地市（州）级、县（区）级社会工作行业协会成立数量分别为 10 个、33 个。

第二，基本落实社会工作专业人才队伍培养体系建设，四川省高等院校社会工作专业人才培养不断完善。目前，四川省共有 18 所高校开设了社会工作本科专业，22 所高校开设了社会工作、社区管理与服务、公共事务管理、家政服务、老年服务与管理和心理咨询等 6 个专科专业，4 所中等职业学校开设了 6 个社工类专业，有 5 所高校设有社会工作专业硕士点。以四川省社会工作专业硕士点的设置为例，2014 年以前，四川省社会工作专业硕士点只有四川大学与西南财经大学 2 所高校设置，每年能够培养的社会工作专业硕士研究生不足 30 名。2014 年，四川省教育部门经过层层选拔在 3 所高校新增社会工作专业硕士点，分别是西华大学、西南石油大学、成都信息工程学院，这一举措表明四川省落实社会工作人才培养体系建设、完善高校社会工作人才培养政策成效明显。

第三，不断落实并完善四川社会工作专业人才评价激励机制，以成都及周边市表现最为明显。比如成都市锦江区实施"锦江区人才计划"，在社工类社会组织方面，每年至少支持 3 家社工机构发展。多数县（区）对高等院校社会工作专业毕业的专科生、本科生、硕士研究生、博士研究生并从事社区专职工作的，每人每月给予 200 元、400 元、600 元、800 元补贴，鼓励基层社区大力推广社会工作。锦江区还专门出台了《社会工作专业岗位设置办法》，在救助救济、社区治理、养老助老等领域设置了 300 多个社工岗位，吸引社工专业人才来锦江。同时，该区还出台了《社会工作专业人才职业水平补贴发放和管理暂行办法》，对社会组织、社工人才和社区持证社工予以补贴。又比如都江堰市为鼓励基层社区推广社会工作，储备社区社工人才，专门制定出台了《关于调整全市社区干部补贴和工作经费及党员教育培训经费标准的通知》（都办发〔2013〕203号），对社区专职工作者中通过国家和省社会工作职业水平考试，并取得职业水平员级、初级、中级、高级证书的（国家为初级、中级），自完成登记注册当月起，每人每月分别给予200元、400元、600元、800元补贴。其余区（县）也制定了类似的社区工作人员激励办法，多就社区持证上岗社工给予一次性奖励。

但仍有相关政策落实力度需进一步加强，如科学合理的社会工作专业人才使用机制尚未完全建成，目前尚没有按照精简效能、按需设置、循序渐进的原则，通过研究城乡社区、相关单位和社会组织等不同类型社会工作机构的社会工作专业岗位设置范围、数量结构、配备比例、职责任务及任职条件，编制并发布具有可操作性和实效性的社会工作专业人才岗位设置指导目录；尚没有完全建立健全社会工作专业人才分配激励机制，在针对不同类型的社会工作机构，研究建立与之相适应的社会工作专业人才分配激励机制方面尚不完善；六大重点人才工程需在资金投入、政策保障建设等方面加大力度，六大重点人才工程是社会工作专业人才综合素质提升工程、民办社会工作服务机构能力建设工程、重点领域社会工作服务示范项目工程、"三社联动"推进工程、社会工作专业人才参与扶贫攻坚服务工程、实施社会工作专业人才信息化建设工程。

（二）四川省社会工作人力资源发展的历史与现状

2008年汶川地震揭开了四川省社会工作人力资源发展的序幕，本部分将系统梳理四川省社会工作人力资源发展的历程，并探讨分布的领域与规模。

1. 四川省社会工作人力资源发展的历程

四川省历年社会工作者职业水平考试数据可以侧面反映出四川省社会工作人力资源的发展历程，该历程与四川省社会工作建设发展经历的几次大事件息息相关。

第一,"5·12"汶川大地震揭开了四川省社会工作人力资源发展的序幕。2008年"5·12"汶川大地震给四川省社会工作理论与实务引入带来了重大契机,随之而来的是社会工作专业人才的重大需求。基于此,四川省2008年开始进行社会工作者职业水平考试,2008年报考初级人数达到1968人,中级为1592人,当时总通过率为12.25%。而2009年,四川省社会工作者职业水平考试总通过率增加到13.77%,同2008年相比增加了1.52个百分点,说明社会工作专业人才队伍建设因汶川地震事件成效明显。但2010年和2011年,四川省社会工作者职业水平考试总通过率分别只有8.29%和9.33%,相比2009年分别下降了5.48和4.44个百分点,说明汶川地震余热消失及缺乏政府相关政策文件保障对四川省社会工作人才队伍建设有较大影响(见表3)。

表3 四川省社会工作者职业水平考试数据汇总(2008~2016年)

单位:人,%

年份	报名人数			通过人数			通过率		
	初级	中级	合计	初级	中级	合计	初级	中级	总通过率
2008	1968	1592	3650	336	111	447	17.07	6.97	12.25
2009	1980	2732	4712	562	87	649	28.38	3.18	13.77
2010	1651	775	2426	121	80	201	7.33	10.32	8.29
2011	2340	799	3139	237	56	293	10.13	7.01	9.33
2012	2448	871	3319	560	136	696	22.88	15.61	20.97
2013	4670	1547	6217	840	326	1166	17.99	21.07	18.76
2014	—	—	9357	1261	255	1516	—	—	16.2
2015	—	—	11982	1503	460	1963	—	—	16.38
2016	10269	3012	13281	2934	547	3481	28.57	18.16	26.21
合计				8354	2058	10412			

资料来源:表中所有数据来源于课题组到四川省民政厅社工科调研时收集的资料。

第二，2012年18部委文件是四川省社会工作人力资源发展的重要转折。

2012年四川省社会工作者职业水平考试总通过率与2011年相比突增11.64个百分点，达到20.97%（见表3），这与2012年四川省委组织部等18部门共同印发《关于加强社会工作专业人才队伍建设的实施意见》对四川省社会工作专业人才队伍建设提供可持续的保障性支持有重要关系。

第三，从2012年至今是四川省社会工作人力资源发展的蓬勃期。2012~2016年，四川省社会工作者职业水平考试过级率都保持较大的增长幅度，尤其是2013年雅安芦山"4·20"地震，2016年四川省社会工作"十三五"规划开局，都为四川省社会工作人才建设发展提供了重要契机。

2. 四川省社会工作人力资源分布的领域与规模

《四川省社会工作十年发展报告》数据显示，截至目前，四川省共有10412人通过社会工作者职业水平考试，其中助理社工师8354人，社会工作师2058人。通过地方社会工作员职业水平考试人员数量为1079人。据统计，截至2016年6月，四川省具有一定社会工作专业素质，在相关领域从事专门性社会工作的服务人员共计19000余人。目前四川省有国家级社会工作专业实训基地2个，省级社会工作培训基地4个。并借助培训基地和高校师资资源，持续开展社会工作专业知识培训。"十二五"期间，四川省接受社会工作专业知识培训累计不少于15天的约有12000人，总计培训23.6万余人次。

为进一步掌握四川省社会工作人才分布的规模，课题组通过实地走访、座谈等方式联系四川省各地民政局以及相关负责注册、登记的行政管理部门，以获得最新的各地登记社会工作服务机构、社会工作持证人员的数量和基本信息。根据课题组调研数据，四川省社会工作人才数量和质量总体呈现分布不均，地区差异化较大的局面。由于经济发展及政策保障措施力度较好，成都经济区在注册社会工作机构数量和持证人数方面都远高于其他经济区，其中成都市第一圈层数量最多，机构数为60个，考证人数为1557人。成都市以外7个地市，以雅安市社工机构数最多，达到45个，这与"4·20"雅安芦山地震灾后重建对社会工作大力发展的影响有关。而川东北经济区、川西北经济区及攀西经济区发展明显滞后，机构数分别为9个、4个和4个，甚至巴中、广安、甘孜等地都没有本地的社工机构，社会工作人才建设就更滞后了。

（三）四川省社会工作人力资源发展的实践

近年来，四川省加强了社工人才队伍发展的组织保障，拓宽了社工人力资源发展的经费来源渠道，营造了良好的社工人才发展环境，并鼓励社工人才服务基层，初步建立了多层次的人才培养体系，较好地促进了社会工作人力资源的长足发展。

1. 社工人才队伍发展的组织体系

社工人才队伍的发展必须要有强大的组织体系支撑。近年来，四川从健全管理机构设计、培育社工行业协会、扶持社工机构发展等方面探索加强组织体系建设，较好地推动了社工人力资源发展。

首先，管理机构是推进社工人才队伍建设的必然要求。四川坚持党管人才原则，建立健全了领导管理服务机构，完善了机构职能设置，加强了对社工人才队伍发展的统筹管理。

四川省在省人才工作领导小组的指导下，按照"组织部门牵头抓总体、民政部门具体负责、相关部门协同配合、社会力量广泛参与"的格局推进工作，有效地加强了对社会工作发展的组织领导，形成了持续健康的长效工作机制。部分地区还建立了社工人才队伍建设领导机构，如建立了社会工作专业人才队伍建设联席会议制度，较好地形成了社工人才队伍发展的工作合力。

四川省民政厅先于2007年设立了社会工作处（与人事处合署办公），随后部分地市（州）也完善了民政系统的机构职能设置。截至2016年10月，全省共有5个地市（州）的民政局成立了社工科（与人事科合署办公）、9个县（区）的民政局成立了社会工作科/股，其他未成立社工科的地区也均明确了民政局对社工人才队伍建设的管理职能。此外，全省各地市（州）相继明确要将专业社工人才队伍发展纳入目标考核内容。

其次，行业协会是社工人力资源发展的行业保障。大力培育社会工作行业协会，有利于加强社工专业自律，实现自我管理、自我服务、自我发展。四川不断健全社工人才队伍建设行业管理制度，大力培育社工行业协会。

加大了社会工作服务的省级统筹力度。为提升灾后社会工作服务能力，四川省2015年成立了四川省灾害社会工作服务队，积极发挥社会工作在灾前预防、灾中应急与灾后重建中的专业作用。

引导加强市（州）、县（区）两级的社会工作行业体系建设，使各地在一定程度上用组织化的方式推动各自区域内的社工人才队伍发展。四川省第一家县（区）级社工行业协会（都江堰市社会工作协会）于2009年成立，第一家市（州）级社工行业协会（成都市社会工作者协会）于2010年成立，随后遂宁、内江、达州、德阳、阿坝州等地市（州）也相继成立了社工行业协会。截至2016年10月，全省范围内已建立10家地市（州）级社工协会、33家县（区）级社工协会，并较好地开展了社会工作者培训、资格认证、项目指导、注册工作、行业建设等方面的工作，推动了社工人才队伍的规范化、专业化与职业化发展。

最后，社工机构是社工人才队伍发展的重要依托。通过培育扶持社区机构，社工人才队伍的项目承接、专业能力、服务水平得到了较大提升，丰富了社工人力资源发展的实践经验。

自2008年四川省社会组织促进会成立以来，成都、德阳、遂宁、攀枝花、宜宾等地先后建立了社会组织孵化基地（孵化园），较好地培育和扶持了一批具有行业影响力、有发展潜力、社会急需的社工组织。地方政府为入驻孵化基地的社工机构提供个性化辅导和培训，并在项目申报、项目策划、活动举办、财务托管等方面给予协助。特别是成都市锦江区，更是率先建成了西部首家县（区）级的社会组织孵化中心与全国首家县（区）级的社会组织发展基金、首家社会组织学院，并通过资金扶持、项目督导、项目评估、人才培训等，增强社工组织的"造血"功能，极大地促进了社工组织的发展和规范性建设。

2. 社工人力资源发展的经费来源

经费投入是社工人力资源发展的基础性保障。目前，四川省社工人力资源发展的主要经费来源于政府购买服务、公服资金、公益创投。

政府购买服务是四川省社工人力资源发展的主要渠道，大部分社工机构都依靠政府购买服务方式来维持自身的生存和发展。政府购买服务不仅为社工机构提供了发展空间，拓展了资金来源渠道，也促进了社工专业能力的提升。

2007年，四川省委组织部、人事厅（现人力资源和社会保障厅）等五部门联合实施了"社工人才百人计划"，招募了110名省内社工或相近专业的本、专科毕业生，通过专项安排的100万元经费，实现了首次由政府为社区购买社工人才服务。2012年，成都戒毒康复所在全省范围内率先启动了社工戒毒的政府购买服务方式。从2013年起，成都市财政局每年投入750万元、市政法委投入200万元支持购买社工服务，团市委、妇联、工会、残联等单位也积极探索政府购买服务方式，2014年投入购买社会服务的经费超过2000万元。2014年发布的《四川省人民政府办公厅关于推进政府向社会力量购买服务工作的意见》（川办发〔2014〕67号），使包含社会救助、社工服务与社会组织服务等的社会管理服务事项纳入了政府向社会力量购买服务的目录，社工的政府购买服务得到了蓬勃发展。2015年，国务院发布的《芦山地震灾后恢复重建总体规划》在全国范围内首次将社会管理服务类项目列入重大灾难灾后重建整体规划并同步实施，"雅安社会工作人才培养和社会组织培育项目"等服务体系纳入了灾后重建的整体规划，雅安灾后重建委员会社会管理服务组向四川农业大学采购了标的为893万元的针对雅安市、县（区）、乡村一体的雅安社会工作人才培养服务。

省级财政预算资金及福彩公益金等财政补助是社工人力资源发展经费来源的重要补充，包括专职社工补贴、社工项目补助、人才队伍建设等专项补助。四川省民政厅推出的社会工作专业人才队伍建设省级补助项目、"三区计划"社会工作专业人才支持计划项目，推动了相关专业领域社会工作人力资源的实务发展，取得了较好的成效。四川省民政厅发布的数据显示，截至2016年9月，全省共计投入的省级财政预算资金达2200万元，2009~2012年每年为200万，2013年达到历史高峰为500万，2014~2016年每年为300万。此外，争取到民政部"三区计划"资金750万元、中央福彩公益金535万元，均用于社会工作服务项目开展。

公益创投是四川省社工人力资源发展经费来源的有益拓展，较好地激发了社工人力资源发展的创新活力。

2013年，遂宁社会组织服务中心率先启动了"福彩公益创投"活动，以项目培育推动社工人力资源发展。2014年，成都市民政局在全省范围内率先建立了社区公益创投机制，出台了《成都市社区公益创投活动管理办法》（成民发〔2014〕46号）和《成都市社区公益创投活动资金管理使用细则》（成民发〔2014〕47号），为重点扶持的社区公益类社会组织每个项目资助3万~8万元。2016年，德阳市启动了德阳市第一届社会组织公益创投活动，共有31个项目分别获得1万~5万元不等的资金支持。

3. 创造良好的社工人才发展环境

人才环境是人才竞争的关键。近年来，四川在政策环境、职业发展环境建设等方面做出了积极的有益的探索实践。

(1) 政策环境

一是综合政策层面。2012年，四川省委组织部等18个部门共同印发了《关于加强社会工作专业人才队伍建设的实施意见》（川组发〔2012〕6号），制定了四川省社会工作具体发展措施。2017年7月，省委组织部、发改委、民政厅、人社厅等联合发布了《四川省社会工作专业人才队伍建设"十三五"规划》（川组通〔2017〕38号），明确了"十三五"期间四川省社会工作人才队伍建设的指导思想、基本原则和发展目标，确立了未来五年社工人才发展的六大重点发展领域、六项重点人才工程与五项体制改革和政策创新任务。

二是专业领域政策层面。《四川省民政厅关于做好全省民政系统事业单位社会工作专业技术岗位聘用工作有关问题的通知》（川民发〔2012〕50号）、《关于加强青少年事务社会工作专业人才队伍建设的意见》（川青联发〔2015〕5号）等文件的出台，极大地推动了专业领域社工的发展。目前全省社会工作专业岗位总量达6167个，民办社工服务机构总量为601个。

三是社工标准化服务政策层面。《四川省民政厅关于开展社会工作服务示范建设活动的通知》（川民发〔2014〕49号）、《四川省民政厅关于申报社会工作服务储备项目的通知》（厅办〔2015〕68号）、四川省《社会工作者保密要求》（四川省地方标准D51/T1798-2014）、四川省《社会工作服务效果评估规范》（四川省地方标准DB51/T2102-2015）等为社会工作的标准化建设及专业化发展提供了政策指引。

(2) 职业发展环境

一是有序开展职业能力评价。根据原人事部、民政部印发的《社会工作者职业水平评价暂行规定》、《助理社会工作师、社会工作师职业水平考试实施办法》（国人部发〔2006〕71号）精神，稳步推进四川省的全国社会工作者职业水平评价工作。从2008年到2016年，全省社工职业水平考试参考人数不断增加，2008年初级社工师参考人数仅为1968人，到2016年时，参考人数增加到了10269人，且2016年通过率达到28.57%，为历年来的最高。截至2016年底，四川省共有社会工作专业人员2.2万余人，其中取得初级社工师的有8354人、中级社工师的有2058人。为弥补持证社工人才的缺口，成都、遂宁、资阳等地出台了本土化社会工作人员培训认证办法，探索开展本土化"社工员"认证工作，较好地培养了一批经验丰富的本土化社工人才。

二是加大薪酬奖励力度。根据《四川省社会工作十年发展报告》，四川社工从业人员平均薪酬待遇呈现逐年上涨趋势，多地出台政策对社会工作专职工作人员进行专项补贴，提高其基本待遇，并完善相关社会保险及住房公积金制度，为社会工作从业人员做好保障[①]。对通过全国社会工作者职业水平考试的，根据水平等级给予一次性金额不等的补贴，从全省范围看，补贴奖励介于300~2000元。部分地区制定了社工职业补贴制度，成都市对通过全国社会工作者职业水平考试的村（社区）专职社会工作者，按等级给予每月200~800元不等的职业水平补贴；遂宁市出台了一线社工岗位津贴制度，对一线社工由财政按每月200~600元的标准发放岗位津贴；攀枝花市也出台了社区社会工作者薪酬激励政策。此外，为引进专业人才，

---

① 《四川省社会工作十年发展报告》，http://mzzt.mca.gov.cn/article/sggzzsn/jlcl/201611/20161100887304.shtml，最后访问日期：2017年12月5日。

成都市三圈层中多数区（县）对高等院校社工专业学生毕业后从事社区专职工作的从专科到博士研究生分别给予每人每月200元、400元、600元、800元的补贴。

三是纳入人才管理范畴。2012年省委组织部等18个部门共同印发的《关于加强社会工作专业人才队伍建设的实施意见》（川组发〔2012〕6号）明确提出要将符合条件的社工专业人才纳入省有突出贡献的优秀专家选拔管理范围。2015年，成都市出台了《关于实施"成都优秀人才培养计划"的办法（试行）》（成组通〔2015〕103号），每年遴选一批专业性强、社会认同度高、实践能力强的专业社会工作人才（含社会工作督导人才、社工机构管理人才和社会工作专业教育人才）列入优秀人才培养计划。2017年，成都市人力资源和社会保障局印发的《成都市鼓励企业引进培育急需紧缺专业技术人才实施办法》，将"具有高级社会工作师职业资格证书"的人才列入急需紧缺人才和高端人才目录的D类人才标准。在县（区）的人才队伍建设工作中，也将社工队伍纳入人才管理范围，如宜宾县出台的《关于大力实施"3511"工程加强社会工作专业人才队伍建设的实施意见》明确提出，将受表彰的"社工人才之星"纳入县管拔尖人才库培养使用。在2017年举行的四川省"8·8"九寨沟地震抗震救灾及"6·24"茂县特大山体滑坡灾害抢险救灾先进集体和先进个人的表彰中将"社会力量"单列。

4. 鼓励社工人才服务基层社区

社区是社会的基本构成单元，是推进社会管理创新的重要内容。省委办公厅、省政府办公厅出台《关于全面深化改革加强基层群众自治和创新社区治理的通知》（川委办〔2014〕27号）以来，四川通过加强社工岗位开发、财政经费投入与平台建设等方式较好地引导社会工作专业人才服务基层，为"三社联动"社会治理模式创新提供了重要支撑。

首先，加大社工岗位开发力度。四川大力推进政府向社会力量购买基层服务，部分区（县）通过建立政府购买服务，积极推进社区社工岗位设置，拓展社工岗位开发范围，为社工人才流向基层提供组织保障。数据显示，早在2007年四川"社工人才百人计划"中，政府就安排了100万元的专项资金，首次用于基层社区人才服务的购买。遂宁市则实施了社工"百站千人"计划，通过政策支持、人才支持、项目支持方式稳步推进社区、机构、学校、医院等各类社工站建设。至2015年底，四川城乡社区和民政事业单位开发设置的社会工作专业岗位总量为3910个，约占社会工作专业岗位总量的70%。同时，政府通过培育专业社工机构，以购买专业机构基层服务的形式，引入专业机构，使其在基层社区成立社会工作站，从而吸引大量社工开展深入细致的基层工作。2015年底，省法院、检察院、公安厅、司法厅和财政厅还联合出台了《关于全面推进社区矫正工作的实施意见》，依托区域网格化管理机制，按1∶10的比例配备社区矫正社会工作者。

其次，完善财政经费保障机制。为保证基层社工人才队伍的稳定性，四川积极建立财政性资金支持专业社会工作发展渠道，逐年加大财政补贴力度。一是在人才补贴上，自2007年开始实施的社工人才百人计划中，服务民族地区的基层社工每月可获1200元补助，在其他地区服务的社工每月补助800元，并建立了财政补贴的动态调整机制。同时，在农村社区工作人员的专业化培育上，基于省政府2015年出台的提高村（社区）工作人员待遇的规定，按规定为其缴纳社保和住房公积金，提高基层社工人才待遇。二是在项目补贴上，相关数据显示，截至2016年9月，共计投入省级财政预算资金2200万元（其中2009~2012年每年200万元，2013年500万元，2014~2016年每年300万元）用于社会工作服务项目开展，并争取到民政部"三区计划"资金750万元，在四川革命老区和贫困地区开展社会工作服务项目67个；争取到中央福彩金535万元，在四川开展专门领域社会工作服务项目29个。

最后，强化基层人才平台建设。四川还积极推动基层公共治理模式创新，以强化基层人才平台建设，集聚基层社工人才。2014年，四川出台了《关于全面深化改革加强基层群众自治和创新社区治理的通知》，以鼓励和支持社会力量参与基层社区治理，通过建立以社区为平台、社会组织为载体、专业社会工作者为支撑的"三社联动"工作机制，大力培育社区服务性、公益性、互助性社会组织，通过基层组织联动的方式，打造社工人才集聚平台。部分地区还创新了基层治理模式，利用"互联网+公共服务"提高基层社工服务效率。如遂宁市安居区，在2017年大力推进"三+"和一改革（"社会组织+"、"社会工作+"、"互联网+"、公共服务供给侧改革），不断优化基层民政服务事项下沉路径，丰富社会公共服务供给内涵。通过率先启动"一社区一社工"计划，集聚基层人才。在首批选配的种子社工40名中，通过"社创夜校""周末名师"等15场专题培训提升基层社工人才水平。

5. 初步建立多层次的人才培养体系

培养专业社工人才，建设社工人才高地，是社工人力资源发展的重要基础。近年来，四川加强社工培养的供给侧改革，从学历教育体系、继续教育路径、本土化社工督导人才培养等方面初步建立了多层次的人才培养体系。

首先，建立多层次的学历教育体系。目前，四川省建立了初具规模的从专科、本科到硕士（点）、博士（方向）的多层次人才培养体系。迄今为止，全省共有16所高校开办了社会工作本科专业，其中四川大学、西南财经大学、西华大学、西南石油大学、成都信息工程大学等5所高校设置了社会工作硕士点，西南财经大学设置了灾后社会工作方向博士点，具体分布如表4所示。这些高校，较好地承担了四川省社工人才培养、专业研究的主要任务。

表4 四川省高校社会工作及相关专业情况一览

序号	高校	专科	本科	硕士点	博士点
1	四川大学		社会工作	社会工作	
2	西南财经大学		社会工作	社会工作	灾害社会工作
3	西南石油大学		社会工作	社会工作	
4	西华大学		社会工作	社会工作	
5	成都信息工程大学		社会工作	社会工作	
6	四川农业大学		社会工作		
7	成都理工大学		社会工作		
8	西南民族大学		社会工作		
9	绵阳师范学院	社区管理与服务	社会工作		
10	西华师范大学		社会工作		
11	川北医学院		社会工作		
12	乐山师范学院	社区管理与服务	社会工作		
13	四川工商学院		社会工作		
14	四川理工学院		社会工作		
15	宜宾学院		社会工作		
16	西南财经大学天府学院		社会工作		
17	成都大学	社区管理与服务			
18	四川国际标榜职业学院	社区管理与服务			
19	四川文化产业职业学院	社区管理与服务			
20	四川建筑职业技术学院	社区管理与服务			
21	四川管理职业学院	社区管理与服务			
22	四川工商学院	社区管理与服务			

其次，建立多渠道的继续教育路径。近年来，四川省民政厅、各地民政部门等利用各自渠道优势，纷纷建立了多渠道的社工人才继续教育路径。省级层面上，建立了四川省级社会工作培训基地，广泛组织地方党政干部、社工管理人员、社工服务人员等开展社工岗位培训、继续教育培训、各类专题培训及社工知识普及培训，培训内容涉

及各社工服务领域社会工作实务和理论。市（州）、县（区）级层面上，主要依托社工行业协会这一平台，借助高校资源，搭建了多渠道的培训体系。如成都市对各社工组织直接负责人进行诚信体系建设和机构健康有序发展培训，定期举办社会工作实务沙龙、举办中高级督导培训班。遂宁市民政局就社工专业素质、综合素质等各方面能力建设组织培训；德阳市民政局举办"德阳市专业社会工作者实务能力提高培训班"，邀请西南石油大学、香港理工大学、四川省民政厅灾害社会工作服务队、成都市锦江区翱翔社会工作服务中心等学校和机构的社会工作专家、督导对德阳专业社工从理论到实务进行培训；宜宾县与中山大学合作举办社工骨干人才培训班，以"高端培训+实践锻炼"模式，通过理论学习和实践锻炼双管齐下，提高社工能力和素质。

表5　四川省社会工作人才培训基地建设一览

类别	建设单位
国家社会工作专业人才培训基地	四川大学、西南财经大学（与四川省民政干部学校联合办学形式入选）
四川省级社会工作培训基地	西南财经大学、西南石油大学、四川农业大学、四川省民政干部学校

最后，培养本土化社工督导人才。为稳定社工人才梯队，成都、遂宁等地纷纷建立了本土化社会工作督导制度，开展本土社会工作督导认证，基本形成了初级、中级、高级认证体系，较好地培养了一批本土社工督导人才，有效发挥了督导的教育性、行政性、支撑性作用。2015年，成都市举办了首届社会工作高级督导培训班，16名优秀中级督导人才进入了高级督导人才培训班学习，接受了理论知识、间接督导和实务实习的系统培训，为提升社工专业人员服务水平奠定了重要基础。遂宁市出台了社会工作督导认证管理办法，已认证了首批本土社工督导3名，此外，创新引入社工项目督导，通过师徒制方

式提高了本土督导实务能力,对社工人才专业性的发展起指导和支持的作用。

(四)四川省社会工作人力资源发展面临的问题

虽然四川省的社会工作取得了长足发展,但由于发展基础较差,发展历程短,社工人力资源发展中的结构平衡性、管理的规范性、专业教育的适应性、职业发展的认同性等问题依然存在,成为制约社工人力资源发展的重要因素。

1. 社工人力资源结构不太合理

人力资源结构是人才队伍建设成效的基本观察指标。目前,四川省社工人力资源结构不合理整体上表现为性别差异大、年龄结构不合理、学历层次偏低、专业水平参差不齐及专业领域分布、地区分布的不平衡,因而人力资源结构亟待优化。

从性别和年龄结构来看,课题组调查发现,目前四川社工从业人员中男女比例差别较大,女性占据了整个人才队伍的71%,女性社工成了社会服务的主力,这也是全国社工队伍的普遍现象。女性社工有其自身优势,但男性社工偏少,影响了部分从业男性社工的身份认同,使其形成了较大的社会压力,也不利于整个行业的成熟发展。从年龄结构来看,从业人员的年龄偏低,社会工作从业人员94%以上为80后,他们的实际工作经验较为缺乏。

从学历层次来看,调查发现,目前四川社工队伍学历层次偏低,亟待提升。对全省的抽样调查显示,目前四川省社工从业人员学历层次比较集中,90%属于本、专科,高层次学历人员明显不足。我们通过个别访谈发现,部分工作经历丰富的从业人员学历较低,曾有部分村(居)社工谈到,一些从事传统社会服务的一线社工基本上都不是科班出身。

从专业水平来看,问卷调查进一步显示,目前约有51.5%的社工从业人员并非社工专业出身，在校期间所学专业比较复杂，涵盖交通工程、水利水电、商务英语、法学、医学、金融、语言、工程、计算机、艺术、物业管理等专业，与社工专业关联度不大。由于非科班出身，加之专业训练上先天不足，后期的专业实务工作又难以介入，所从事的社工事务难免浮于表面，极大地影响了社会大众对社工的专业认可度及社工从业人员本身的个人成就感。

从持证情况来看，截至2016年10月，四川省全部社会工作者中，总体上持证人员较少（占全省社工从业人员的比例不足50%），获得中级社工师资格的仅有2058人（占全省社工从业人员的比例不足10%）。课题组在访谈中发现，在基层政府和事业单位、社区中的持证社工中，基本上都是非专业社工出身，虽然获取了社工职业资格证书，但专业实务能力缺乏。大部分政府机构的持证社工仍然以承担行政事务性工作为主，并不参与一线的社会服务。在个别偏远地区，持证上岗比例很低，从2016年巴中统计局公布的数据看，持证上岗的仅占当地社工从业人员的3‰。

从社工领域分布来看，专业社工领域分布不平衡。目前，省内专业社工的从业领域基本上以社区为主，而专业性较强的行业，如老年、医务、司法等偏少。

从地区分布来看，地区分布较不平衡。成都地区的持证社工占据了全省的"半壁江山"，2016年通过全国社会工作者职业水平考试的初级社工师4834人、中级社工师1091人，分别占据全省的57.9%、53.0%。

2. 社工机构人力资源管理比较粗放

由于社工机构发展水平不一，总体上，大部分社工机构处于初创生存阶段，尚未建立科学的人力资源管理制度，社工的人才评价激励体系、职业发展体系等与中组部、民政部等18部门联合颁发的《关于加强社会专业岗位开发与人才激励保障的意见》（民发〔2016〕

186号）中的政策要求与现实需求尚有差距。

从社工机构人力资源投入来看，社工机构管理层意识不够。课题组在调研中发现，有较大比例的社工机构处于生存初创阶段，机构管理者常常身兼数职，其工作重心放在从项目申报到实施和结项评估等方面，无暇顾及社工人力资源发展计划的制定与实施，或没有真正意识到人力资源发展的重要性，从而导致社工人力资源发展方面的工作有所缺失。

自身造血功能不足限制了人力资源投入。课题组通过访谈发现，大部分的社工机构造血功能不足，由于自身专业服务能力不足或其他门槛限制，被迫过度依赖政府购买服务，从而导致对人力资源投入明显不足，不具备划分专门的人力资源管理部门的条件，整体上说，科学的人力资源管理制度尚未建立，社工人力资源发展规划与顶层设计有所缺失。

从社工机构人力资源管理水平来看，部分社工机构意识到人力资源管理的重要性，也在实践中进行探索实践，但是在实际运作中，相关管理者的人力资源实务管理能力较为欠缺。

在"选"人环节，大多数机构的用人门槛低、标准不一，选聘手段简单、考察维度单一，"热情似乎高于一切"。

在"育"人环节，大多数机构对员工的实务培训、专业督导等缺乏支持及投入。

在"用"人环节，奖惩方式单一，绩效评估及考核方式不科学。调研发现，有72.7%的机构主要通过物质杠杆进行奖惩，有27.3%的员工指出，机构内部没有成文的绩效考核制度或制度不完善。

在"留"人环节，组织生涯管理体系未建立，缺少对员工生涯发展的引导与教育。由于项目周期较短，员工的稳定性及未来发展预期受到较大冲击，有33.3%的机构员工表示担忧就业前景。调查发现，机构员工对机构管理者在生涯辅导、制度保证及生涯信息提供方面有着强烈愿望。

3. 社会工作人力资源发展体系不健全

社工人力资源发展体系包括人才开发、人才评价、人才激励、职业发展等内容，这也是四川省社工人力资源实践中较为薄弱的环节，需要加以拓展完善。

其一，社工人才开发体系不健全。由于社会工作人才的岗位开发力度不够，社工缺乏清晰的就业市场，没有对口的就业岗位，社工机构、公益性社会组织能够提供的社工岗位极其有限，导致社会工作专业毕业的学生难以找到合适的工作，社会工作者对其职业前景不够乐观，从而造成现有人才流失。调研发现，工青妇等群众团体的主要业务部门，未配备社会工作专门人才和设置社会工作专业岗位，相关职能部门基本上通过代管或托管方式对社工人才进行管理，其协调性、公益性、服务性不明显。民政部门——社工专业毕业生的最大雇主，每年也只招聘1%~2%的毕业生，而民办的公益性、慈善性社会团体及民办社会工作服务机构则因受政策限制而数量非常有限。

目前，社会服务还存在较多空白领域，街道、社区社工主要依托项目开展社区营造、老年服务、低保服务、社保服务、计生服务等项目，但在社区矫正、家庭关系发展辅导、危机干预、社会康复等多个方面还无法涉及，未能真正开展全方位的社会服务。

此外，人才引进涉及机构编制和财政经费等问题，因此仅靠民政部门的力量，无法为人才提供稳定的岗位和待遇，难以吸引受过良好专业教育的人才到社工岗位。同时，由于缺乏系统的社工体系，基层社工在职务晋升、工作交流等方面存在较大限制，社区基本上处于一个较封闭的循环系统，难以引进高层次人才。

其二，社工人才评价体系较为单一。目前社工人才评价体系较为单一，主要依托全国社会工作者职业水平考试进行等级认定，缺乏规范的社工岗位职业聘任制度，也没有针对各种岗位、专业人才的特殊的评价制度。目前机构内比较多的是通过员工完成项目的情况对员工进行绩效评估，在评估员工项目完成情况时，由于缺乏对项目达成度的科学指标，因此，难以评价服务效果；指标中也缺乏对社工价值理念、道德观、工作中的具体行为、人际交往状况等多方面的软指标的评估。在评估中未将主管考评、同事考评、自我考评与服务对象的评价结合起来。

对社会工作职业价值的评价存在偏差。社会工作职业定位不清，职能、职责相互交叉。受资金和人力资源不足的限制，多数机构都是管理层和一线员工之间分工不明，一个岗位的员工同时承担多项工作任务，这虽然节约了资源，但也在一定程度上影响了工作质量和员工专业化发展水平。调研发现，在四川省的大部分地市（州），专业社会工作者的职能与一般性社会服务工作没有差异，甚至停留在"发钱、发物、救人"模式。在很多基层社区，社会工作者基本上充当的是社区工作者角色，主要负责卫生管理、计划生育、社会保障等各方面工作，很多社工主要是负责迎接检查、填写表格等非专业性工作。这些岗位设置严重制约了专业社会工作的发展，让处于萌芽阶段的社会工作淹没在常规性的社区服务中，专业性迟迟得不到发展，社工的"价值实现"远远不够。

其三，社工人才职业发展体系不健全。社工职业水平认证体系不健全。目前，国家尚未推出高级社工师职业能力水平认证，即使部分地区开展了本土化督导人才培养，但由于名额有限，僧多粥少，职业发展空间受限。此外，未将持证社工人才纳入专业技术职务进行管理。

社工机构组织架构体系有缺陷。调研中发现，大部分社工机构的内部架构设计呈现扁平化特征，但由于配套激励体系不健全，员工职业发展通道较为狭窄，体系设计不具激励性。

社工岗位价值未有效开发。社会工作人才的岗位工作开发力度不够,社会工作岗位不足,已有的就业岗位也没有相关的职称序列和职业保障制度,"有专业无职业"或"有岗位无职业序列"现象突出,极大地制约了社会工作专业队伍的发展壮大。

其四,社工人力激励体系不健全。社工薪酬水平较低。近年来,全省采取经费补助的方式,不断加大财政投入力度,目前社工薪资虽已跟社工证书挂钩,但收入水平仍然较低,且没有医疗、养老等福利保障。从全省抽样调研来看,有87.1%的员工年平均工资低于60000元,略高于全省城镇单位就业人员年平均工资(为50466元),但低于公共管理、社会保障和社会组织从业人员年平均工资(为63704元)与技术服务业从业人员年平均工资(为78812元)。社工服务机构提高社工薪酬的能力十分有限,对各地民办社工服务机构来说,如果不能持续稳定获得政府的项目,则机构内社工的薪酬就会较低。在对其收入来源的调查中我们也发现,少数机构中并没有给员工缴纳五险一金,收入只有基本工资加绩效,如果没有项目就只有基本工资保底了。

社工职业保障不够。此外,绝大多数社区的社工人员没有编制,社区更多的是聘用人员,收入低且没有保障。因此他们对工作的认同度不高,流动性大。另外,政府购买社工服务经费没有合理考虑一线社工薪酬待遇、机构管理人员费用、办公场地、纳税额度、业务培训、服务研发及社工储备、社工辞工补偿等各项因素,目前的政府服务购买,还停留在"买物不买智"阶段,从而限定了人力成本支出,不利于人才的集聚和成长。

4. 社工专业教育不适应发展要求

目前,四川建立的社工人才培养体系还存在着诸多不足,特别是专业教育方面已然不能适应当下社工人力资源发展需要,亟待优化调整。

其一,专业教育体系不完善。

专业教育体系主要包括学历型教育与在职继续教育培训。目前,四川在社工专业师资队伍和专业建设、课程建设、教材建设等方面较为薄弱，限制了专业教育质量的提升。

一是师资队伍储备不足，整体上四川省社会学门类的师资力量储备与其他学科相比显得尤为薄弱，拥有高学历的专业师资较为缺乏，具备较强实务操作能力的师资更是紧缺，离结构合理、实务水平高、教学科研能力强的"双师型"[①]建设目标差距较大。二是学科建设相对滞后。目前四川省尚未有真正意义上的社会工作博士点，社会工作专业硕士点的培养任务仅由5家高校承担，这使得本土专业人才的培养后劲不足。三是人才培养过程需优化，未能有效聚焦职业能力，导致培养出来的人才只能成为通用社工而不是专门社工。四是教材建设较为薄弱，《四川省社会工作十年发展报告》显示，全省范围内只编了一本有关社会工作培训的教材。

其二，专业人才培养质量不高。

在专业人才培养中，比较偏重一般知识性教育和课堂讲授，对学生的专业能力培养缺乏实务方面的内容，缺乏有针对性的训练，学生的能力呈平面化状态。

一是理论与实践结合不够。社会工作属于实务性较强的学科，由于四川省高校在社工教师队伍的"双师型"建设上先天不足，社会工作专业人才的培养中"重理论、轻实践"现象突出，小组工作、个案工作等社会工作专业技能训练不充分，大多数社工专业毕业生的实务能力一般，工作技能都比较落后，在面对个性化、多样化、系统化服务需求时心有余而力不足。二是本土化不够。社会工作虽然是"舶来品"，但其也有着较为深厚的本土"根源"，西方社会工作的知识体系、理论原则、实务技能、价值观乃至专业伦理的简单传教必然遇到诸多阻力与困难，在国内落地生根需要经过一段较长时间的本土

---

① "双师型"指具备理论教学素质和实践教学素质的师资队伍。

化过程。因此,在专业人才的培养中不仅需要扎根巴蜀大地、尊重民俗民风,还需要注重挖掘本土文化中原有的"内在社工资源"。三是前瞻性不够。社会工作实务既要突出问题导向,也要有前瞻性引领。从全省范围看,目前四川省社会工作的理念较为落后,在专业人才培养上可借鉴港澳台等地的做法,以此推动四川省社会工作专业人才培养方法的发展。

5. 社工行业认知度与职业认同度较低

公众形象直接影响了行业的认知度,限制了人力资源的增量发展;而职业认同度直接影响了队伍的稳定性,造成了人力资源流动性较大,从而使得社工专业人才发展出现"存量不足、流量较大"的状况。

其一,社工公众形象未树立起来。

目前,社会工作形象还未深入民心,社会民众对社会工作认知度较低,将社会工作者简单等同于社会志愿者,甚至存在一定的抵触情绪,严重影响了社工人力资源的增量发展。一是专业的报考志愿人数不足。本科社会工作的生源较少,大部分是"服从志愿调剂"之后调剂过来的,对2016年四川××大学新生的调查发现,有58.9%的社会工作本科生的专业满意度介于一般满意与不满意之间;社会工作专业硕士的生源更是五花八门,且专业硕士培养期较短,较大地限制了专业人才的输出。二是从业意愿低。调查发现,"大部分社工专业毕业生未从事社工行业"现象尤为突出。

其二,社工从业人员对职业的自我认同度低。

目前,社工从业人员对社工发展的自我认同度较低,从业动机复杂,极大地影响了社工人才队伍的稳定性。从访谈得知,目前四川社工从业人员社工从业动机较为复杂,部分从业人员之所以涉足社工行业,是由于社工准入门槛较低,他们在就业压力下被迫无奈而做出的职业选择;也有部分从业人员,希望借助社工的红利政策寻求进入体制内的职业机会。从业人员工作年限较短，问卷调查显示，有87%以上的从业人员工作年限少于3年，可见社工人才流动非常频繁。

三 四川省社会工作人力资源发展的问题分析

20世纪90年代以来，我国社会工作作为一门专业学科迅猛发展。随着2006年社会工作者职业资格考试政策的出台，我国社会工作职业化进入快速推进阶段。2008年汶川地震和2013年芦山地震后，大量外来的社会工作专家、学者与专业人才涌入四川，推动了四川社会工作人力资源的发展。在快速推进社会工作发展的近十年间，四川社会工作人力资源发展取得了不菲的成绩，但也存在着社会地位较低、薪酬激励不足、职业稳定性较差等方方面面的问题，这可以概括为受职业评价、薪酬激励、社会竞争力和管理体制等方面影响。

（一）社会工作人力资源发展中的职业评价问题分析

里士满1917年出版标志社会工作专业化发展的《社会诊断》一书以来，社会工作在美国、英国和中国香港等国家和地区已经发展成为有自己的理论、伦理原则、专业化的组织和职业评价体系等较成熟的行业。社会工作的专业化和职业化程度已经非常高，与从事经济、教育、医疗等工作的人员一样，具有严格的职业评价体系。从发达国家和地区社会工作发展的历史来看，社会工作职业化水平的提高得益于社会工作者职业资格认证制度的建设。职业评价成为影响社会工作人力资源发展的关键因素。四川社会工作队伍的职业化和专业化水平较低主要是受政策和制度、行业发展状况、职业期待和社会认同等方面的影响。

1. 政策和制度对职业评价的影响

随着十六届六中全会"建设宏大的社会工作人才队伍"战略部

署的提出，从中央到地方都出台了一系列大力发展社会工作的政策。政策和制度规范社会工作行业、机构和从业者等的行为，为社会工作及社会工作人力资源的发展提供了坚实的保障，促进了其职业化、专业化的发展进程。以美国为例，从事社会工作的人员不仅要参加严格的执照考试以获得执业资格，还要获得社会工作的专业资格认证。整个过程由社会工作教育委员会（CSWE）、社会工作者协会（NASW）和社会工作理事会联盟（ASWB）三个社会工作专业组织负责，这也是美国社会工作高度专业化的标志。在中国香港，要以专业的社会工作者身份工作，必须按照社会工作者注册局所规定的法定程序依法进行注册，依照注册局的《注册社会工作者工作守则》严格约束自己的行为并接受监督管理。从课题组对四川省的调研情况来看，社会工作者职业资格认证制度采用国家统一的职业水平考试授证方式进行，获得资格证书者即可以从事社会工作，并无执照考试要求。另外，在实际工作中也存在着从事社会工作的人员既无社会工作职业资格证书，也无社会工作专业学历背景的现状。究其原因，主要是政策和制度效果不尽如人意、设计存在缺陷和实际运行中规范性不足等。

其一，政策和制度效果不尽如人意。

从目前我国出台的社会工作政策和建立的制度对社会工作职业评价的影响来看，虽然政府出台了一系列有关社会工作职业评价的政策并建立了相应的制度，如《社会工作者职业水平评价暂行规定》《助理社会工作师、社会工作师职业水平考试实施办法》等，但政策和制度的实施效果却不尽如人意。

一是国内社会工作发展有其不同于发达国家和地区的独特的政治、历史和文化背景，是自上而下的发展，虽然各级政府出台了各类政策并建立了相应的制度，但政策和制度发挥效力需要通过专业化和职业化的社会工作体系来（一类是由政府社工构成的政府社会工作体系，另一类是由民间社会工作团体、社区和民办机构中社工构成的非政府社会工作体系）来实现。目前，四川的政府、非政府社会工作体系都处于起步阶段。在政府部门及下属各社会工作机构（如养老院、儿童福利院）从事社会工作的人员无社会工作专业学历背景，也没有接受过社会工作专业系统的课程学习。只有较少工作人员经过短暂的社会工作师考试培训，获得了社会工作师职业资格证书，但实际工作中的专业化水平还亟待提高。另外，在非政府社会工作体系中同样存在着大量既无社会工作学历背景又无资格证书的社会工作从业人员。社会工作职业化和专业化水平较低，影响了社会工作相关政策和制度的落地。

二是由于四川各地政府对社会工作重视程度不同，对社会工作发展支持力度不一，形成了有些地方政府比较重视社会工作、对社会工作投入力度较大，社会工作专业化、职业化水平较高，多数地方政府不重视社会工作、投入力度较小，社会工作专业化、职业化水平较低的局面。课题组在个案调查中发现，四川成都锦江区政府十分重视社会工作，投入力度较大，不仅对政府部门及其下属机构从事社会工作的人员考取职业资格证书后给予经济补贴，对非政府体系中考取资格证书并在该区民政部门登记的从业人员也给予一次性经济补贴（800~1000元）。而在四川邛崃这一常住人口约62万人（2015年）的县级市，政府对社会工作不太重视，民政部门购买社会工作服务项目2016年的经费预算仅为20万元。而与该市相邻、经济发展水平接近的另一县级市，民政部门购买社会工作服务项目的经费投入为1000万元，并引入成都市区专业化水平较高的社会工作服务机构，以带动本地社会工作服务机构的发展。

其二，政策和制度设计存在缺陷。

从国际经验来看，专业化的资格证书制度和严格的执业考试（登记）制度是社会工作专业化和职业化发展的核心，美国就是具有专业化资格认证制度和严格的执业考试制度的典型代表之一。社会工作专业的毕业生首先要取得美国社会工作教育委员会（CSWE）承认的学士或硕士学位，并成为美国社会工作者协会（NASW）的会员。如要取得执业资格，仍要参加进一步考试，东部地区要参加东部的社工执业考试（ACSW），西部地区要考取西部的临床社工执业证照（LCSW），具体包括笔试、面试和资深同事的推荐等。

我国社会工作师资格认证制度根据《社会工作者职业水平评价暂行规定》《助理社会工作师、社会工作师职业水平考试实施办法》实行全国统一考试，考试等级分为助理社会工作师、社会工作师和高级社会工作师，其中高级社会工作师的评价办法并没有出台。在具体考试资格要求方面，对非社会工作专业背景的考生，做了需要从事社会工作相关年限的限制，如"对参与考试的最低学历要求是高中或中专"、"对取得其他专业学历，工作经验要求相应增加两年"等，但并没有对非专业背景的考生需要系统的社会工作课程学习和培训做出要求。通过职业水平考试获得了社会工作师资格证书后，注册（登记）制度采用自愿方式，并由民政局或委托相关机构执行，并无执业资格审查制度。

四川省的社会工作师资格认证制度沿用了全国标准，有资格考试制度和非强制的登记制度，无执业资格制度。课题组调查发现，四川各地政府部门或下属机构对持证社工人数有达到一定比例的要求，但并无对从事社会工作的人员都有资格证书的要求。另外，民办机构注册时对持证社工人数有要求，但对大部分工作人员没有要求。如四川省部分地区，机构注册时需要持证社工2名，具体机构工作人员是否社会工作专业毕业、是否持有社工师证书、是否参加过系统社会工作课程学习等并无要求，形成了机构中专业性人才较少、非专业人员从事社会工作占多数的局面。因此，四川乃至全国都应要求从事社会工作者，无论是在政府部门还是在民办机构中，都需要具有社会工作专业学历、参加职业资格考试并获得证书和执业资格许可证书。对已经从事多年社会工作又无专业学历背景者，要求其必须参加限制年限（1年或2年）的系统社会工作课程学习，并获得相应的学分之后，才能参加职业资格考试，并获得执业资格许可。

其三，政策和制度在实际运行中规范性不足。

国家对非营利性社会组织注册做出了规范性规定，社会工作机构的治理按照理事会、主任、项目经理（或部门经理）等层次结构进行，但现实并非如此。根据课题组的调研，四川大部分社工机构虽然有理事会，但理事会并不发挥实际作用，对机构的运作并不起到决策作用，只是应对注册所需的产物。理事会成员由机构负责人邀请有一定社会影响或学术影响的人士来担任，但并不参与社工机构的实际运行，理事会形同虚设。另外，课题组的调研还发现，政府部门和群团组织通过发包项目购买社工机构服务的时候，已经对购买项目所需要的资质，如社工师或心理咨询师人数等做出严格规定，但没有达到资质要求的社工机构一般会采取"变通"的方法，如向高校、其他机构以一次性付酬方式借用社工师、心理咨询师等资格证书，作为申报项目之用。这些购买项目中登记的社工师或心理咨询师根本不会参与社工机构的任何活动，他们甚至不知道这些机构在哪里，具体做什么。

其四，缺乏职业评价制度的研究。

社会工作要成为成熟的职业和行业，需要有自己的范畴、伦理和职业资格认证等职业评价体系。课题组的研究发现，在社会工作人力资源发展方面，大多数的研究关注国家或地方的政策法规和行政组织层面对社会工作人力资源发展的影响，对如何通过一套专业化的职业评价制度来提高国家或地方政策实施的质量，从而促进社会工作人力资源发展的研究少之又少。社会工作者协会作为社会工作者专业化的行业组织，其职能体现在制定相关政策，包括指导社会工作者专业成长与发展、提供社会工作行业规范和服务、开展社会工作者教育和再教育、促进行业交流和合作等方面，并担负监督考核社会工作者，如社会工作者职业资格考试和执业资格认证。但从四川的调研中我们发现，全省各地都成立了社会工作者协会并受当地民政部门的直接管理，如成都市社会工作者协会成立于2010年并由成都市民政局直接管理。这样导致社会工作者协会发展成为民政部门下属机构，更多职能是完成各地民政部门下达的工作任务，而对社会工作专业人才队伍的成长发展、教育和再教育研究较少。四川社会工作者协会可以打破地方民政部门各自管理、标准不一、水平参差不齐的局面，形成省民政厅主导管理，省级和各地建立协会，规范性、强制性的社会工作专业人才资格认证和执业制度、社会工作人才教育和再教育制度、行业交流和合作制度、社会工作人力资源发展研究制度等由各地民政部门具体执行的局面。

2. 行业发展状况对职业评价的影响

在发达国家和地区，社会工作行业已趋于完善，职业化、专业化程度高，社会工作已经成为维系社会健康运转的重要力量。我国社会工作专业学科发展始于20世纪90年代，而社会工作职业发展开始于21世纪，专业化走在职业化前面。社工行业的认知与探索时间尚短的局面，导致社会工作者的职业前景暗淡，提升空间小，收入微薄；社工人才流失严重；服务效益难以体现，社会认可度低；社工机构内部治理结构混乱，服务水平不高，公信力不强；社工行业组织在服务整个行业发展、规范行业秩序等方面的水平有待提高。

其一，专业化社会工作人才队伍没有形成。

从发达国家或地区的经验来看，专业化的社会工作队伍是社会工作发展的首要条件。美国确定了四个社会工作职业层次，一是获得学士学位的社会工作者，他们处于社会工作者职业体系的最底层，是高级社会工作者的助理，工作范围比较有限，主要从事资料收集、查阅等工作。二是获得硕士学位的社会工作者，他们是美国社会工作队伍的主要力量，独立承担具体的工作任务，并有较大的发展空间，可晋升为机构督导或项目主管，或承担行政管理工作。三是具有执照的临床社会工作者，需要拥有扎实的知识和丰富的实践经历，在职业体系中属于就业形式灵活的一个群体。他们主要向患有精神疾病的人群提供服务，可以独立开诊所，也可以服务于特定机构。但这类社工必须有政府颁发的执照，对于申请执照的条件，各州都有明确的规定。但一般说来，要求申请者必须取得硕士学位，并且在高级社工或心理医生的督导下参加过两年或3000小时的咨询实践。四是获得博士学位的社会工作者，主要从较高的层次对专业领域进行研究，拥有较高的社会地位。他们基本上是在大学或科研机构从事教学或研究工作的人员，也有很多人担任政府或其他组织的顾问，但很少会进入一线从事业务工作。

从课题组对四川的调研来看，政府或行业组织对从事社会工作的人员并没有严格的专业学历限制，只有对机构申请注册时有持证社工人数的限制，或机构在申请项目时有相关持证资质的人数限制，四川专业化、职责清晰的社工队伍并没有形成。一是就四川社工队伍的主要力量来看，主要是由大量的既无社会工作专业学历背景又无社工师职业资格证书的人员组成，和美国主要由具有社工专业硕士学位的人员组成差距较大。政府机构和非政府机构也并没有对这部分从业者严格规定必须取得专业资格的修业年限和课程学习时限等。二是有专业素养和技能的社工专业毕业生不愿意从事社会工作，社工人才队伍补给严重不足。课题组的调研数据显示，每1000名社工专业毕业生从事社会工作的仅有20~30名。三是四川社工机构的负责人、项目主管和管理者，也仅具有社工专业本科学历背景或持有社工师（相当于中级）资格证书，并没有达到硕士学历，专业水平亟待提高。四是临床社工还处于空白。在实际工作中，四川普通社工也从事临床社会工作，但专业性得不到保障。另外，机构社工与不同专业背景如心

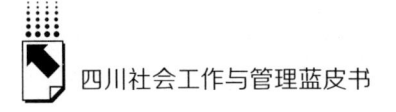

理医生、精神科大夫等的链接网络有待形成,只有这样才能弥补临床社工不足的缺憾。五是在四川各高校或研究单位从事社会工作研究的高学历队伍也还没有形成。

其二,社工机构同质化严重、服务水平低,阻碍职业评价。

西方发达国家的社工机构管理者由具有社工专业背景和丰富管理经验的人员担任。课题组在四川的调研发现,四川省的社工机构管理者缺乏管理社工机构的理念,这些社工机构管理者大部分是从一线社工做起来的,虽然具有社工专业背景并从事了2年以上或相对较长时间的社会工作,但他们缺乏管理机构的专业知识和经验。同时,由于社工机构管理者对社会工作人力资源管理的性质和特点认识不足,管理过程中基本上是套用企业人力资源管理、事业机关单位人事行政管理等做法。

另外,四川省的社工机构所提供的服务大多局限在社区营造、老年社会工作等领域,整个服务方式还停留在搞活动、造气氛和提供物质帮助等,服务层次和水平较低。社工机构主要关注的是承接政府购买服务项目,在招标项目中获胜并解决生存问题,对未来发展的专业定位没有太多的思考和准备。

其三,行业的自然发展进程被阻隔制约职业评价。

随着经济社会的转型与快速发展,人民群众对社会服务的需求数量增加,需求层次和结构也随之改变;社会矛盾和社会问题凸显,发展社会服务、创新社会治理和改善民生等任务更加繁重,而我国的社会工作发展还处在主要由政府主导的时期。党中央、国务院印发的40余个相关政策文件和中央有关部门出台的60余个规章,对青少年、老年人、农村留守人员、社区建设、社区矫正、防灾减灾等领域的社会工作做出了专门安排。2006年以来,我国培养了近50万名专业社工,开发了18万余个社工岗位,成立了4680余家民办社工服务机构,开展了160余个社工综合试点示范和260余个社工专项试点示范，社会工作加速发展。

从国际经验来看，社会工作在西方已经成为链接社会公众和社会政策之间的较好的桥梁，并能有效地将社会政策转化为社会行动落实到每个具体的社区和个人身上，在解决公众问题、化解社会矛盾等方面做出了巨大的贡献，已经得到公众和政府的认可，其发展进程是自下而上的、渐进的和遵循自然规律的。但我国社会工作主要是政府自上而下推动的，在加速社工行业发展的同时，也限制了职业发展的渐进性。四川社工行业的发展除了受到政府自上而下的主导之外，也受到 2008 年和 2013 年两次地震的意外推动，在专业化社会工作人才严重不足的时候，社会工作行业必须急剧突飞猛进发展，但行业本身的专业性水平被制约，影响了社会工作人力资源专业性评价。从课题组对四川地震重灾区雅安的调研来看，由于得到了国家近 1 亿元的发展社会工作的地震专项资金，而资金花费有一定的时间限制，当地政府就通过大量购买服务项目等方式发展本地社会工作，但由于当地社会工作机构和社工都极少，为了申请政府项目，当地就放宽社工机构注册要求，由注册需要持证社工 5 名减少到 1~2 名，注册资金由 2 万~3 万元降到 3000 元，因而导致社工机构数量急剧增加，但水平极低，行业秩序混乱。

其四，行业组织机构的专业性角色不明晰阻碍职业评价。

我国社会工作行业组织机构的专业性角色主要体现在他们的核心职责方面，一是面向社会提供行业规范和专业服务，二是提高社会工作从业人员的职业素养和专业服务水平。课题组调研发现，四川社会工作行业组织机构的核心职责不明晰，更多的是从事具体社会工作和承接政府购买服务项目，因而严重制约了社会工作专业化和职业化发展。

首先，课题组对四川的调研发现，由于社会工作行业组织的发展主要由政府职能部门主导，在领导层的构成和运行机制上，表现出科层式的管理，具有浓厚的行政色彩；在协调与社工机构、社工人员等

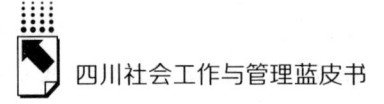

工作时，采用行政命令，因而专业权威性受到质疑，这势必影响对社会工作人力资源发展的职业评价。

其次，行业组织对自己的角色定位不清晰，总在政府的助手和社工机构及社工的服务者、支持者之间摇摆。如成都各行政区也都有自己的社工协会，但这些社工协会主要接受各区民政局的管理，承接民政局的项目，根据民政局的安排组织本区社工机构或社工会议等，主要职能还是政府传达社会工作指示或精神的助手，并没有把自己定位为社工机构和社工专业化、职业化的服务者和支持者。

最后，从行业组织经费来源来看，渠道单一，发展后劲明显不足。四川社工行业组织的经费来源主要是政府拨款和政府购买社会工作服务。在承接政府购买社会工作服务项目时，也存在着和其他社会工作机构之间的竞争等，从而失去了自己在社会服务机构中的位置和公信力。

3. 职业期待对职业评价的影响

职业期待是劳动者对自己从事某项职业的主观态度倾向，主要表现为对所从事职业的正向或负向评价，如喜欢、厌恶等。社会工作的职业化和专业化是其成功立足于社会的必要条件。我国社会工作教育从20世纪90年代至今已经获得了极大的发展，但作为职业发展在21世纪才开始。从国际经验来看，社会工作要发展必须先谋求自身的职业地位，在职业地位得到社会认可后，社会工作才有可能使自己成为一个专业领域，并在社会环境的变化中不断发展自己的理论、方法等，从而提升自己的专业地位，借此增强和巩固自己的职业地位。课题组对四川的调研发现，政府、社会公众和社会工作专业毕业生等对社会工作职业期待不高，阻碍了社会工作的职业评价和发展。

其一，政府对社会工作职业期待不高，制约专业化的职业评价体系建立。

课题组对四川各地民政局的调研发现，在国家创新社会治理政策的推动下，各地政府对社会工作者在解决社会问题、冲突等方面所起作用的认识都有所提高，在购买社会工作服务的投入方面也有所增加。但由于整个行业水平不高及社会工作者队伍整体素质偏低，再加之目前政府行政管理制度如问责制等的完善，决策者怕出问题、担责任的心理，政府在决策投入购买社会工作服务的资金方面有所保留。政府对社工机构及社工能提供给社会公众的服务没有信心，也没有认识到四川省的社工机构及社工队伍的发展又是高度依赖政府购买服务的，政府购买服务投入的保留或不足，严重制约了社工机构和社工队伍的发展，甚至会影响到社工机构的生存。社工机构和社工队伍没有足够的成长空间，要获得较高的职业地位、形成良好的职业评价等同于无源之水、无本之木。

其二，社会工作专业性不足，社会公众对社工的职业期待不高。

社会工作的职业地位是在专业理论的指导下，通过专业化手段方法，科学合理地解决社会问题，缓解社会矛盾、冲突，为社会治理做出贡献后获得的。课题组对四川的调研发现，社工机构所从事的服务与工作更多局限在社区，如社区营造、老年服务等，也有从事青少年社会工作的，但主要在课外作业辅导，对家庭社会工作、学校社会工作、医院社会工作和社区矫正等方面几乎没有涉及。另外，课题组在调研中也发现，有些社工机构在处理个案过程中，由于专业水平不够，把本该转介给专业精神机构的个案当作家庭关系来处理。由于社会工作者解决社会问题的专业性不足，社会公众把社会工作者基本等同于社区居委会的"大妈"，社会公众对社会工作的职业期待不高，阻碍了对社会工作的职业化和专业化的评价。

其三，社会工作专业的毕业生专业对口工作的比例低，导致高校毕业生的职业期待低。

全国200多所高校每年培养约10000名社工专业人才，有10%~30%的毕业生选择了从事与专业对口的社会工作，而其他绝大多数毕业生则进了机关或企业等从事专业不对口的工作。课题组对四川的调研发现，四川各高校社会工作专业的毕业生，首选选择进入效益好的企业或机关，其余部分虽然进了设置了社工岗位的民政局、妇联、共青团等政府部门和群团组织，但其目的也不是为了从事社会工作，在实际工作中基本也不直接从事社会工作，主要是从事一些行政管理工作。只有很少部分实在找不到工作的社工专业毕业生才进入民办社工机构，直接从事社会工作。社会工作专业毕业生对社会工作的职业期待较低。

4. 社会认同对职业评价的影响

在美国等发达国家中每1000人中约有1名社会工作者，中国香港地区则是每340人中有1名社会工作者，政府、社会公众对社会工作和社会工作者的认同度较高。课题组对四川的调研发现，四川省各级政府、社会公众对社会工作和社会工作者的认同度都较低，这严重影响了社会工作的职业评价。

其一，政府对社工认同度低，制约社会工作职业评价。

政府和社工、社工机构之间的关系是矛盾共生关系。要解决社会问题、满足社会公众日益增长的社会服务需求，政府需要社工和社工机构，社工和社工机构的发展又有赖于政府的投入。课题组的调研发现，四川各地民政局、共青团、妇联等有大量工作需要专业化程度较高的社工机构和社工人员才能完成，但各地现有的社工机构和社工人员在专业性方面得不到政府的认同。一方面，确实因为有些机构和社工人员本身专业性不足导致了政府认同度较低；另一方面，由于政府购买服务项目的期限一般较短，大部分为1年左右，项目专业性效果还没发挥就要中断，而且项目从审批通过至经费到位所需的时间也较长，通常是年初申报，四五月份项目经费才到位，项目真正实施的时间往往不足半年，这也制约了社工人员专业性的发挥。无论是哪种原因，课题组的调研发现，政府虽然离不开社工人员、社工机构，但政府对社工人员、社工机构缺乏足够信任是制约职业评价的重要因素之一。

其二，社会公众对社会工作和社工不了解，影响职业评价。

课题组的调研发现，社会公众把社会工作看作居委会的工作，对社工机构和社工专业性的认同度较低，这阻碍了社会工作的专业化职业评价。课题组在对成都各区的社工机构和社工人员的调研中发现，虽然成都专业性社会工作机构和社工人员占四川社工机构和社工人员的绝大多数，但他们也主要在社区从事节假日氛围营造、青少年教育辅导、老年人文化娱乐活动等方面的社会工作，办公场地大部分都是居委会提供，并以社区居委会为主要工作平台。即使从事专业性的社会工作，也被社会公众认同为居委会的工作。再加之，他们工作内容本身的专业性区分度不够大，或社工机构和社工人员本身专业性不足，也导致了社会公众对社会工作者认可程度不高。有些社会公众对社会工作这个行业与社工职业根本不了解，把社工当作义工，并把社会工作等同于居委会工作。

其三，地方政府为完成行政任务，大多采取了有悖规则的方式方法，影响职业评价。

随着国家大力推进社会工作，各级地方政府为了完成行政命令，凸显政绩，有时会做出不符合实际需要、违背专业化和职业化发展要求的决策。课题组对四川的调研发现，有些行政部门为了在数量上达到在社会工作直接相关部门、与社会工作有联系的部门设置社工岗位的要求，直接把从事与社会工作相关的工作人员称为社会工作者，把自己管辖领域的岗位与社会工作岗位挂钩，以完成行政任务。在居委会持证社工名额方面，有些地方政府就要求居委会工作人员，无论是从事行政事务性工作，还是社会工作，都要考取社工职业资格证书，并以提供相应的经济奖励作为刺激，从而完成持证社工量的要求，因而忽略了社工质的发展。

其四，社会工作者队伍本身水平参差不齐，社会认同度低。

课题组对四川的调研发现，社会工作者队伍的构成主要有以下几类，第一类是有专业背景又有实践经验的专业人才，这部分人才相对较少，基本上是社工机构的负责人或骨干；第二类是有实务工作经验但没有资格认证或专业背景的人员；第三类是既无实务经验又无专业背景等的人员，其中后两类占社工队伍的大多数。大多数社工人员的专业性不足，导致了整个社工行业从业人员的素质较低，社会工作专业化提升十分困难，陷入了社工收入偏低，职业期待、社会认同度、职业评价都较低的恶性循环。

（二）社会工作人力资源薪酬激励问题分析

薪酬是影响社会工作人力资源发展的最基本因素之一。发达国家或地区，社工人员的薪酬处于中产阶层收入水平，高于与之相应的其他职业从业人员的平均水平。薪酬等级与对应的职业发展阶梯匹配，形成完善的薪酬等级体系。课题组对四川的调研发现，四川社会工作者的薪酬在平均水平、构成与等级等方面存在多种问题，影响了薪酬对社会工作人力资源激励作用的发挥，究其原因，这主要是受薪酬体系不健全、项目化运作、机构薪酬管理制度和行业发展状况等方面的影响。

1. 薪酬体系不健全对薪酬期待的影响

社会工作者薪酬体系是社会工作人力资源管理体系的重要组成部分，包含了薪酬的等级、构成和分配方式，对薪酬期待会产生极大的影响。我国经济较发达地区如深圳、上海、厦门、杭州等出台了社会工作者薪酬待遇指导标准，规定了社会工作者专业技术职位及相应的平均薪酬，并结合学历、岗位、业绩等多种指标，确定社工的薪酬及福利待遇，确保社工人员薪酬不低于同等条件的专业技术人员的薪酬水平。但四川社会工作者薪酬体系不健全，尚处于"大锅饭"阶段。

课题组的抽样调查发现，四川社工年平均工资60000元，略高于全省2016年城镇单位就业人员年平均工资（为63926元），低于全省2016年公共管理、社会保障和社会组织就业人员年平均工资（为63704元）与技术服务业从业人员的年平均工资（为78812元）。薪酬由项目工资决定，并没有形成包括岗位薪酬、绩效薪酬、奖金和福利等构成的薪酬体系。同时，薪酬等级及级差也没有统一的指导标准。

一是薪酬层级差距小，晋升动力减弱。由于薪酬层级间差距小，工作做多做少、做好做坏都对工资收入影响不大，因而晋升动力减弱。课题组对四川的调研发现，由于大部分社工机构的薪酬都和项目挂钩，完成项目才有薪酬，因此项目中专业人才和项目参与者的薪酬都是由完成项目数来决定，而不完全由专业水平决定的，所以社会工作从业人员的薪酬差距较小。

二是薪酬结构固化，薪酬期待减弱。薪酬构成不和业绩挂钩，而与项目评估挂钩，项目评估又以完成指标量作为标准，这导致社工服务以完成指标量为诉求开展工作，而不是以达到服务质量和服务效果来开展工作，薪酬被固化，期待减弱，薪酬物质激励作用消失。课题组的调研发现，四川省的社工机构大多数都高度依赖政府购买服务项目，项目结项主要看填写的结项表，而社工在服务中的专业性效果评估被弱化，甚至缺乏专业性评估指标，专业社工从事的工作和行政社工、事务社工之间并无有鉴别力的评价指标，各自工作价值没有量化标准，导致社工之间薪酬结构固化，每个月专业社工和行政社工的收入差距在200~400元，较大打击了专业社工的工作积极性，阻碍了社工专业性的发展。

三是薪酬体系不健全，薪酬市场竞争力弱。社工行业没有薪酬指导标准，社工薪酬水平和其他行业的专业技术人员薪酬水平之间没有可比性，这也减弱了社工人员薪酬市场竞争力，影响了社会工作的市场地位和职业认同度。民政部等12部门2016年出台的《关于加强社会工作专业岗位开发与人才激励保障的意见》明确提出,"要合理确定社会工作专业人才薪酬待遇。各地要根据经济社会发展和整体工资水平,制定并适时调整城乡社区、社会组织和企业的社会工作专业人才薪酬指导标准"。课题组的调研发现,四川并没有出台社会工作专业人才薪酬指导标准,从而导致社会工作专业人才薪酬整体水平低于全省其他专业技术服务业人员。

2. 项目化运作方式对社工薪酬稳定性的影响

发达国家或地区,社工机构的资金来源主要是政府财政拨款、基金会支持、慈善或各种捐赠、机构收费项目等,资金来源的多元化为社工薪酬提供了强有力的保障。只要服务具有足够的专业性,根本不会出现资金或薪酬问题。四川社工机构获取经费渠道狭窄,主要是政府给予的财政支持,除此之外几乎没有其他来源。但政府财政支持主要是通过购买服务项目来实现的,政府购买服务项目存在着诸多问题,在一定程度上影响了社工薪酬的稳定性。

一是政府在购买服务方面的立法缺陷。目前我国在政府购买社工服务问题上,可参照的法律仅有《中华人民共和国政府采购法》(以下简称《政府采购法》),四川虽然依据此法对政府购买社会工作服务做了规定,但是由于社会工作服务在服务使用、效果呈现等方面具有特殊性,而《政府采购法》的一般通用性,使其对社会工作服务的指导性较有限。如四川各地政府一般将购买服务项目的期限定为一年,政府每年投入的项目经费的变动性较大,存在着有些年份项目多、有些年份项目少等现象,这导致社工薪酬的不稳定性。

二是在政府购买服务项目中,也存在将购买社会工作服务当作一种政绩工程对待的情况。由于政府购买社会工作服务项目的短期化,在项目结项时政府和机构都只能通过可量化的指标呈现项目成果,关注服务带来的轰动性效应及覆盖面成为较有效的方式之一,社工专业服务的价值在项目中无法体现，从而使薪酬支付受到限制。课题组调研发现，四川各地政府购买服务的项目经费预算中，对投入物的预算所占比重较大，对社工智力服务的预算所占比重较小，甚至有些项目中社工智力服务的成本根本没有体现，社工薪酬的实现陷入困境。

三是缺乏对政府各部门购买社会工作服务项目的统一性管理。政府各部门，如民政等各自发包、验收项目，每年发布多少项目部门内部及部门之间缺乏长远规划和协作管理，因而出现同一地区各部门之间重复投入、验收标准不一的情况。课题组调研发现，四川社工机构在每年年初，都会投入大量的精力关注政府各部门、基金会等发布的项目，因为项目多少决定社工机构及社工的生存状况。

3. 机构薪酬管理制度对社工服务绩效的影响

薪酬管理制度是社工机构内部管理的重要制度之一，主要包括成立薪酬管理委员会，确定薪酬原则、薪酬结构、薪酬评定、发放办法、薪酬调整等，在发挥薪酬的激励作用、拓展员工职业上升通道方面起到积极作用。四川社工机构由于规模小、管理水平低下、薪酬来自项目等原因，对薪酬管理制度不重视，影响了社工人员积极性的发挥。

一是机构规模小，管理者薪酬发放工作比较简单，对制定规范的薪酬管理制度的认识不够。薪酬管理制度不仅仅用于薪酬发放和结算，更重要的是规范机构管理，从专门的薪酬管理委员会到薪酬发放时间和形式等薪酬政策都以制度化形式实施，能激励员工对机构的认同。课题组对四川的调研发现，规模在20人及以上的社工机构，其规模都是较大的，大部分社工机构规模都在几名或十几名员工，薪酬按照项目完成情况支付，薪酬构成主要由项目经费决定，构成也较简单。

二是机构管理者管理水平有限，制约科学合理的薪酬管理制度制定。机构管理者具有社会工作专业背景，但缺乏社会工作人力资源管理的背景，很难制定出科学合理的薪酬管理制度，从而制约了整个社工队伍的绩效发挥。薪酬是对员工工作表现的有形认可,能激励员工好行为的出现。但从课题组对四川的调研来看,大部分机构薪酬发放都是由项目经费来决定的,而项目除了完成专业性工作之外,还要完成大量的行政工作,如每日工作报告、结题报告、经费预算和决算等,专业工作和行政工作由谁完成、如何考核等并没有在实际薪酬发放中体现出来,完成项目之后项目主管和普通社工只体现出固定幅度的薪酬差异,如项目主管的项目薪酬为800元,普通社工项目薪酬是600元等,科学量化的薪酬管理制度并没有形成。

三是薪酬来自项目限制薪酬构成。社工人员的薪酬主要来自项目,没有项目就没有薪酬,完成项目给予项目薪酬,薪酬收入不固定,薪酬以完成项目数来确定,构成单一。课题组对四川的调研发现,在政府购买服务项目经费中,社工薪酬所占比例不到10%。按照政府购买服务每个项目10万~20万元计算,需要至少完成10个左右,没有项目就没有薪酬。学历、资历、业绩对薪酬贡献小,影响社会工作人力资源发展。

4. 行业发展状况对社工激励的影响

近十年来,我国社会工作取得了不小的成绩,服务领域从民政拓展到社会,发展区域从东部发达的上海、杭州等地扩展到了中西部地区,最初由民政等少数部门推动,现已经形成了多部门联动、广大干部群众关注支持的浓厚发展氛围,为社会工作进一步发展筑牢了基础,创造了良好条件,整个行业发展状况给社工发展注入了生机和活力,内生和外生激励同时发挥效力。从四川省的实际情况来看,其在社会工作人才激励的政策落地、专业社会工作服务领域、社会工作专业人才队伍等方面形成了对社工的激励机制,但也存在不足。

一是民政部等12部门出台的《关于加强社会工作专业岗位开发与人才激励保障的意见》(民发〔2016〕186号)提出,要通过薪酬待遇、表彰奖励、职业地位等保障工作激励社会工作专业人才发展。

课题组的调研发现，四川在社会工作专业人才的薪酬待遇、表彰奖励和职业地位的具体实施方面并没有形成相应的细则，社会工作专业人才激励的政策落地较差。

二是专业社会工作服务领域需要拓展。课题组调研发现，四川各地社区居委会已经认识到社会工作领域的复杂及多样，但缺乏专业社工人才来承接专业性服务。雅安市一社区居委会对刑满释放、强制戒毒期满回来的居民都有登记在册，也知道需要专业社工人才队伍对他们进行服务引导与管理，但该地能承接的专业化社工机构及社工都较少，因此也只能采用行政管理方式，如在规定时间到居委会签到等进行管理。根据四川实际状况，可以把社会工作服务领域拓展到禁毒戒毒、医疗卫生、防灾减灾等，这样更能获得社会对社会工作专业化的认可，也可以提高社会工作从业人员的专业化水平，但拓展专业社会工作者的经费来源、学习培养安排还亟待落实。

三是壮大社会工作专业人才队伍。课题组对四川的调研发现，四川可以依赖高校资源大力发展社工学历、学位教育，培养储备社会工作专业人才。持续进行社会工作分层分类培训，对党政机关、城乡社区、社会服务领域相关人员开展社会工作知识普及培训，对各领域实际从事社会工作服务、管理与督导人员开展社会工作能力培训，通过职业培训切实提升一批社会工作专业人才的能力。有序开展社会工作职业水平评价，协调开展高级社工师职业水平评价，规范社会工作者职业水平考试，推动形成初、中、高级相衔接的社会工作专业人才职业水平评价体系，通过考试切实转化一批社会工作专业人才，实现专业人才队伍梯度发展，提升社会工作专业人才的社会地位及社会认同度，激励更多人加入社工行业。

（三）职业竞争力对社会工作人力资源发展的影响

职业竞争力是影响社会工作人力资源发展的重要因素。衡量职业竞争力强弱的主要是专业水平、角色定位和职业地位三个维度。社会工作者专业水平是支撑其职业竞争力的核心与关键，角色定位是提升社会工作者职业竞争力的重要保证，职业地位的高低是社会工作者职业能力持续提升、社会竞争力不断提高的重要支撑。

1. 专业水平对社会工作人力资源发展竞争力的影响

从广义上看，社会工作从业人员的专业水平集中体现在知识水平、技能水平和职业经验的丰富度上，它是从业人员职业竞争力的重要体现和核心内容。课题组调研发现，四川社会工作人力资源社会竞争力不强与从业人员专业素质和社工队伍专业水平密切相关，集中表现在以下三方面。

其一，专业人才与经验人才未有效衔接，难以形成竞争合力。

目前，四川社会工作实际从业者包括两大类别五个部分，即经验人才和专业人才两大类，他们分别归属于政府及事业单位、社会工作服务机构、社区、行业协会和第三方评估机构五类机构的人才队伍。长期以来，受限于五类机构在工作模式、方法和任务目标上的差异，社会工作的经验人才和专业人才并未实现有效衔接，社会工作的职业化和专业化也未得到合理整合，专业属性未凸显，制约了社会工作人力资源竞争力的提升。如部分机关事业单位及基层机构中半行政性、半专业化的社会工作，其工作方法和价值观念与一般的社会工作有相同之处，但又不同于社会工作的专业知识和技能体系，长期维持该模式的运行，很难实现专业技能和竞争力的提升。

其二，从业人员学历、技能水平偏低削弱社会竞争力。

本课题调研结果显示，从学历上看，目前四川一线社会工作从业人员中，专科及以下学历占比达42%，硕士及以上学历不足5%，且所获学位接近60%分布在法学、医学、金融、会计、语言类、工程类、教育类、计算机、法律、艺术类等非社会（工作）学、心理学类专业。另外，从职业技能水平上看，四川中级及以上社工师仅占

2%，约有66%的一线从业者并未获得社会工作职业资格证书；在职业经验上，有88%的社会工作者工作年限在3年及以下，其中1年及以下的占到了40%。在精细化的社会分工和高度专业化的劳动力市场趋势下，相比社会其他行业和职业，社会工作从业人员的学历层次整体偏低、没有接受过长期系统性专业教育和培训的占多数，削弱了社会工作人力资源的职业化和综合竞争力。

其三，社会工作岗位吸引力有限、人才储备不足削弱行业竞争力。

经济发展水平、社会成熟度直接影响社会工作人力资源的市场需求。四川社会工作的发展契机源于2008年的灾后重建，其发展模式和发展路径有别于其他地区。作为西部省份，相比东南沿海省份的区位优势和政策优势，在中短期内，社会工作专业的应届毕业生，能够在四川找到的社会工作岗位和得到的工资待遇相对更少；从区位因素来看，北京、上海、广州和深圳等经济较发达、社会发展较成熟的大城市对其更具有吸引力；而在单位及职业属性的选择上，大多数社会工作专业的优秀毕业生会优选在薪酬福利和社会地位上更具竞争力的公务员岗位、研究生再深造、大型中央企业或国有企业，其次才是基层无编制的机构或其他公益性组织。专业教育是行业发展之本，应届优秀毕业生对本专业就业愿望和职业选择的弱化，直接影响社会工作专业人才储备，削弱了行业竞争力。

2. 角色定位对社会工作人力资源发展竞争力的影响

角色定位以角色分工为前提，受一定系统环境影响，是影响职业竞争力的内在因素，具有不可替代的特征。角色定位的清晰度是社会工作人力资源发展核心竞争力的重要支撑。角色定位的系统环境一般包括组织系统环境、体制系统环境、时间系统环境；不可替代性作为角色定位的显著特征，又可以分解为角色能力、角色权力和角色责任。如图1所示，角色定位受到内部环境和外部环境等一系列因素的制约，并通过心理感知和环境暗示对社会工作人力资源发展的职业竞争产生一定影响。从四川社会工作人力资源发现现状来看，其社会竞争力与角色定位的三大分解因素密切相关，集中体现在以下三个方面。

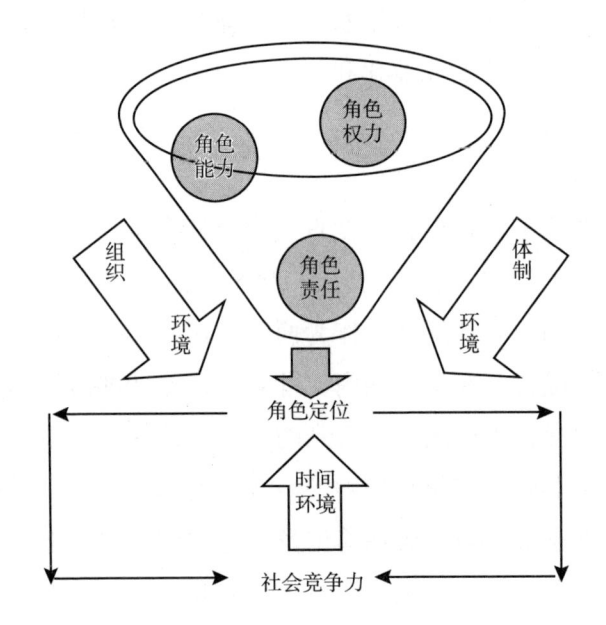

图1 角色定位对社会工作人力资源竞争力的影响

其一，岗位定位模糊影响角色权力和角色责任，有碍竞争力发挥。

从本课题大量的访谈案例来看，目前，四川社会工作专业岗位不明确、不充足，社会工作者角色定位模糊等现象普遍存在。在岗位职责和职业角色的定位上，大多数社会工作者并没有清晰的认识；而在实际工作中，社工多数时候又面临诸多琐碎、临时的工作，常常扮演多元化的角色，自我认知模糊，而且在不同的系统环境和情境中，需要面对差异化的服务对象，及时、灵活实现角色转换。尤其是在当前社会工作专业人才缺口明显存在的情况下，四川大多数社会工作仍然主要依靠基层政府公务员和社区工作者，这极大地制约了社会工作岗位权利和职责的明确，对专业人员竞争力的充分发挥是不利的。尤其是对社会工作专业应届毕业生而言，面对就业市场上定位模糊的岗位供给和职业需求，会出现职业选择困难的现象，从而不利于引导专业优秀人才长期从事该项工作，形成具有职业特征的核心竞争力。

其二，专业价值观和认同感不足影响角色能力，制约核心竞争力。

专业价值观和认同感的形成需要一个长期的、渐进的过程，其最集中的培育阶段是在社会工作专业学生的上学期间。课题组的调研结果显示，目前四川已经开设了社会工作专业的院校培养学制多在3~4年，本科和研究生的学生大多考虑调剂和升学的需要而选择了社会工作专业，自身专业归属感不强。这部分潜在从业者在接受专业价值观和认同感培育阶段，对社工的了解还较少，因为被动选择，其专业深度认知和学习的积极性同样受到影响，在社会普遍存在偏见和认知的情况下，多数仍将该工作视为和居委会工作人员、志愿者的工作一样是同性质的工作，认为其无明显的专业特性，加之行业准入门槛较低、薪酬待遇较低，从而不易形成对专业的理性认知，严重制约其核心竞争力的形成。

其三，实际角色与个体期望差距大，角色定位模糊，弱化专业竞争力。

期望理论表明，只有当人们预期到某一行为能给个人带来有吸引力的结果时，个人才会采取这一特定行为。然而，课题组对四川社会工作者的调查发现，受制于社会对本科毕业生或研究生角色的期望以及家人的期望，社会工作毕业生或实际从业者中同样存在对工作稳定性、社会声誉、工资薪酬及福利待遇的较高期望，一旦他们融入实际的琐碎工作中，以上各方面得不到较好地满足和改善，就会出现心理落差增大的情况，就会对自己实际扮演的角色和期望扮演的角色进行动态调整，因而长期的流动和职业波动不利于专业竞争力的增强。

3. 职业地位对社会工作人力资源发展竞争力的影响

职业地位的获得感，除了社会工作者的自我认同和内化外，更重要的是公众的认知和社会的认同。从调研情况来看，四川和全国一样，社会工作仍存在着公众认知度不高、社会关注度不够的现象，这严重制约着社会工作人力资源整体竞争力的提升。

一方面，在公众认知上，尽管四川的社会工作自2008年之后迅速发展起来，尤其是地震灾区的社会工作开展呈现独具四川特色的典型模式，但在大部分地区，社会公众还是对这一工作的内涵和服务内容模糊不清。基层对社会工作的宣传大多借助社区活动的开展进行，而长期举办活动的社区数量有限。在辖区范围内，无法形成利于社会工作开展的良好氛围和配套环境，致使多数社区居民对其关注不足、知晓不够。同时，目前四川大量的社会工作岗位主要依靠政府购买社会工作服务获得资金，仍处于初级阶段。试点地区有限，尚未实现普享，覆盖面小、专业水平低，因此公众大多对社会工作者的认同度不高，对社会工作专业认知不足，开展活动时常常对社会工作者产生防备心理，缺乏接纳，理解支持不足。

另一方面，在社会关注度上，课题组的调研结果显示，除灾后重建过程中社会工作发展较好的一些市区外，对社会工作及社会工作者的关注度，四川大部分地区都较低，社会工作及社会工作者并未得到社会的普遍重视。目前，尽管社会发展指标已纳入地方政府考察的范畴，但经济发展水平和财政收入仍在地方工作成绩的考察中占有很大比重。社会工作具有资金消耗大、风险高、成果不显性、长期性等特征，处于隐性地位，大多数地区对社会工作的市场需求也未能充分激活，导致这项工作远远滞后于经济社会的发展。主要体现在部分单位及社区对社会工作者开展服务活动缺乏必要的支持和配合；个别用人单位没有足够重视社工的专业性和职业性，把大量的精力放在行政工作上,造成社工"行政化";部分单位对社会工作漠不关心,未及时提供相应的资源支持,造成社工"边缘化"。因而,社会工作难以成为媒体关注的焦点,整个社会并未认识到加快社会工作建设步伐是政府转变职能、优化服务的有效途径,以致全社会关注社会工作的氛围不浓厚。

(四)管理体制影响社会工作人力资源发展

成熟高效的管理体制是推进社会工作事业蓬勃发展、促进社会工作人力资源管理工作有序开展的润滑剂。目前,受限于社会工作事业发展的初级阶段,四川社会工作人力资源管理体制仍存在一些问题,与现行多部门交叉的行业管理体制格局、行业整体发展水平、社会服务组织发展程度等因素密切相关。

1. 多部门交叉的行业管理体制和区域发展差异对社会工作人力资源发展的影响

社会工作是一项跨部门、跨行业、跨所有制的社会事业,系统性强,涉及面广,社会工作人员广泛分布在社会福利、社会救助、慈善事业、残障康复、优抚安置、社区建设、婚姻家庭、公共卫生、司法矫治、青少年服务、就业服务等领域,具有覆盖领域广、高度分散的特点。在实际工作的开展中,这一系列具体内容和各有侧重的工作落实到不同的职能部门或相关组织,容易形成多部门交叉的行业管理格局。一旦管理体制不能理顺,就会制约社会工作的有效开展,影响社会工作人力资源发展。

一方面,各管理部门间业务关系复杂而责任部门少,影响社会工作人力资源管理体系形成。由于社会工作性质及其任务的特殊性,其行业管理体制脉络繁多,各项管理工作的开展也关系到地方政府的多个部门和群团组织,如政府基层机构以及教育、医疗卫生、人社、司法、妇联、团委等职能部门。但目前社会工作的主要负责部门只有民政部门，而民政部门是整个政府职能部门的兜底部门，在开展社会工作方面并不能及时得到其他相关职能部门的协调配合，导致协调配合不够或支持力度不大。

另一方面，目前四川社会工作人才队伍建设领导机构和管理体系仍存在区域差异，影响社会工作人力资源管理各项工作的整体推进。从课题组的相关调研结果来看，四川部分区（县）在2009年以后陆续成立了"加强社会工作人才队伍建设推进社会工作领导小组"，该机构一般设在区（县）民政局，多由区（县）长任组长，分管民政的副区（县）长任副组长，全面负责该地区的社会工作。部分地方还成立了社会工作服务中心，作为隶属民政部门的事业编制机构，监管社会工作机构的运行，协调相关资源并负责政府购买项目的申报与运转。然而，在访谈的20个区（县）中，建立领导机构的比例仅占15%，这造成社会工作人力资源管理工作缺乏系统的运行机制，因而社会工作人才队伍建设力度仍待加大、四川社会工作人才队伍建设规划所确定的战略目标仍然面临艰巨的任务。

2. 行业水平对社会工作人力资源发展的影响

相比其他行业，目前社会工作行业发展水平仍然较低，社会工作人力资源管理工作更多停留在较低水平的人力资源管理上，并未有效结合社会工作行业特征开展工作，不利于行业水平的提升和管理工作的开展。

其一，行业发展资金紧缺影响社工人力资源管理水平的提升。

课题组的调研结果显示，四川社会工作发展的资金主要是民政部门提出申请，财政部门进行划拨。由于民政部门是政府的兜底部门，在政府各部门中的话语权偏弱，与财政部门在资金协调上会有不畅通的情况。政府购买服务未完全普及、政府财政资金支持力度不大，机构对政府资金依赖程度高，致使社会工作整个行业在市场上的生存能力缺乏。在课题组调研的区（县）中，仅有一个区（县）独立成立了社会工作发展基金会,实现了该地区社会工作机构的多模式多渠道筹资格局,但大部分地区仍然高度依赖政府资金,影响其社会工作人力资源管理水平的提升。同时,社会工作岗位人员编制的经费化,也影响行业的留人、育人。

其二,行业管理体制与评估机制不健全影响社工人力资源管理工作的开展。

目前,四川社会工作在行业管理与行业自律机制的建立上,仍然缺乏统一的职业标准和行业规范,短期性的机构行为广泛存在,未能对社会工作者的从业行为做出有效约束和管理,缺乏与行业管理机制并驾齐驱的评估机制。调查结果显示,目前四川大部分区(县)对社区居委会及部分社会工作机构的考核、激励完全来自街道办事处和政府各有关部门,形成了典型的政府主导或控制下的激励机制。由政府对社区居民委员会工作包括社会工作在内进行全方位考核,对社区居委会的工作形成了以行政指令为导向而不是社区服务需求为导向的政策引导。而第三方机构对社会工作机构的评估,受限于熟人社会的影响,很难产生基于行业自律的客观评价。

其三,行业发展不均衡影响社会工作人力资源管理的有效性。

目前,四川社会工作人员活动和工作分布的机构,政府直接举办的多、社会自主发育的少,城市地区多、农村地区少,不同区(县)之间、城乡之间差距较大。社会工作服务的主要领域还是民政司法系统和社区,其他领域深度展开的较少。不论是城市还是农村,都是典型示范村、社区的社会工作及社区活动开展得好,而大部分村庄和社区,即便有政府购买社会工作服务的情况,也在时间上具有断续性,未能实现长期的、可持续的发展,从而影响了社会工作人力资源管理的有效性。

3. 社会工作服务机构发展水平对社会工作人力资源管理的影响

四川大部分社会工作服务机构发展源于灾后重建,分别在2008

年和2013年获得长足发展并逐渐壮大。然而总体来看，不论是从机构数量、机构存续期，还是从运营模式、人员流动性及薪酬福利水平来看，四川社会工作服务机构的发展水平仍然较低，社会工作人力资源管理能力有限。

其一，社会工作服务机构数量有限致使人力资源管理基础薄弱。

课题组的调查结果显示，目前四川省登记社会工作服务机构272家，获得全国社会工作职业资格证书的从业者5117人。其中，成都经济区注册社会工作服务机构224家，持证社会工作从业者4170人。而在成都以外地区，在省级部门或本级部门登记注册的机构及持证社工明显偏少，数量严重不足。如课题调查所覆盖的其他市（州），川南经济区（泸州、内江、自贡、宜宾）持证社工521人、川东北经济区（广元）持证社工139人、川西北经济区（阿坝）持证社工19人、攀西经济区（凉山、攀枝花）持证社工268人。此外，上述地区还普遍存在社会服务机构数量有限，仅注册未真正运营的现象。

其二，社会工作服务机构运营模式创新不足制约人力资源管理工作的有效开展。

从调研的大部分地区来看，社会工作服务机构开展工作的模式主要沿袭内生式，对外来的先进经验和先进的工作发展理念吸收较少，从事服务的人员搭配以社会工作者、志愿者和社区服务者为主的模式进行。仅有部分区（县）的少量机构，由于地震灾情的突发性及地方社会工作发展的滞后性，发达地区社会工作者一夜之间大量涌入，由此带来了先进社会工作发展理念、资金和专业的社会工作服务人员，促使该地区的社会工作跨过了萌芽及探索期，直接进入了发展期，形成了嵌入式发展模式，这以都江堰市的部分机构为代表。但从全省情况来看，社会服务机构和专业社工机构创新不足，仍制约社工人力资源管理工作的有效开展。

其三，社会工作服务机构获得政策支持不足和社会关注有限使其人力资源管理工作遇瓶颈。

目前,四川部分区(县)对社会工作服务机构发展的长期规划不足、对相关政策的执行不力。课题组的调研结果显示,在抽样调查的地区,当地政府就社会工作发展出台的政策执行不力,社会服务组织并未完全获得实质性的政策利好。从出台的政策类型来看,其中有4个地区出台了关于社会工作机构及人才发展意见的文件,成都市锦江区制定了《社会工作服务的规范》和《社会工作建设意见》等一系列有关社会工作机构及人才发展激励的政策,并实施了"锦江区人才计划"。但大部分地方并未出台更加详细的、可操作的具体办法,社会服务组织的实际运行缺乏统一的政策惠及和实质的支持,从而使得人才激励等人力资源管理的具体工作陷入困境。

四 推进四川省社会工作人力资源发展的政策建议

社会工作人力资源不仅应包括已经获得职业资格认证的专业社会工作者,还应该包括那些潜在的或尚未获得认证的,但是以社会工作专业方法服务的社会工作服务人员。加强社会工作人力资源选、用、育、留[①]机制的管理与开发,推进四川省社会工作人力资源发展,要大力推进社会工作人力资源发展的制度建设、加强社会工作人力资源保障体系建设、优化社会工作人力资源激励体系建设、建立和培育社会工作人力资源社会治理体系。

---

① 社工人力资源选拔主要是指社工机构的社会工作人力资源规划和社会工作者潜能评价,即社会工作者、志愿者的招聘和甄选等。社工人力资源使用主要是指社工机构的社会工作者、志愿者的潜能评价系统、薪酬分配,以及对社工机构人力资源管理工作的评估,主要包括绩效考核、检查和评估等内容。社工人力资源培育主要是指社会工作者、志愿者的安置和培训工作以及职业化行为评价系统,主要针对社会工作者的知识、态度和技能而制定社会工作者培训计划。社工人力资源留是指通过制定激励机制、进行有效授权、建立高效能团队等方式留住人才,包括社会工作者的提拔和晋升、与社会工作者关系的建立、社会工作者职业生涯规划设计、薪酬管理机制建立等。

（一）大力推进社会工作人力资源发展的制度建设

制度建设是发展和保障社会工作人力资源的首要任务。本报告主要围绕社会工作人力资源的以下几个方面进行分析，具体包括：发展战略、评价制度、参与制度、分类系统、职级体系、配置机制。

1. 以社会发展需要为导向的社会工作人力资源发展战略

社会工作人力资源发展战略主要包括：社会工作人力资源发展总体战略目标确定、总体战略选择、业务战略规划制定和法律法规完善四个主要环节。总体战略目标就是确定四川省社会工作人力资源发展的总体目标。总体战略选择采用增长型人力资源发展战略。业务战略规划制定就是确定社会工作人力资源发展的主要任务和重点发展领域。法律法规完善既是促进社会工作专业化、职业化的基本保障，也是有利于社会工作人力资源获取、使用、培育、保留的基本要求。

第一，四川省社会工作人力资源发展的总体战略目标确定。根据经济社会发展和相关政策的要求①，应从人才总量、结构、能力、效能等方面，做好社会工作人力资源的供给预测和需求预测。结合党的十九大报告的论述，中国特色社会主义进入新时代，我国社会主要矛盾已经转化为人民日益增长的美好生活需要和不平衡不充分的发展之间的矛盾。在这样的时代背景和社会发展阶段下，制定本土化的社会工作人力资源发展的总体目标，意味着要将其建设成与四川本土经济社会发展和人民日益增长的美好生活需要相适应的高质量、高素质、优结构、有活力的专业化、职业化社会工作专业人才队伍。同时，逐步建立和健全与社会工作人力资源发展相匹配的政策和制度、法律和法规整体制度框架和体系。在更大范围、更广领域、更多群众中，将

---

① 包括《社会工作专业人才队伍建设中长期规划（2011~2020年）》《四川省社会工作专业人才队伍建设"十三五"规划》《四川省中长期人才发展规划纲要（2010~2020年）》等。

社会工作服务体系和社会工作人力资源向前推进。特别是在社会工作人力资源的培养与使用、评价与激励等人力资源运行模块中，营造出有利于社会工作开展和社会工作人才发展的适宜环境，逐步将四川建设成具有区位优势、专业优势、较强吸引力和本土特色的社会工作专业人才聚集地。

第二，四川省社会工作人力资源发展总体战略的选择。从国家层面来看，我国2010年6月首次提出"社会工作人才队伍建设"[1]，使人才队伍建设由原先的"五支队伍建设"变为"六支队伍建设"。并由此确定了国家层面的社会工作人才队伍发展目标。目标强调与社会主义和谐社会的适应性，强调人才的培养和岗位的开发，强调中高级人才的重点，以及社会工作人才队伍的专业化和职业化发展。2012年，又对培养社会工作人才队伍的职业化、专业化提出了更加具体的要求[2]。2013年11月党的十八届三中全会发布的《中共中央关于全面深化改革若干重大问题的决定》再次强调，加强社会建设"需要一支宏大的结构合理、素质优良的社会工作人才队伍"。2015年3月的全国"两会"报告中，又明确提出了发展和建设社会工作、社会工作人才队伍的要求。随即，2016年"支持专业社会工作、志愿服务和慈善事业发展"、2017年"促进专业社会工作、志愿服务发展"等具体要求被不断提出和强调。自十六届六中全会以来，社会工作发展从局部探索向全局发展过渡，社会工作专业价值得以显现。

从四川的实际来看，为进一步推动全省社会工作人力资源队伍在"十三五"时期的建设，四川省出台了《四川省"十三五"社会工作专业人才队伍建设规划》[3]。四川省人民群众对福利保障、社会服务

---

[1] 《国家中长期人才发展规划纲要（2010～2020年）》。
[2] 《社会工作专业人才队伍建设中长期规划（2011～2020年）》。
[3] 在《四川省"十三五"人才发展规划》和中组部等《关于加强社会工作专业人才队伍建设的意见》《社会工作专业人才队伍建设中长期规划（2011～2020年）》等基础上制定的。

等方面的美好生活需要的要求越来越高,这就对社会工作及高素质、专业化的社会工作人才队伍产生了较大诉求。社会工作在社会治理中的作用凸显,社会对医务社工、司法社工、老年社工、民族社工等的需求量非常大。基于以上的基本判断,本报告认为社会工作人力资源发展的总体战略应该选择增长型人力资源发展战略。因为这种战略通常是在有利的外部环境下或面临人力资源发展良好机遇时所采用的战略。社会工作人力资源战略的制定和选择,有利于利用外部经济发展带来的机会和挑战,有利于发展建设本土化的社会工作人力资源系统,有利于增强四川省社会工作的实力并提高效率,充分保证总体目标的顺利实现。

第三,四川省社会工作人力资源发展的业务战略规划的制定。四川省社会工作人力资源发展的业务战略规划的制定就是要确定重点领域和重大人才项目。根据2020年总体目标为5.5万人的社会工作专业人才队伍建设[①],四川省社会工作人力资源重点发展领域主要包括:社区社会工作,青少年事务社会工作,社会福利和社会救助、特殊人群服务、救灾领域等的社会工作。重大的社会工作人才工程项目是社会工作专业人才综合素质提升工程、民办社会工作服务机构能力建设工程、重点领域社会工作服务示范项目工程、"三社联动"推进工程、社会工作专业人才参与扶贫攻坚服务工程、社会工作人力资源的信息化建设工程等。

第四,四川省社会工作人力资源发展法律法规的完善。根据四川省社会工作人力资源发展的总体目标、发展战略和具体业务战略规划,补充和制定本土化的社会工作人力资源相关法律法规。从职业准入、职业评价、激励保障、职业发展等方面,根据所在服务领域和具体岗位特点,完善并建立整体性的法律体系。通过建立有利于社会工

---

① 四川省委组织部等4部门:《四川省社会工作专业人才队伍建设"十三五"规划》,2017。

作发展和保障社会工作人力资源队伍的法律法规，以制度为保障，推动开展专业的社会工作服务，并进一步明确社会工作的服务内容和标准、理顺社会工作的服务流程，确保社会工作人力资源队伍的可持续稳定发展。

2. 以职业价值分析为基础的社会工作人力资源评价制度

人力资源评价需要贯穿社会工作服务的整个过程。按照人力资源管理理论，对社会工作人力资源进行职业性评价制度的建设，主要包括人力资源的评价依据、评价机制、评价重点这几个方面的建设和明确。

第一，从建立本土化社会工作人力资源评价依据来看。

继党的十六届六中全会[①]明确提出"建设宏大的社会工作人才队伍"的战略决策后，2016年全国社会工作推进会议明确提出，社会工作人力资源的建设，需要依靠健全的社会工作专业人才职业评价体系来确定。按照人力资源管理的实践需求，对社会工作人力资源的评价应该紧紧围绕人才的选、用、育、留四个环节，即选聘、使用、培育和保留等关键环节进行。从制度建设出发，完善制度设计，加快制定相关的评价办法和建立评价体系。

其一，补充制定本土化社会工作岗位评价标准。凝聚行业和专家力量，坚持"人尽其才、才尽其用、人岗相配"的评价原则[②]，根据社会工作职业价值分析，贯彻落实人力资源和社会保障部、民政部制定的相关规定和办法[③]制定本土化社会工作岗位评价标准。评价标准主要包括社会工作的岗位评价基本原则、社会工作的行业准入评价标准、社会工作人力资源的职称职级的晋升和评价标准、社会工作服务

---

① 《中共中央关于构建社会主义和谐社会若干重大问题的决定》。
② 四川省委组织部等18部门：《关于加强社会工作专业人才队伍建设的实施意见》，2012。
③ 《社会工作者职业水平评价暂行规定》和《助理社会工作师、社会工作师职业水平考试实施办法》。

质量管理的评价标准与社会工作的行业自律评价标准等与岗位评价有关的各方面。

其二，完善本土化社会工作人力资源评价细则和具体实施方案。按照社会工作岗位的分类管理原则，围绕总体目标的实现，建立适合本土发展的社会工作人力资源的知识、素质和能力模型，并形成相应的标准和评价办法。逐步完善在各个领域中的社会工作分级评价体系模型[1]。研究制定省内各级层面的社会工作人力资源的职业评价细则、实施方案和与之相匹配的各项制度保障。评定细则和标准的制定，需要牢牢把握社会工作在不同服务领域、面对不同服务主体的岗位职责特点，进行有区别、有重点的评价标准设计。譬如，根据青少年社会工作的特点，对青少年事务中需要开展的社会工作服务内容、对参与提供服务的社会工作者应具备的基本素质和知识水平、对完成岗位服务内容的认定方式等进行更加细化的研究。

第二，从健全社会工作人力资源的评价机制来看。

社会工作人力资源的发展离不开评价机制的建设。改进和完善社会工作人力资源评价机制，重点在于保证评价在人才使用、管理中的有效性、参与性、独立性，使其能够围绕人才培养、使用和发展，客观和科学反映社会工作人力资源的真实能力和业绩。

其一，健全社会工作人力资源的评价考核指标体系。指标体系的设计要以职业道德和能力业绩为中心，科学反映评价机制的价值引导作用。具体而言，需要建立在聘用合同和岗位职责基础上，围绕满意度评价、职业道德、行为操守、专业知识和职业能力，构建社会工作各个层次的人力资源岗位评价指标[2]。指标体系的完善要以实际业务绩效的完成来体现其客观性，并需要充分考虑评价考核的程序公开、

---

[1] 中央组织部等19个部委和群团组织：《社会工作专业人才队伍建设中长期规划（2011~2020年）》，2012。

[2] 四川省委组织部等4部门：《四川省社会工作专业人才队伍建设"十三五"规划》，2017。

考核结果的及时和有效反馈等关键问题。落实好社会工作者对工作的知情权、参与权、选择权和监督权。

其二，健全社会工作人力资源的人才评价方法。针对社会工作不同领域的服务内容和特点，在建立评价标准的基础上，建立体现其道德、专业和职业水平的职称制度，优化人才的评价方法[①]。首先，需对评价工作进行优化，主要包括评价工作开展的法律法规及相关办法细则的制定和评价专家信息库的建立。其次，对评价手段进行优化，包括社会工作人力资源评价的基础理论、评价方法、评价的模型等具体方面的内容，以及评价信息系统的建立。

要充分借鉴优秀和先进的评价方法，利用有效的评估工具，确保评价工作的规范化和健康有序发展。并且通过常设的评价机构和非常设的临时的评价机构建立健全分工明确、活动规范的人才评价组织体系。

第三，从明确社会工作人力资源评价重点来看。

社会工作人力资源的评价制度建设，还必须特别关注建立和明确人力资源的评价重点。

其一，以评价制度的顶层设计为工作重点，将碎片化、标准不一的评价转化为符合国家和社会发展需要的、整体化的评价制度体系。要区别政府部门、事业单位和有关社会组织[②]，按其工作岗位和发展的不同阶段，进行合理引导，坚持公平、客观的原则，以对人才的保障和激励为评价重点。

其二，坚持评价原则。要以职业认同的提高、职级的划分和行业自律为基本原则，以社会工作人力资源职业道德、知识水平、专业能力、工作业绩为评价重点。根据社会工作人力资源的服务领域、所在

[①] 四川省委组织部等 18 部门：《关于加强社会工作专业人才队伍建设的实施意见》，2012。
[②] 中央组织部等 19 个部委和群团组织：《社会工作专业人才队伍建设中长期规划（2011～2020 年）》，2012。

单位的性质及相应的岗位胜任力的具体要求，分类形成有重点的评价指标体系。

3. 以准入标尺为依据的社会工作行业协会参与制度

行业协会在社会工作的发展及人力资源的评价过程中具有非常重要的作用。充分发挥行业协会在社会工作中的职业评价功能、实行行业协会主导的注册登记制度、完善社会工作专业领域准入制度，对社会工作人力资源的发展具有重要意义。

第一，发挥社会工作行业协会的职业评价功能。

从行业的长远发展来看，社会工作行业协会的参与，有利于促进政府职能的转化，有利于推进社会工作行业协会参与社会工作职业水平、职称评审过程。

其一，建立以行业特征为基础的规范化社会工作准入标准，推进社会工作职业水平资格评价市场化、行业化、规范化，发挥行业协会在社会工作人力资源发展中的专业引领作用。

其二，形成合理的行业治理结构。政府对社会工作行业协会的合法地位进行确认并让渡其评价职能，为行业协会的管理提供权威性的法理基础；政府将一些更加适合行业协会行使的部分权力让渡给行业协会，包括注册权、监管权、考核权等，建立起通过行业协会对社会工作者进行引导和规范的合法化通道。社会工作行业协会的职能、资产、人事、财务关系与政府部门脱钩，逐步建立起与社会发展相适应的行业自治和自律体系。

其三，建立社会工作行业规制，促进社会工作合理、有效、规范化地发展。利用行业规制，引导社会工作行业协会参与进来，主导社会工作人力资源的评价，并推动其他各项评价功能的实现。

第二，实行行业协会主导的注册登记制度。

坚持社会工作专业化、职业化的发展方向，积极推行社会工作人力资源的职业资格准入管理制度。

其一，负责注册登记的机构对所属的社会工作者进行职业规范、职业道德方面的监督，并且定期组织考核检查，评定社会工作者的业务能力，为社会工作者的晋升提供科学合理的依据。

其二，对取得社会工作者职业资格证书且从事社会工作的人员进行登记和管理，逐步实现从事社会工作的专业人才持证上岗率达到100%。对街道、城乡社区等基层社会工作机构从业人员，采取在职或脱产学习培训等方式，有计划、分层次地组织专门培训，使其尽快具备符合参加职业水平考试的基本条件，同时能够通过考试，获得与工作内容相匹配的职业资格。建立社会工作者注册登记档案，规范社会工作者的行为。对于工作单位、工作内容、职业水平等有变动的社会工作者，应及时变更注册内容，进行动态化管理。

其三，对于不合格的社会工作者，实行淘汰制度。对于履职不合格、群众反映不好的社会工作者，取消其资格，如有受到刑事处罚的、严重违反社会工作从业规范或职业操守的、在申请注册中弄虚作假的等，可以注销注册。各级政府部门要加强人才队伍的行业自律建设和伦理道德约束制度建设，严格实施社会工作人力资源的职业资格准入管理①。

第三，完善社会工作专业领域准入制度。

在四川省《关于加强青少年事务社会工作专业人才队伍建设的意见》《关于组织社会力量参与社区矫正工作的实施意见》，成都市《残疾人社会工作服务要求》《老年社会工作服务要求》等专业领域社会工作服务政策和标准的基础上，努力推进和探索四川省在社区建设、社会救助、青少年事务、救灾和老年社会工作领域的服务政策、准入规范和人才建设。

其一，针对不同社会工作服务领域，制定具体、专业的准入标准

---

① 四川省委组织部等18部门：《关于加强社会工作专业人才队伍建设的实施意见》，2012。

和制度。譬如医务社会工作，其需要具备较高的专业技术，因此需要建立以学历和知识水平为基础、具备很强的社会工作专业理念和专业能力的医务社会工作者准入制度。又如司法社会工作者，由于其不仅需要具备较强的社会工作专业技能，还需要具有较强的法律基础，因此需要建立以服务领域背景知识基本要求和社会工作者学历要求为基础的司法社会工作职业资格准入制度。

其二，将职业水平考试作为专业领域的准入门槛。将学历要求、知识水平、相关领域工作年限和是否持续参与社会工作的服务与交流等作为社会工作专业领域准入的基本要求。根据实际需要，对从事特定领域的社会工作人才进行专业教育、专业引导，以保持其专业水准。

其三，重视相关领域的社会工作者的职业伦理审查。严格按照《社会工作者保密要求》《社会工作服务效果评估规范》及其他专业领域的服务要求，对社会工作者服务过程中的职业伦理、服务规范等进行审查。

4. 以职业特征为坐标的社会工作人力资源分类系统

按照社会工作的服务主体和客体，进行社会工作的人力资源分类，建立社会工作人力资源服务主体和服务客体的分类系统，加强分类管理。

(1) 以服务主体为依据的分类系统。

社会工作的服务主体是指提供社会工作服务的人，即本报告中的社会工作人力资源。根据社会工作者所在岗位的特点、工作内容、工作强度，进行有区别的职业定位。这些在不同领域、不同部门从事社会工作的人员构成了社会工作人力资源的主体，其所承担的工作的复杂程度、专业要求不同，因此需要按照分类管理的原则进行统筹管理。

其一，按照社会工作服务主体的差异，根据社会工作者所在组织及岗位,将其分为:公务员岗位、社会保障或社会福利类事业单位从事社会工作服务的专业技术人员岗位、从事与社会保障或社会福利相关事务的群团组织和民间组织的相关岗位、社区居委会的工作岗位四类。公务员岗位的社会工作者主要负责社会工作政策研究工作,包括社会议题倡导、社会政策与立法、社会组织运营和管理;政府相关事业单位的社会工作岗位主要负责社会工作具体政策和行政管理工作;群团组织和民间组织的相关岗位开展专业领域的服务工作,对服务对象直接提供社会工作服务;社区居委会岗位主要负责社区社会工作的专业服务。

其二,按照社会工作岗位内容的差异,将其分为行政管理类社会工作岗位和专业技术类社会工作岗位。行政管理类社会工作岗位主要围绕社会工作的开展,提供社会工作的政策制度保障、基础环境保障和综合性、指导性、方向性的工作,体现岗位的服务、监督与控制职能,以统筹、协调者的身份参与社会工作。专业技术类社会工作岗位主要围绕社会工作的专业性服务和具体业务要求,直接提供符合所在领域要求的社会工作服务。

(2)以服务客体为依据的分类系统。

根据社会工作服务所在领域及服务客体的特点及其差异,可以分为高度专业化的社会工作人力资源和通用型的社会工作人力资源。

其一,将社会工作人力资源按照服务对象分为儿童、妇女、残疾人、老年人、青少年和矫正社会工作服务对象等。这类服务对象,在所在专业领域相似性强,服务对象相对单一,需要高度专业化的社会工作人力资源。

其二,将社会工作人力资源按照服务范围分为社区、家庭、优抚安置、学校和医务社会工作等。这类服务对象,主要按照其所在范围特点划分,但在服务范围中又有其多样的问题,服务对象相对复杂,需要高度专业化和通用型的社会工作人力资源。

其三，对不同领域、不同专业程度、不同复杂程度的社会工作进行分类划分，要充分考虑各服务对象和专业领域服务对象的特点、需求、问题、主要工作内容和主要方法，制定不同领域、不同岗位性质的人力资源分类管理制度。

5. 以岗位比较分析为依据的社会工作人力资源职级体系

以《关于民政事业单位岗位设置管理的指导意见》（以下简称《指导意见》）为基础，结合各地的具体实际，落实社会工作岗位设置和职级待遇政策、实现职业资格证书等级与专业技术职称的合理链接、建构符合管理需要的社会工作人力资源职级体系。

第一，落实社会工作岗位设置和职级待遇政策。

按照《指导意见》的要求，合理规范社会工作岗位的设置，以及相应的职级待遇。

其一，三类岗位的结构比例。由政府人事部门和民政事业单位确定三类岗位①的结构比例和控制标准：主要以专业技术提供公益性社会服务的民政事业单位，专业技术岗位一般不低于单位岗位总量的70%；主要承担社会事务管理职责的民政事业单位，管理岗位一般应占单位岗位总量的一半以上；主要承担技能操作维护、服务保障等职责的民政事业单位，应保证工勤技能岗位占主体，工勤技能岗位一般应占单位岗位总量的一半以上。社工机构岗位的结构比例可以参考这个标准。

其二，岗位等级设置。《指导意见》提出，管理岗位分为8个等级，专业技术岗位分为13个等级，工勤技能岗位（包括技术工岗位和普通工岗位，其中技术工岗位分为5个等级，普通工岗位不分等级）和特设岗位设置。其中，专业技术高级岗位分7个等级，即一

---

① 《关于民政事业单位岗位设置管理的指导意见》明确指出，民政事业单位岗位分为管理岗位、专业技术岗位和工勤技能岗位三种类别，同时指出，民政事业单位原则上以社会工作岗位为主体专业技术岗位。

至七级，高级专业技术职务中的正高级岗位包括一至四级，副高级岗位包括五至七级；中级岗位分3个等级，即八至十级；初级岗位分3个等级，即十一至十三级，其中十三级是员级岗位。对于社工机构岗位的岗位等级设置可以参考这个标准。

其三，专业技术岗位名称及岗位等级。中级专业技术岗位名称为社会工作师一级岗位、社会工作师二级岗位、社会工作师三级岗位，分别对应八至十级专业技术岗位；初级专业技术岗位名称为助理社会工作师一级岗位、助理社会工作师二级岗位，分别对应十一至十三级专业技术岗位。高级专业技术岗位名称待高级社会工作师评价具体办法出台后另行规定。

第二，实现职业资格证书等级与专业技术职称的合理链接。

各地要支持引导城乡社区以及相关事业单位、社会组织明确社会工作专业岗位等级，建立相应的社会工作职级体系。

其一，推动国家社会工作者水平评价类职业资格与相应系列专业技术职务评聘相衔接。通过考试取得国家社会工作者职业资格证书人员，用人单位可根据工作需要，聘用到相应级别专业技术职务上。聘用到高级专业技术岗位的，应具有高级社会工作师职业资格证书；聘用到中级专业技术岗位的，应具有社会工作师职业资格证书；聘用到初级专业技术岗位的，应具有助理社会工作师职业资格证书[①]。通过职业资格证书和专业技术职称的链接，开发各级各单位的岗位，不断拓宽社会工作专业人才的职业发展空间。

其二，加强对专业技术的审查。在建立职业水平证书与专业技术职称的衔接通道基础上，要以职业水平证书为基础，加强对社会工作专业技术的审查。根据相应的专业技术职务要求，进行相关的专业评审，建立与社会工作专业能力和工作成效相联系的制度体系。

---

① 民政部等12部门：《关于加强社会工作专业岗位开发与人才激励保障的意见》，2016。

第三，建构符合管理需要的社会工作人力资源职级体系。

构建经济社会发展和管理需要的社会工作人力资源职级体系，要区分开不同的领域和层次中的社会工作人力资源，利用科学的手段进行体制内和体制外职级体系的构建。

其一，针对体制内的职级，要按照国家和行业的相关职级的要求和规定，贯彻党管人才的思路，将社会工作的人力资源建设与党和政府的中心工作、主要任务结合起来。针对体制外的职级，要探索引入市场化的运作机制，在符合法律和相关规定的前提下，鼓励创新职级体系的建设。

其二，充分发挥行业协会在职级体系建立中的作用。以社会工作行业协会的自律建设为基础，规范由行业协会管理和指导的民办社会工作服务机构中的人力资源职级体系建设。通过行业协会的自律和管理，促进社会工作向专业化、职业化方向发展。

其三，探索建立更加灵活的补充职级体系。在现有三级职级[①]体系基础上，探索在民办社会工作服务机构中设置"员级"职级，要鼓励从事专业社会工作，但没有达到理论和实务均符合社会工作师职业水平，又不属于志愿者或者其他身份的社会工作从业人员，在身份认定的同时，向职业化、专业化的方向发展。

6. 建立因地制宜的社会工作人力资源配置机制

社会工作人力资源的需求体现在多个方面，当下我们应按照社会工作重点工程和重点领域制定人力资源配置方案，建立适应社会工作人力资源发展需要的分配激励机制，加大对民办社工机构人才队伍建设的支持力度。

第一，按照社会工作重点工程和重点领域制定人力资源配置方案。

---

① 助理社会工作师、社会工作师和高级社会工作师

继续落实社会工作专业人才参与脱贫攻坚服务工程，社区、社会组织、专业社会工作"三社联动"工程①等社会工作重点工程的相关政策。

其一，继续落实各项重点计划②。根据四川省社会工作人力资源发展的业务战略规划，加大对精准扶贫中的社会工作人力资源的配置力度。结合地区差异和地区发展需求，有针对性、有重点地引导社会工作均衡发展，同时为这些地区培养社会工作专业人才。

其二，根据四川省社会工作人力资源重点发展领域，从社会治理的要求出发，在社区社会工作、司法社会工作、矫治社会工作、老年和青少年社会工作等领域，要大力推进基层服务与管理平台的建设。着力培育社会工作的高层次人才，包括高级管理人才、专业和教育研究类人才，以及重点领域需要的人才③。

其三，结合四川省经济社会的发展和社会工作开展情况，加大力度推进重大社会工作人才工程项目。重点在扶贫、农村和民族社会工作等领域制定方案。针对社会需求和现实问题，将青少年社会工作中的留守儿童问题、校园欺凌问题等作为方案的重点关注问题。

第二，建立适应社会工作人力资源发展需要的分配激励机制。

有效的分配激励机制的建立，有利于稳定社会工作人力资源的数量和质量，有利于发展社会工作，有利于推动社会目标的实现。

其一，对于事业单位性质的社会工作岗位，应结合事业单位人事制度和工资制度改革，落实岗位绩效工资制度④。对于经济发展缓慢、社会问题突出的地区，要根据岗位的设置和配备情况，在民政、司法、

---

① 四川省委组织部等4部门：《四川省社会工作专业人才队伍建设"十三五"规划》，2017。
② 中央组织部等19个部委和群团组织：《社会工作专业人才队伍建设中长期规划（2011～2020年）》，2012。
③ 中央组织部等19个部委和群团组织：《社会工作专业人才队伍建设中长期规划（2011～2020年）》，2012。
④ 四川省委组织部等18部门：《关于加强社会工作专业人才队伍建设的实施意见》，2012。

青少年、老年、妇女等系统中，有重点地按照一定的岗位配比强制设置相应的社会工作岗位。按照当地急需的社会工作服务内容及缺口，建立鼓励社会工作专业人才发展和发挥作用的分配激励机制。同时，结合干部人事制度改革和乡镇机构改革，配备专门的社会工作力量。

其二，鼓励探索分配激励机制的创新。鼓励成立或合办民办社会工作服务机构，并给予机构中有突出贡献、考核优秀的社会工作者以相应的人才发展基金支持。将特别优秀、具有榜样示范作用的社会工作高层次专业人才纳入优秀人才库。各地民政部门负责人才发展基金的发放、使用监督、效果评估。

第三，加大对民办社工机构人才队伍建设的支持力度。

逐步加大对四川省内各地区民办社工机构的支持力度，特别是要加大对机构中有关人才队伍的建设、保留和发展的支持力度。

其一，针对四川省社工机构发展不平衡的问题，加大对省内其他市（州）社工机构发展的支持力度。从政策保障和财政方面进行平衡，给予充分的支持；重点关注和支持机构中社会工作人力资源的选、用、育、留；鼓励和引导机构要加大对社会工作准专业人力资源重视程度，探索与各地高校开展产学研和督导实训方面的深度、长期合作；继续增加对在岗专业人才的知识和技能培训、增加专业督导和交流研讨的频率，并提高质量。

其二，加大对发展比较困难但又是社会需求比较强烈的领域社工机构的支持力度。譬如，对扶贫社会工作、老年社会工作、民族社会工作、司法社会工作等的支持力度。在贯彻落实各项脱贫攻坚服务工程的基础上，结合四川实际，进行有针对性、有重点的引导和支持。

（二）加强社会工作人力资源保障体系建设

本报告认为社会工作人力资源职业保障体系由经费多元供给机制、多样性职业教育培训机制、职位晋升机制、互动性区域轮岗流动机制、社会保障机制、职业准入和职业规范法律保障性机制构成。

1. 以激发不同主体积极性为核心的经费多元供给机制

激发社会工作人力资源的积极性，不仅要提高其地位和薪酬，而且要对其进行多元化的投入，还要建立起政府购买和社会资金双重投入的经费保障机制。

第一，不断提升社会工作人力资源的地位和薪酬。

薪酬保障是所有职业和岗位的首要保障内容。对于社会工作人力资源的保障，仍然需从薪酬保障做起。但同时，随着人们对美好生活的追求，对于职业身份地位的保障，又成了一个新的重要保障关注点。

其一，地位。地位是包含了社会工作从业者在进行职业选择时，考虑的长远性因素。在人们日益增长的美好生活需求下，职业地位从某种程度上看，甚至超过了绝对薪酬带来的影响。因此，必须探索和创新社会工作职业化和专业化的发展路径，并形成具体的制度安排[1]，只有这样才能发挥职业对人才的吸引，利用专业化地位优势，保障社会工作人力资源的建设。

其二，薪酬。薪酬是社会工作人力资源保障的最基本内容。新时代背景下，需要在确保地位保障的同时，进一步探索和完善薪酬管理制度，以薪酬保障优势吸纳更多的高素质人才，建设更加优质、更加稳定的人才队伍。薪酬保障机制的建立以薪酬激励体系、补贴激励和

---

[1] 具体包括：在机关、事业单位从事专业社会工作服务的专职社会工作人力资源，鼓励参照相关行业的专业技术职称，助理社会工作师、社会工作师、高级社会工作师分别享受相应职称的待遇；在社区、公益慈善类社会组织、民办非企业单位工作的社会工作专业人才，按照不低于同级社区工作专业人员的标准，合理确定工资待遇水平；重视社会工作人力资源的社会保障问题，按照国家有关规定完善社会保险及住房公积金制度；建立和完善奖励表彰制度，各地探索将社会工作从业人员纳入表彰范畴，将社会工作专业人才纳入享受国务院政府特殊津贴和有关表彰奖励人员范围；综合运用物质激励和精神激励方式对社会工作人力资源和社会工作机构开展多种形式的表彰奖励活动，对有突出贡献的机构和个人给予表彰，评选优秀社会工作者、优秀民办社会工作服务机构等。

长效建设为重点①，结合社会工作人力资源的工作考评结果，对符合任职资格条件的从业人员发放职业资格证考取补贴、适当生活补贴等，鼓励各单位根据财力适当提高津贴标准和基本待遇；建立和完善以绩效为导向的民办社会工作服务机构人力资源的薪酬福利待遇相关制度，充分考虑民办社会工作服务机构人力资源职业资格、工作能力、职业发展和所在地区基本生活水平，明确薪酬构成、加薪途径，动态固化薪酬制度，督促民办社会工作服务机构，特别是小型、微型机构完善薪酬体系。

第二，对社会工作人力资源进行多元化的投入。

充分发挥各项专项基金和市场化运作的多元化投入方式的作用，加强政府对保障的引导作用，市场对投入的杠杆作用，逐步建立政府、企业和社会在内的多元化投入机制。

其一，充分利用人才专项基金并发挥其指挥棒作用。就目前而言，政府财政支持仍然是社会工作的主要经费来源。因而社会工作人力资源的建设和保障，也需要充分利用、落实各类人才项目，健全人才投入机制。同时，对投入的人才专项基金的支出结构、使用范围、投入力度要进行有重点的规划，以提高资金的瞄准率和使用效率。政府主导的人才投入经费需要将在岗社会工作人力资源，以及正在接受教育、培训的准社会工作人力资源纳入统筹培养和支持的范畴，想尽一切办法完善税收和生活方面的支持政策，落实国家的高层次人才各项优惠政策②。特别是在对本土经济社会发展相关的重点领域和重大工程项目中，需要加大政策和人才投资力度。

其二，积极拓宽社会融资渠道，鼓励、支持和引导社会资金投

---

① 具体包括：对专职社会工作人力资源的补贴激励制度；建立健全社会工作专业人才薪酬激励体系，推动建立一线社工津补贴制度，吸引优秀社工人才到一线开展服务，构建社工专业人才队伍建设长效机制等。

② 中共中央办公厅：《关于深化人才发展体制机制改革的意见》，2016。

入，形成多元化的投入机制。创新投入模式，充分发挥市场在社会经济发展中的优势作用，引入竞争机制，完善相关的法律保障制度、效果评价制度、政社合作等制度体系。鼓励和支持各级社会组织建立人才发展基金，对人才吸引和发展提供补充性、稳定和充足的经费支持[1]。引导企业、社区、社会组织将更多的资源投入社会工作和社会服务领域。对新登记成立且活动正常开展一年以上的要给予适当资金奖励，加大扶持力度。

其三，创新资本和技术对人才的支持方式。引导天使投资等基金参与社会工作，鼓励金融机构创新开发与社会工作结合的产品和服务，形成财政资金、社会资金等共同参与的多元化投入机制[2]。通过政府购买方式，以适当周期、适度规模项目吸引从业人员，促成"项目培育组织、培育人才"的重要路径依托，对可由社会组织承接的行业管理与协调职能、社会事务管理与公共服务职能、市场监督等职能，通过政府购买服务等方式，有重点、分步骤地转移给有能力承接的社会组织，所需资金纳入年度部门预算。

第三，形成政府购买和社会资金双重投入的经费保障机制。

健全政府购买服务的机制，鼓励和引导社会资金对社会工作进行投入。

其一，拓宽资金来源渠道，加大资金保障力度。强化政府投入的主体作用，加大政府财政投入和吸纳社会资金的双重力度。根据地区经济社会发展需求和差异，研究确定政府购买社会工作的投入范围和投入力度。适当调整投入结构，增加教育培训类投入，以确保人才在培养上的职业性和专业性，从而有利于行业的准入标准建设；增加对社会工作人力资源本身的投入，以稳定人才队伍，从而有利于逐步将社会工

---

[1] 中央组织部等19个部委和群团组织:《社会工作专业人才队伍建设中长期规划（2011~2020年）》，2012。

[2] 四川省委组织部等4部门:《四川省社会工作专业人才队伍建设"十三五"规划》，2017。

作推向更高的发展阶段。适当倾斜扶持政策，吸引社会组织参与到社会管理和公共服务的一些项目中来，并给予机构以税收优惠等支持。

其二，创新公益创投模式，引导社会资金投入。利用政策优势吸引和引导民间资金参与到社会工作建设中来。民办社会工作服务机构可将政府购买服务与社会化筹资（企业捐助等）等相结合的筹资模式作为机构持续资金的来源，必要时可设立董事会、监事会对资金运作进行监督管理。建立各种形式的公益性社会工作发展基金，推动社会工作服务理念升级，创新社会管理。结合本地实际并参照、借鉴我国社会工作发达地区的模式和经验，开展"公益创投"项目，鼓励企业和社会力量加入到社会工作服务行业中来，促进本土化社会工作的规范管理和服务升级。

第四，鼓励民办社会工作服务机构增强自我造血能力。

在依靠政府购买和社会资金支持的同时，民办社会工作服务机构还要积极拓展各种渠道、努力增强自我造血功能，以促进机构生存和发展，稳定社会工作人力资源队伍为目标。

其一，以开发自身的专业化服务能力为基础，民办社工机构要根据社会发展和机构所处环境探索一些有利于解决社会问题、满足社会需要的增值类服务。比如利用服务领域的社会工作专业知识提供一些能进行适当收费的咨询、培训和辅导类项目。以社区社会工作为例，可以面向个人、家庭和社会，在符合相关要求的前提下，开展心理咨询类、家庭婚姻辅导、企业员工支持等服务。通过提供服务，拓展机构的服务范围，增加机构收入和经费支持，促进机构和机构内成员的成长和发展。

其二，民办社会工作服务机构自身要努力获得各项社会资金的支持，包括企业支持、社会支持、基金会支持等。逐步发展成不以政府购买项目作为机构的唯一经费来源。逐渐建立长期、稳定的经费来源，从而将机构管理重心转移到专业化的服务中来。

2. 以激发社工主体原动力的多样性职业教育培训机制

社会工作人力资源的教育培训对工作动力的激发具有重要意义，

建立和优化教育培训体系、建立和完善职业教育培训制度、丰富教育培训形式，有助于多样性的职业教育培训机制的建立。

第一，建立和优化社会工作人力资源教育培训体系。

社会工作人力资源的开发离不开配套的教育培训体系建设。教育培训体系不仅保障人才在知识、技能和经验上的不断积累，也有利于人才的职业生涯规划、职业认同，有助于稳定人才队伍，从而对社会工作的发展起着至关重要的作用。

其一，进行教育培训总体设计。总体设计要根据社会工作不同服务领域、不同岗位、不同层级的特点进行分层、分类设计[①]。培训内容要依据各个模块中参加培训对象的角色和需要达到的培训目标进行设计，但都需满足符合社会工作实务过程、符合受培训对象的知识和经验水平、符合当地政策法规和发展需要等的要求。对涉及社会管理和公共服务工作的党政部门、群团组织领导干部，要有针对性地进行社会工作专业知识的培训。对直接从事基层社会服务的相关人员，要有计划地组织研修学习、专题研讨等活动，使其尽快成长为社会工作领域的高层次人才。培训内容要立足本土，形成以实务技能为主体，理论知识和专业伦理为两翼，以相关法规为补充的重点培训内容，特别要加强沟通能力、心理适应能力和应急能力方面的培训，注重培训内容的针对性和实用性。

其二，拓宽培训渠道，扩大对外交流与合作。切实加强骨干培养，支持学习借鉴国外社会工作先进经验，进一步开阔视野，提高水平[②]。通过督导培训（工作理念、方案设计、活动开展技巧）、进修深造、出国培训、交流合作等多种途径开展培训以提升服务理念、完

---

① 具体包括：政府公务员岗位系统培训、社会组织管理人才培训、社会工作督导人才培训、社会工作服务项目负责人培训、一线资深社会工作人力资源培训、一线初级社会工作人力资源培训、新入职社会工作人力资源培训。
② 四川省委组织部等18部门：《关于加强社会工作专业人才队伍建设的实施意见》，2012。

善服务制度、拓展服务内容、扩大服务对象、促进服务手法多样化。鼓励不同领域专业技术人员参与社会工作,接受社会工作专业教育培训,以达到构建高层次、复合型社会工作人力资源的培养目标。

第二,建立和完善社会工作人力资源职业教育培训制度。

加大社会工作培训师资队伍建设力度,打造一支专兼职结合、理论与实务水平较高的培训师资队伍。针对在岗社会工作者,开展长期性职业教育培训。落实专业技术人才知识更新工程[①]、社会工作专业人才综合素质提升工程[②],将职业教育培训作为人才队伍稳定和福利制度建设的基础。

其一,积极探索社会工作校地合作培训培养模式,加强社会工作培训基地建设。依托高校及各类机构的培训资源,建立起长效培训基地、培训师资队伍和相应的培训物质保障。依托高校的智力资源,建立高校教师和相关专家组成的社会工作人力资源培训师队伍。在高校的学科建设中,通过专业课程与社会工作实务的结合,探索稳定的校地合作模式,既为社会工作人力资源提供入校再造的机会,也为在校社会工作专业学生提供实践交流与学习的机会。建立学费补偿机制,鼓励在岗社会工作人员参加学历晋升学习。

其二,制定实际操作性强、培训效果明显的职业培训方案。培训方案的设计要体现时间的长短、培训内容的基础和重点、培训达成的主要目标和培训的评价与反馈。现阶段的职业教育培训,并没有及时对培训效果进行反馈,以至于呈现有培训却收效甚微的状态。加强对培训效果的评价,有助于检验培训的有效性,有助于让受培训的社会工作者理解培训、理解岗位,树立正确的服务理念。

其三,完善和制定社会工作督导制度,以及建立一批优秀的社

[①] 中共中央、国务院:《国家中长期人才发展规划纲要(2010~2020年)》,2010。
[②] 四川省委组织部等4部门:《四川省社会工作专业人才队伍建设"十三五"规划》,2017。

工作督导员队伍。社会工作督导对于职业教育培训有很大的帮助，他们不仅可以提供工作经验和技能方面的及时指导，还可以对社会工作者在从业中面临的问题和困惑进行精神疏导和陪伴。现阶段很多机构还没有建立起完善的督导制度，有的机构甚至没有合适的督导。督导制度的制定和完善有利于建立督导员队伍，督导员队伍的建立有利于更好地完成社会工作人力资源的职业培训目标。

第三，完善社会工作人力资源继续教育制度。

现阶段的社会工作从业人员学历水平和专业水平还有待提高，其中一个重要的方面就是要通过完善继续教育制度，促进人才队伍的良性发展，逐步形成健全的社会工作人力资源继续教育培养体系。

其一，整合教育培训资源，推动建立一批具有社会工作专业继续教育资质的培训机构，规范社会工作的培训市场。各级社会工作人力资源继续教育的主管部门要根据进行继续教育的社会工作人力资源的特点，以及其所在岗位实际工作的需要，探索对其进行继续教育的形式。例如鼓励培训机构开展集中性、区域性继续教育培训，或者采用远程网络教育等新技术、新手段的继续教育培训形式开展继续教育培训。建立培训综合管理机构，负责建立和完善培训的相关规范和制度，并就培训的内容、业务和管理对实施培训的主体进行指导、监管。严格审查培训资格、内容，并对培训效果进行评价和反馈。

其二，开展科学的继续教育需求调查，以达到对不同职业水平等级、不同角色身份的社会工作从业人员进行按需培训和分类施教的继续教育的目标[1]。由主管部门牵头，鼓励民办社会工作服务机构、高

---

[1] 对于既有专业理论背景又有实务经验的社会工作人力资源，鼓励选择高层次社会工作专业学历教育或参加督导资格培训作为继续教育的重点内容；对于具有实务经验但缺少专业理论的社会工作人力资源，应选择加强价值伦理和专业理论知识培训作为继续教育的重点内容；对于具有专业理论但缺少实务经验的社会工作人力资源，应选择加强社会工作实务能力训练作为继续教育的重点内容；对于专业理论背景和实务经验都比较欠缺的社会工作人力资源，应选择加强社会工作政策法规、价值伦理、理论知识和实务能力的综合培训作为继续教育的重点内容。

校和其他培训主体参与到培训需求的调查中来，通过需求分析合理制订高效的培训计划和安排。在进行培训需求调查时，应按照不同服务主体、不同服务领域、不同工作角色进行通用型培训和专业技术类培训。将开展继续教育作为提高社会工作专业人才队伍整体素质的有效途径。鼓励社会工作人力资源参加进修、短训、函授等学习，不断增强专业技能，提高专业工作水平，把参加继续教育作为人才职业发展的基本要求。

第四，不断丰富社会工作人力资源发展的教育培训形式。

不断完善社会工作人力资源职业教育培训学习形式的多样化，增强方式灵活性。

其一，对社会工作人力资源的职业教育培训，应充分利用现代信息技术手段，采用能满足受培训者需求、设计多样化的教育培训形式。按时间分类，可以分为短期培训、长期培训；按集中程度分类，可以分为集中培训、远程分散培训。不同的时间和集中程度的培训解决的问题不同。例如，对于普遍存在的难度较大的问题，可以选择集中、长期的培训、进修、观摩等。实施社会工作信息系统建设工程，研究开发社会工作远程教育培训网络。实施社会工作专业人才培训基地和教材建设工程，建立一批分工明确、布局合理、功能完善的社会工作培训基地，开发适应各领域、各类型社会工作服务人才发展需要的培训教材体系。加强实训基地建设，依托基础较好的社会工作服务机构建立一批覆盖各领域的社会工作实训基地[①]。

其二，按需培训是方向。成都市社会工作者协会借助"成都社工在线"平台，根据受训者的需求，综合培训专家的意见和建议，通过互动等形式确定培训课程内容。上海市浦东新区，针对各街道社

---

① 中央组织部等19个部委和群团组织：《社会工作专业人才队伍建设中长期规划（2011~2020年）》，2012。

区的情况,设定不同的主题内容和形式的组合培训。广州市推出"培训超市"的形式,使受培训者各取所需,分阶段、分层次进行培训。

其三,挖掘本土培训资源和跨地域整合培训资源。面对经费短缺、师资有限的窘境,可以联合社会工作发展较好的区域进行培训资源整合。四川省社会工作的发展以成都市各区(县)为相对充分,因此可以借助区位优势、开展区(县)合作,甚至通过合理划定区位,逐步将覆盖范围推广至三圈层。

3. 构建符合社会工作职业发展特点的职位晋升机制

设置有利于社会工作人才职业发展的岗位,积极搭建本土化社会工作人力资源平台,形成社工机构与社会工作人力资源发展相协调的发展模式。打通社会工作人力资源的职业发展路径,激发其工作积极性,构建起符合其职业发展特点的职位晋升机制。

第一,开发和设置有利于社会工作人才职业发展的岗位。

岗位开发对社会工作人力资源的职业认同和职业发展有着重要的促进作用。主管部门要加大力度对岗位开发做统筹工作,正确引导涉及社会工作的各级单位进行岗位开发。

其一,明确岗位开发的基础性和重要性。岗位设置不仅是吸纳和引进优秀人才的途径,更是一种对人才重视的导向性工作。因此岗位开发的数量、质量,直接影响到社会工作人力资源的结构和比例,也对优秀人才的培养和使用有促进作用。

其二,利用岗位开发,完善基层公共服务并弥补其供给不足、解决部分社会管理等问题。社会工作的存在是为了解决社会在运行中的一些问题。社会工作领域的扩展是解决社会管理和公共服务范围扩大带来的问题,其来源于政府的职能让渡。这就需要通过社会工作岗位的开发来做好"接力棒"交接工作。在城乡社区、司法矫正机构、妇女儿童机构和福利院等,应顺应政府职能转变和社会需要,完成好岗位开发工作。

其三，明确不同类型社会工作机构的岗位开发和设置问题，及时发布社会工作专业人才岗位设置指导目录。建立有利于信息交换的服务中心、工作站，为岗位开发和信息发布提供服务和支持。对特定群体的服务机构，可明确设置为专业技术岗位，并纳入专业技术岗位的管理范围[①]。对社区的社工岗位设置，要积极探索政府购买和社会资金投入的创新服务机制。

第二，积极搭建本土化社会工作人力资源平台。

启动本土化专业社会工作能力建设平台项目，采用政府资助、民政指引、市区联建、落地发展、社会组织运行的方式。

其一，整合现有的老年、儿童、残疾人、社区矫正等社会工作项目，搭建社会资源平台，开展示范性社会工作服务，提高受助人员的生活水平和参与水平。建设社会工作专业人才能力建设平台，以项目为依托，与高校和成熟的社工督导机构合作，开展针对社会工作一线服务人员、项目管理人才和专业督导的培训。就社会工作的专业方法、经验进行训练，将社会工作的专业服务理念潜移默化地植入工作人员心中。探索社会工作服务模式，通过项目实施，探索社会工作介入养老服务、社会救助、困境帮扶、社会参与等的服务模式，为创新基层社会治理提供新路径。

其二，建立民间智库平台，推动社工人才专家库建设，发挥体制内持证社工的积极作用，推进政社分开，从制度上规避财务风险。建设骨干领袖、种子社工、一线社工、志愿者等构成的"圈层化"的社工人才队伍。

第三，促进社工机构与社会工作人力资源协调发展。

社会工作从业人员绝大部分集中在民办社会工作服务机构中，而

---

① 四川省委组织部等18部门：《关于加强社会工作专业人才队伍建设的实施意见》，2012。

机构通常又是组织实施社会工作专业服务的主体。因此可以说机构的生存和发展对社会工作人力资源的整体发展不可忽视。

其一，加强和完善民办社会工作服务机构的自身建设和管理。主要是规范机构对项目和人员的管理，明确机构发展目标、机构人员的构成和各自的岗位职责，并且要建立公开透明的财务制度和激励制度，要有相应的机构考核与监督的制度设计。这些都是促进机构和机构中的人才发展的关键环节。同时，要加强机构建设，以社工理念为核心，从机构的规模、专职社工数量、资金、专业性等入手，培育一些实力较强的机构。

其二，加强社会工作从业人员专业能力建设，提升民办社会工作服务机构内社会工作从业人员的素质。通过对机构内社会工作人力资源的准入管理、职业培训、评价和激励，创造机会加强人才与机构内外的专业社会工作者的交流，提高专业能力。重视和建立社工督导制度和督导队伍，针对发展不同阶段的社会工作者进行理论知识、工作实务和个人发展方面的督导和支持，及时解决困难，建立有效的社会支持体系。

第四，畅通社会工作人才职业发展路径。

不断畅通社会工作人才职业通道，使其在工作中充分发挥自身的潜能，促进职业的自我实现。

其一，建立和完善满足社会工作人才发展需求、实现自身职业目标和价值的制度体系。通过对社会工作人力资源的职业待遇、职业声望、社会地位进行重点关注和保障，机构要根据自身运作特点和需要引进和配置不同岗位的社会工作人力资源，提高社会工作的专业性。减少或消除项目运作中过多承担行政事务性工作的现象。机构要根据机构未来发展的走向和社会工作从业人员个人情况为社工定岗。做好人才队伍的梯度建设。对机构内不同社工，根据其知识经验、业绩、实战经验及所在岗位所需关键资质和能力需求进行安放，达到人尽其才的目标。

其二，打通社会工作人才上升渠道，使社会工作人才能随着能力提高而获得更高职位。建立职位的替补晋升制度，灵活处理岗位的交接、后备人才的培养工作，平衡好岗位需求和社会工作人力资源职业发展的双向内容。打通管理类职业人才生涯的发展通道，培养主要负责管理工作的社会工作管理人才；打通专业技术类职业人才生涯发展的通道，培养主要在专业技术岗位上发展，掌握理论和实务的社会工作专业人才；打通各级岗位的内部晋升渠道。做好职级设计的薪酬保障，引导社会工作人力资源在专业技术职务上获得高报酬，形成良性发展的职业通道。

其三，规划并设计社会工作从业人员生涯路径，激发自我发展和价值实现的积极性。落实《关于加强社会工作专业人才队伍建设的意见》的要求，把政治素质好、业务水平高的社会工作专业人才吸纳进党员干部队伍，选拔进基层领导班子，支持有突出贡献的社会工作专业人才进入人大、政协参政议政。承担社会服务职能的党政机关、群团组织和事业单位在招录（聘用）社会服务相关职位工作人员和选拔干部时，同等条件下优先录用（聘用）具有丰富基层实践经验、善于做群众工作的社会工作专业人才，逐步充实社会服务专业力量。鼓励符合条件的社会工作专业人才通过选举进入社区（村）党组织、居（村）民自治组织①。

4. 打造降低职业倦怠感的互动性区域轮岗流动机制

通过提升社会工作从业人员职业声望，强化社会工作从业人员职业认同，拓宽社会工作从业人员的流动渠道，降低其职业倦怠感。

第一，提升社会工作从业人员职业声望。

职业声望的有无和高低对于职业生涯的选择和职业稳定性有着非

---

① 民政部等12部门：《关于加强社会工作专业岗位开发与人才激励保障的意见》，2016。

常重要的影响。社会工作因其发展时间较短，职业声望的建立还不够成熟，甚至公众对其有些误解，比如对从事社区社会工作的专业人才，会有将其视为居委会工作人员的现象，没有体现其职业性、专业性。

其一，要提升社会工作的职业声望，首先要重视职业宣传工作。利用各种渠道，特别是要在进行专业服务的过程中，抓好机会对涉及社会工作理念、与社会工作直接相关的法律法规和政策文件进行宣传[1]。利用"大民政""大社工"的理念和工作手法，调动工、青、妇、残、科等群团组织，教育、卫计、人社、司法等政府部门，发挥平台引领作用，丰富社会工作实践。有效利用媒体"求新"、公众"求异"需求，加强社工宣传，吸引公众眼球，传播社工理念，树立社工形象，以赢得更多社会力量的参与和支持。引导相关部门工作者掌握社会服务、社会工作方面的专业理念、方法、技巧，也只有党政机关工作人员能够用专业的手法去思考及推动工作时，才能推进其治理能力及水平的现代化。

其二，打造社会工作专业服务成果展示基地，发挥省级项目示范引领作用，逐步影响和辐射市（州）社会工作发展。利用社工周、社工主题活动和社工成果巡展等活动，通过专题讲座、案例剖析、项目路演、游戏体验、互动参与等方式加大宣传引导力度；让"社工"作为一个专业、一个职业、一种方法逐步根植于党政干部、社会组织从业人员心中，作为一个"专业形象""公益符号"进入媒体和公众视野。

---

[1] 民政部颁布的《老年人社会福利机构基本规范》《残疾人社会福利机构基本规范》《儿童社会福利机构基本规范》《家庭寄养管理暂行办法》《关于加强流浪未成年人工作的意见》《关于加强孤儿救助工作的意见》《救助管理机构基本规范》《流浪未成年人救助保护机构基本规范》等政策文件则明确提出了要引入社会工作专业制度，聘用专业社会工作者，提供规范优质社会服务的要求。人力资源和社会保障部《社会工作者国家职业标准》、民政部《关于开展社会工作人才队伍建设试点工作的通知》、民政部和人事部《社会工作者职业水平评价暂行规定》和《助理社会工作师、社会工作师职业水平考试实施办法》等规定和办法的实施，则直接推动了我国社会工作人才队伍的建设。

第二，强化社会工作从业人员的职业认同。

建立社会工作人力资源支持系统，提高社会认可度，增强社会工作人力资源自身的职业认同。

其一，强化自身的职业认同、价值认同。社会工作从业人员应从自身做起，理解社会工作的理念和社会工作的社会价值，从其内涵和意义来确认自己的职业认同和对工作、对价值的认同。强化和形成社会工作的职业承诺，并推动社会工作持续发展。形成以利他、奉献为核心的文化氛围，通过一定的载体，在潜移默化的过程中，形成社会工作的职业认同感。就规章制度的制定、考核方式而言，管理层要坚持"以人为本"，以社会工作者为中心，尊重其每个人的个体差异和个人需要，在工作中积极指导，在生活上多加关心，用情感感染，努力调动社会工作从业人员的内在积极性，使其对外关心服务对象，树立以服务对象为中心的价值观。从完善督导机制等入手，从社会组织层面来提高社会工作从业人员对职业倦怠的应对能力。

其二，实行轮岗制度。实施管理类社会工作从业人员与专业技术类社会工作从业人员横向岗位轮换，促进社会工作从业人员对岗位的理解，引导社会工作从业人员和所在机构、部门的全面发展。鼓励社会工作从业人员参与机构发展、管理事务，以增强其归属感，满足其成就感和价值感等精神需求。为社会工作从业人员创设适宜的工作环境，鼓励参与机构运作和发展，激发其积极性和创造性。

其三，使生涯规划与职业培训相结合、生涯规划和机构战略规划相统一，使培训与生涯发展一致。要针对不同能力和不同岗位的社会工作人才设计不同的培养方案，做到有的放矢。落实国家专业技术人才知识更新工程和高校毕业生基层培养计划[1]，组织实施社会工作服

---

[1] 中央组织部等19个部委和群团组织：《社会工作专业人才队伍建设中长期规划（2011～2020年）》，2012。

务人才职业能力建设工程，重点对城乡基层党组织、群团组织、居（村）民自治组织、社区服务组织、从事公益服务的事业单位、公益慈善类社会组织、基层公共服务和社会管理部门中直接从事社会服务的人员进行大规模、系统化的社会工作专业知识培训。

第三，拓宽社会工作人才流动渠道。

贯彻落实相关人才流动和保障政策[①]，不断破除流动障碍，拓宽社会工作人才流动渠道，为他们更好地发展创造机会。

其一，制定切实可行的促进社会工作专业人才流动政策，促进人才向艰苦边远地区和基层一线流动，积极推动将优秀人才纳入国家有关对口支援队伍，通过双向挂职、短期工作、项目合作等多种形式，引导社会工作专业人才向急需紧缺地区、部门和行业流动。加大力度对身处基层和艰苦地区的社会工作人才进行保障，给他们提供人才流动的机会，同时创造有利于产生职业认同的条件[②]。

其二，破除各种流动障碍。对制约人才流动的制度进行调整和废除，对促进人才流动的制度予以研究和制定。人才的流动需要注重其道德品质、职业能力和专业水平。采取政府购买服务、报考公职人员和社会工作硕士专业学位者优先录用等措施，鼓励和引导高校社会工作专业毕业生到城乡基层、边远贫困地区、边疆民族地区和革命老区就业。实行城乡人才对口扶持政策，推动社会工作专业人才服务社会主义新农村建设，创造条件引导和鼓励城市社会工作专业人才到农村社区开展服务。研究、制定吸引、留住社会工作专业人才到西部地区工作的优惠政策，建立社会工作专业人才对口支持制度，大力推进东部、中部与西部地区社会工作专业人才的交流

---

① 《中共中央印发关于深化人才发展体制机制改革的意见》《社会工作专业人才队伍建设中长期规划（2011～2020年）》。
② 中共中央办公厅：《关于深化人才发展体制机制改革的意见》，2016。

与合作①。

其三，加强职业定位，提供职业发展机会。对社会工作从业人员进行区分性的职业定位，包括技术能力型职业定位、管理能力型职业定位、创造型职业定位、安全型职业定位、自主型职业定位。针对不同时期不同岗位的职业定位，民办社会工作机构要提供必要的支持，并采取有利于人才发展的举措。动态、有针对性地对社会工作从业人员的职业生涯规划进行连续性动态调整，使职业生涯管理呈交互性及滚动性状态，激励其实现职业价值和自身价值。社会工作服务机构要努力创造条件，使社会工作从业人员的职业生涯通道通畅，从业人员可以通过自己的专业积累和工作努力，以及充分的职业教育和培训，最终达到符合晋升专业技术岗位或进行职务调整的要求。实行职业生涯跟踪管理制度，并进行周期性反馈和调整。

5.建立防范职业性工作风险的社会保障机制

完善社会工作人力资源职业性工作风险基本保障制度，建立健全社会工作人力资源职业性风险专属保障制度，优化社会工作人力资源职业性风险补充性保障制度。建立社会工作人力资源关怀和帮扶制度，对建立职业性工作风险的社会保障机制的建立具有重要意义。

第一，完善社会工作人力资源职业性工作风险基本保障。

其一，建立健全以薪酬保障为主体的职业性基本保障制度，以减少工作中的风险。逐步完善行业薪酬的指导标准，规范社会组织从业人员薪酬制度，确定相对通行的岗位绩效工资制度。在党政机关、人民团体、事业单位工作的社会工作专业人才，其工资待遇要按照国家有关规定执行；在城乡社区、社会服务机构工作的社会工作专业人

---

① 中央组织部等19个部委和群团组织：《社会工作专业人才队伍建设中长期规划（2011～2020年）》，2012。

才，由所在单位确定合理的薪酬水平。严格按照国家法律要求为社会工作专业人才办理社会保险事宜，鼓励建立年金制度。[①] 继续推进社会工作从业人员养老保险和医疗保障的覆盖工作。对社会工作从业人员，应当逐渐全面实行基本养老保险制度，以及基本医疗保险制度。为社会工作从业人员在其面临因工作造成的生病、职业伤害时，提供基本的保障和物质上的支持帮助。

其二，明确各地社会工作从业人员的基本薪酬水平。在充分考虑社会工作服务领域的专业要求和工作开展难度、各地区经济发展水平和对社会工作的需求程度的基础上，研究制定基本薪酬水平。要使薪酬水平能保障社会工作者的基本生活。同时，主管部门要严格解决薪酬的兑现问题，杜绝不及时和不规范的薪酬发放现象。建立与法律要求相适应的福利制度，包括依法享受年休假、婚假等规定[②]。

第二，建立健全社会工作人力资源职业性风险的专属保障制度。

在基本社会保障的基础上，要针对社会工作从业人员在工作中存在的特定职业风险，给予专属的物质保障和职业保障。

其一，基于社会工作的职业特性，针对实务社会工作人员，社会工作机构可给予其适当的加班补偿，允许适当的弹性工作时间安排等；针对高层次社会工作人员，在选拔申报享受政府特殊津贴人员时要充分考虑，对政治坚定、业绩突出、能力卓著、群众认可的高层次人才给予表彰奖励；针对有特别突出贡献的人才，可以提供更多的职业发展支持。

其二，广泛宣传社会工作优秀人物、先进事迹和典型经验，大力报道社会工作发展历程及取得的最新成就，积极争取社会各界对社会工作发展的支持，大力营造关心、理解、尊重社会工作人才的浓厚社

---

① 四川省委组织部等4部门：《四川省社会工作专业人才队伍建设"十三五"规划》，2017。
② 民政部：《关于加强和改进社会组织薪酬管理的指导意见》，2016。

会氛围，不断提高社会工作的社会影响力，促进提升社会工作从业人员的职业地位①。扎实落实重点人才工程项目②。

第三，优化社会工作人力资源职业性风险补充性保障制度。

在对社会工作人力资源薪酬激励的基础上，完善相应的福利保障制度。

其一，补充性保障制度要落脚于基本保障之外，但又是社会工作人才在工作中有重要影响的方面。除依法为社会工作者购买社会保险外③，补充性保障制度的建设可以从其他保障性福利来考虑，譬如，针对发展较好的社会组织，可考虑建立企业年金或其他类型的补充保障。

其二，从职业发展的角度，建立有利于社会工作人力资源发展的福利制度。譬如，针对从事戒毒、社区矫正等工作风险性较大的社会工作者，为其购买额度较大的意外伤害保险。又如，针对需要人才迅速提升专业化、职业化水平的机构，可以加大对员工教育和培训方面的投入力度，提供外出学习的经费支持和机会。

第四，建立社会工作人力资源关怀和帮扶制度。

将关怀和帮扶提高到政策高度，并扎实推进和严格执行。

其一，围绕关怀和帮扶政策，建立困难人员台账和走访慰问制度、社会工作关怀基金、社会工作谈心制度以及开展各类有益身心健康的活动和项目。加大对社会工作人力资源的表彰力度，通过表彰会的形式，增强表彰的仪式感，在促进其职业认同的同时，起到表彰、认同和宣传的多方面作用。

其二，民办社会工作服务机构要了解社会工作从业人员的家庭、婚姻、住房等方面的实际情况，制定和完善保障社会工作从业人员权

---

① 民政部等12部门：《关于加强社会工作专业岗位开发与人才激励保障的意见》，2016。
② 社会工作服务人才职业能力建设工程、社会工作管理人才综合素质提升工程、社会工作教育与研究人才培养引进工程等。
③ 民政部：《关于加强和改进社会组织薪酬管理的指导意见》，2016。

益和人身安全的制度。对于刚刚步入工作岗位的社会工作人员，要努力帮助其解决基本衣食住行问题。要了解专职社会工作人员的个人、家庭现实情况和需求，形成社会工作人力资源基本情况数据库，为具体的关怀帮扶提供依据。

6. 完善职业准入和职业规范法律保障机制

认真执行国家已出台的规范性准入制度，完善职业规范的制度体系，健全社会工作的职业准入法律保障制度。

第一，认真执行国家已出台的规范性准入制度。

以现有政策规范和管理办法为基础，认真落实并扎实推进准入的规范性过程。

其一，在职业准入的学科口径上，可适当放宽至社会学、心理学等与其所要从事的社会工作领域相关的本科毕业生。在职业准入年限上，可研究制定在社会工作领域有一定年限（比如连续2年作为社会工作者进行社会工作服务）实务工作经验的社会工作从业者通过准入考试加入社会工作者队伍。在注册制度上，进行严格控制，基本要求是接受过系统的社会工作专业教育，或者通过在职学位教育并取得社会工作职业资格证书的人员才予以注册。

其二，认真落实职业水平评价的规定和办法[①]，严格按照文件从评价适用的范围、职称等级、考试的组织实施、职业能力、考试的组织实施机构、考试报名程序、考试科目、考试时间等方面开展社会工作职业准入的登记工作。阶段性推进社会工作人力资源注册制和督导制，探索实行"一年一申报"认证制度，形成专业化倒逼。

第二，健全社会工作职业准入法律保障制度。

依法治国要求社会工作职业的准入也需要有法律的保障作为依

---

① 人力资源和社会保障部、民政部联合颁发的《社会工作人力资源职业水平评价暂行规定》和《初级社会工作师、社会工作师职业水平考试实施办法》。

据。而法律的保障通常也是顶层设计最重要的一环。

各级地方政府的相关部门，要根据本地社会工作的发展需求，制定本土的社会工作人力资源职业化的法律条例，提高权威性和政策的执行力。用法律指导福利机构、规定社会工作从业人员薪资待遇、规范社会工作从业人员的职业身份。广泛征求社会工作从业人员的意见，综合专家建议，逐步推动与职业保障有关的相关法律和政策的制定。研究制定有利于职业发展需要的法律法规，依法为社会工作人才提供相应的政策资源，并选择地区进行试点。

第三，完善社会工作人力资源职业规范制度体系。

完善和重视社会工作的培训学习，管理好社会工作人力队伍中的高层次人才、清退不符合要求的不合格人员。

其一，规范职业岗位设置、薪酬管理机制。规范注册管理制度，规范社会工作人力资源的继续教育制度[1]。对注册登记、档案管理和更新进行规范管理和监督。建立优秀人才库，并做好职业档案，淘汰不符合社会工作职业规范、价值观不正确的工作者。推动社会工作人才队伍的健康和有序发展。

其二，明确社会工作的职业化发展任务。加快推进社会工作的职业化发展，根据不同领域社会工作服务需求与特点，逐步完善社会工作职业标准，明确社会工作职业任务。用人单位应按照社会工作职业任务要求，结合自身需求与特点明确和规范社会工作专业岗位职责任务和任职条件。[2]

其三，鼓励各地区根据需要成立各类社会工作行业协会。行业协会可以完成专业化发展、职业群体管理等工作，帮助政府减轻负担，从而更加有利于整体工作的开展。依托行业协会或专业组织，开展社

---

[1] 民政部：《社会工作者职业水平证书登记办法》，2009。
[2] 民政部等12部门：《关于加强社会工作专业岗位开发与人才激励保障的意见》，2016。

会工作人力资源的专业性培训、职称考评、职业操守的规范、准入等工作。

（三）优化社会工作人力资源激励体系建设

本报告从建立绩效与价值导向兼顾的薪酬机制、多元主体评价模式与考核机制、科学的岗位晋升和流动激励机制三个方面探讨社会工作人力资源评价激励体系。

1. 建立绩效与价值导向兼顾的薪酬机制

根据《关于民政事业单位岗位设置管理的指导意见》，建立绩效与价值导向兼顾的薪酬发放配给机制，需要特别关注社会工作人力资源薪酬等级体系、与绩效考评相挂钩和与岗位工作相适应的薪酬机制以及更加灵活的长期薪酬机制的建立等问题。

第一，优化社会工作人力资源薪酬等级体系。

政府牵头对各类社会工作人力资源的薪酬发放配给机制做宏观的规划和设计。

其一，对民政等各级事业单位和社区中拥有编制的社会工作人员，以及在行业协会、民办社会工作服务机构中的人员的薪酬等级、结构、水平进行统筹规划。适当干预在民办社会工作服务机构中不合理、不规范的薪酬制度。根据不同社会工作服务领域的特点，按其工作内容、强度、风险等因素进行区分，完成岗位分析、岗位评价和基本薪酬调查，按照不低于当地相应专业技术岗位的薪资水平确定社会工作人力资源的基本薪酬。

其二，建立以个人绩效和整体绩效为导向的激励薪酬机制，充分考虑薪酬制度的灵活性，最大限度地激励社会工作人员实现其职业价值。合理确定社会工作专业人才薪酬待遇。根据社会工作专业人才从业领域、工作岗位和职业水平等级，落实相应的薪酬保障政策。对聘用到事业单位的正式工作人员，按照国家有关规定确定工资待遇；对以其他形式就业于基层党政机关、群团组织、事业单位、城乡社区、社会组织和企业的社会工作专业人才，由用人单位综合职业水平等级、学历、资历、业绩、岗位等因素并参考同类人员收入水平合理确定薪酬标准，同时按照国家有关规定为其缴纳社会保险和公积金。各地要根据经济社会发展和整体工资水平，制定并适时调整城乡社区、社会组织和企业的社会工作专业人才薪酬指导标准①。

第二，建立绩效与价值导向相挂钩的薪酬机制。

以绩效和价值为基本导向，将社会工作人力资源的绩效、价值取向与薪酬水平挂钩，使薪酬体系发挥激励作用。

其一，制定体现岗位重要性、工作强度、责任大小，又反映从业人员贡献程度的绩效工资制度②。逐步形成整体薪酬水平上升又充分拉开差距的薪酬体系，使优秀的社会工作人员得到合理的回报。各部门、各组织要按需设计科学的考核指标，确保指标的有效性、操作性和区分性，考核要能够确实反映社会工作人力资源自身的理论知识、工作成效等，并且有利于参考考核结果等级，制定对应的薪酬等级水平。

其二，以价值导向为基础，使社会工作人员的个人绩效与组织整体绩效有机结合，引导社会工作人员理解组织和岗位，进行相互合作，实现其职业价值。要将其作为助人自助的价值、专业和职业价值、社会价值充分体现在薪酬机制的设计中，以满足需要、促进社会公平正义和提高效益为导向。同时，在公平为先的前提下，平衡好因个体差异带来的绩效差异，对处在不同需求层次水平上的社会工作人员给予不同的激励。

---

① 民政部等12部门：《关于加强社会工作专业岗位开发与人才激励保障的意见》，2016。
② 民政部：《关于加强和改进社会组织薪酬管理的指导意见》，2016。

第三，建立与工作岗位相适应的薪酬机制。

其一，针对不同服务领域的社会工作人员及其岗位，根据服务领域的差别、服务内容的特点、服务强度的不同、服务风险的大小，设计相应的薪酬体系，对于工作苦、强度大的工作岗位要提高薪酬待遇。逐步消除"大锅饭""一刀切"的现象，通过合理的薪酬，激励社会工作人员实现其价值。建立科学合理的评定体系，充分考虑专业性、劳动强度、工作地点分布等具体问题，要在绩效考核结果上予以体现。可以有针对性地提高某些工作难度较大、岗位需求较多的工作的考核的权重。

其二，围绕价值导向，建立更加灵活的长期薪酬机制。研究制订员工持股、收益分享计划等其他薪酬制度，以弥补社会工作人力资源单一薪酬制度的不足。探索制定更加灵活的薪酬激励机制，将绩效考核和职业价值作为主导，结合技能、工作实务经验等因素，制定不同岗位的有效激励机制。适当加大团队总体绩效对社会工作人力资源薪酬激励的影响权重，利用团队绩效加薪，引导合作，促进社会工作价值的实现。

2. 建立多元主体评价模式与考核机制

做好社会工作人力资源的激励，首先要优化评价和考核机制。确立和改进不同考核主体及考核方式、构建统一的社会工作职业能力评价标准、建立社会工作行业合作评价模式、完善评价手段和加强结果运用，以达到合理评价、科学激励的效果。

第一，确立多元化考核评价主体。

评价主体的单一会导致评价效果的失真，而且评价效果的激励作用会减弱。因此需要在评价考核时，发挥社会工作组织者、社会工作实施者、社会工作服务的接受者以及第三方的多元评价主体的作用。

其一，采取多方参与的社会化评价形式，形成自我评估、所在组织评估、服务对象评估、第三方评估相结合的多元化评估主体。社会工作人力资源管理部门应依据实施办法①，从专业伦理与自身建设、工作量、工作成效等三个方面进行考核。考核结果及时反馈给被评价的主体，并作为确认激励性补贴、指定培训安排和计划等的依据。

其二，将日常考评与定期考评相结合；主管考评、同事考评、自我评价与服务对象评价相结合；定性考评与定量考评相结合。完善评议的手段。在考评中要重视群众意见，通过扩大公众参与开展社会工作人力资源的民主评议。同时，建立与考核结果相匹配的奖惩机制，优化社会工作专业人才队伍，强化社会工作的职业荣誉感②。

第二，构建统一的社会工作职业能力评价标准。

凝聚行业和专家力量，建立本土化社会工作职业能力评价标准，建立统一的服务、督导、监督和评估体系，形成行业发展的制高点，提高行业竞争力。

其一，按照德才兼备的要求，以品德、能力、业绩为导向，结合行为操守、职业素质等，建立科学化、可操作性强、能够体现差异的能力评价机制③。将个人绩效考核指标设计为多层次、多层级的结构。坚持以品德、能力和业绩为导向，综合考虑不同岗位、年龄、工作年限、特质及动机的差异。根据在民政系统中、社会工作组织和行业协会中岗位工作内容的不同，确定分类分级评价标准，以及相应的指标内容。逐步建立统一的能力评价标准。在行业内设立行业指导机构制定职业能力标准，形成以能力为基础的职业标准体系，为社会工作人力资源职业资格评价提供科学参照，使评价内容、评价等级与社会工作人力资源的职业岗位要求相对应。

其二，分类形成社会工作人力资源在管理、职业发展和专业技术

---

① 《助理社会工作师、社会工作师职业水平考试实施办法》《社会工作人力资源职业水平评价暂行规定》。
② 四川省委组织部等18部门：《关于加强社会工作专业人才队伍建设的实施意见》，2012。
③ 四川省委组织部等18部门：《关于加强社会工作专业人才队伍建设的实施意见》，2012。

方面的评价内容。管理方面要着重考虑社会工作人力资源的专业伦理与自身建设、工作量、工作成效这三个方面。职业发展方面要着重考虑品德、能力、绩效、行为操守、职业素质等方面。专业技术方面要着重考虑职业操守和职业素养、专业实务能力、工作业绩等。

第三，建立社会工作行业合作评价模式。

构建政府、行业协会和社会组织对参与社会工作的机构的合作评价模式。

其一，发挥好政府引导各方参与合作的作用。政府在管理中的职能让渡和合法授权使得其他主体能够参与到相应的社会管理中。首先需要解决的是政府对各级参与评价的主体的合法性和权威性的确认。其次是政府还需要制定好监督和考核机制，适当引导和干预各参与主体的评价方向，保证其评价原则和理念是符合社会工作整体建设和发展的方向的。最后要树立"大民政""大社工"的理念，并形成相应的工作手法，调动工、青、妇、残等群团组织，教育、卫计、人社、司法等政府部门，发挥平台引领作用。通过专业化教育及引导，引导相关部门工作者掌握社会服务、社会工作方面的专业的理念、方法、技巧。

其二，在通过资格审查、考试、注册登记、颁证、执业管理和继续教育等社会工作准入程序后，逐步推动社会工作行业协会参与社会工作评价。推动社会组织行业协会去行政化进程。进一步转化政府职能，以"政社分开、权责分明、依法自治"为目标，推动社会组织行业协会与行政组织逐步分离，行业协会的职能、资产、人事、财务关系要与政府部门脱钩，行业协会自愿发起、自选会长、自筹资金、自聘人员、自主办会，逐步建立起与当地社会发展相适应的行业自律体系；提高行业自治水平和增强行业自律能力，以行业的自我管理为开展行业介入管理的基础。

其三，更加重视行业组织参与合作评价。行业指导委员会应该为社会工作职业资格评价计划的制订和实施提供科学依据，在相当程度上满足社会对社会工作人力资源评价的客观需要。探索引入与学校、企业、专家和行业协会合作的机制，提供高质量、大范围培训与评价服务，确保社会工作人力资源工作考评符合行业要求。通过和其他组织如学校、企业签订协议，利用协作组织的专长和工作场所优化考评环境，确保考评质量。

第四，健全社会工作人力资源职业评价手段。

评价手段是实现评价职能的关键环节之一，也是确保评价有效开展、达到评价目的必须慎重考虑和选择的重要方面。社会工作人力资源的职业评价手段，应在参考现代人力资源管理理论的基础上，进行符合职业和行业特点的设计和选择。

其一，完善社会工作人力资源岗位分类制度设计。首先，丰富社会工作分类管理形式，规范职务级别的设置。研究建立符合本土社会工作发展的职位分类制度。做好工作分析，进一步完善职位说明书制度，细化职位的任职资格和条件，明晰划分各类职务。采用工作分析的具体方法[①]明确不同岗位的工作内容、要求和对应的职责。其次，合理构建岗位制度，增加岗位设置。针对不同的社会服务专业领域，分别设置社会工作岗位。岗位的设置要充分结合社会工作实务中的工作形式、工作环境和其所在领域的特殊要求，不能按照一个标准和尺度、只按岗位绝对数量进行岗位开发。完善社会工作人力资源的岗位评价指标体系[②]。从制度上规范社会工作人力资源的合理工作量，尽量避免工作高压现象。

其二，充分利用并不断创新科学的评估工具和方法，确保评价工作的规范化和健康有序发展。充分利用成熟的互联网和信息技术，以

[①] 包括：访谈记录法、工作观察法、问卷调查法、调查研究法等。
[②] 包括：健全以聘用合同、岗位职责为依据，以能力、业绩和服务对象满意度为核心的评价体系，评价体系由品德修养、行为操守、职业素质和专业知识等内容组成。

及科学的、经过验证行之有效的先进技术和方法，开展评价工作。同时，鼓励和继续支持对社会工作人力资源的评价理论、评价方法和工具的进一步研究和探索，鼓励评价数据库的搭建，包括评价方法、评价方法本身的评估，评价专家及其参考意见。

第五，注重考核结果运用和反馈。

评价和考核的最终目的是使评价结果能够正确反映被评价人员真实、全面的绩效。在考核完成后，应该及时将社会工作人力资源的考核结果反馈给被考核人并与其沟通，以达到强化评价效果的作用。

其一，建立跟踪档案制度。对社会工作人力资源的工作表现和工作结果进行真实记录，并定期给予总结和评定，形成反映其在专业领域中表现的"职业档案"。这不仅能对短期考评和激励提供依据，还能对其长期的职业发展、流动晋升、职业认同起到隐性的促进作用。

其二，按考核结果进行正向激励和负向激励。针对考核结果为优秀、具有典型影响力的社会工作者，要在物质和精神层面进行正向激励，以巩固和强化其行为和工作成效，并使之产生示范作用；针对考核结果不佳的个体或团队，应通过沟通、谈话等了解情况，适当对其进行负向激励，以期使其能够通过认识差距，进行改进和提升。通过绩效考核结果，逐步打破"干多干少一个样""干好干坏一个样"的局面。

3.建立科学的岗位晋升和流动激励机制

社会工作人力资源的发展是多种因素综合作用的结果，社会工作人力资源要发挥作用，不仅要改善其职业环境和工作环境，而且需要科学设计其晋升的路径。

第一，改善社会工作人力资源的职业环境。

促进社会工作的职业环境营造，以及社会工作观念和制度建设各方面的发展进程。政府要积极介入社会福利服务的提供，为改善社会工作职业环境创造前提条件。继续推进政府以购买服务、培育民办社会工作服务机构等多种方式介入社会福利服务的提供，推动社会工作职业的发展。尽量减少制约社会工作及其人力资源发展的程序、手续，化繁为简，注重实效。

第二，改善社会工作从业人员的工作环境。

在开展社会工作服务前，需要首先关注社会工作从业人员自身的基本需求和发展，包括职业压力、职业倦怠、工作中面临的各种冲突等。其次要重视督导制度和督导师队伍的建立，通过提供督导，对社会工作从业人员的自我认识与成长、工作积累和关键问题解决带来有效的影响。最后要改善社工机构的运作方式、管理模式、机构文化及与政府的关系。以提高社会工作从业人员的职业适应和工作满意度为目的，使组织拥有更加人性化、去行政化的基本价值理念。研究探索在"无项目"情况下，机构社工的保留问题，从而间接改善工作环境，提高其工作的成就感和组织归属感。

第三，科学设置社会工作从业人员晋升路径。

将任职资格、学历水平、实务能力等作为晋升激励的依据，对各领域中的社会工作从业人员设置科学合理、公平竞争、具体可行的晋升机制。建立专职社会工作从业人员等级评定制度，形成人才梯队结构，营造公平晋升的用人环境。设置与评价考核相挂钩的晋升等级制度，每年定期举行选拔和晋升类考试。

健全社会工作从业人员晋升到体制内的制度。打通人才流动渠道，设置竞争性岗位，加大解决编制问题的力度，鼓励优秀社会工作者竞争上岗，向体制内晋升。为人才的流动和发展提供解决身份问题、编制问题、待遇问题的办法，调动社会工作人员的积极性。

（四）建立和培育社会工作人力资源社会治理体系

人力资源的培育与开发是一个系统工程，社会工作人力资源的培育与开发更是需要建立包括政府、社会和市场多元主体共同治理的体系。社会工作具有工作对象、工作方法、工作内容和工作目标的特殊性，在人力资源的管理方面必须强调以政府为主导，统筹社会各方资源，以标准化和规范化的管理提供社会工作服务，在社会工作过程中倡导民众参与，激发社会活力，激发社工动力，最终通过多中心治理主体的参与和共享以实现对社会工作人力资源的可持续开发。因此，可以从以下方面来构建和培育社会工作人力资源社会治理体系。

1. 坚持党的人才工作方针

第一，始终坚持党管人才，深入贯彻党的思想。中国特色社会主义建设中的独特经验就是坚持了党委领导，并始终坚持党对人才的管理原则，以此确保社会主义国家建设的人才资源和智力基础。党委对社会工作人力资源的管理主要体现在思想领导和组织领导方面，因此要加强各级党委对社会工作者的思想引领和组织保障。一方面，通过思想引领以保障社会工作者保持正确的社会工作价值观和伦理观。各级党委和组织部门应加强对基层社会组织和社会工作机构的思想建设，加大对党的路线、方针和政策的宣传力度。以街道和基层社区为平台，定期不定期地组织辖区内社会工作服务机构负责人、社会工作者、义工和志愿者深入学习党和政府的路线、方针和政策。定期聘请专家和有经验的人士深入解读国家政策，分享经验，传递正确的社会工作价值观和伦理观。另一方面，通过强化组织保障以加强各级党委对社会工作者的领导。2015年9月，中央办公厅印发《关于加强社会组织党的建设工作的意见（试行）》，旨在扩大党在社会组织的影响力，让社会组织在社会治理中更好地发挥作用。这对于社会工作者来说，将具有更为明确的组织保障。这要求基层组织部门牵头，要加大对规模大、人员多、影响面广的社会工作机构党建的扶持力度，抓好党内政治活动、抓实党内组织建设、避免出现组织"空壳化"和"空心化"。依托行政学院和高校资源对党员社工提供培训，建立专项资金以实现资金保障，并探索多元资金来源渠道。

第二，继续强化政府管理职能，优化政府主导功能。强化政府管理职能的重心主要集中于政府的治理能力和控制力，而非职能的不断扩充和权力的无限扩大。政府治理能力的提升主要体现在宏观规划、政策引导、财务管理、法制保障和监督管理等能力方面。宏观规划方面，政府民政部门应当联合人力资源和社会保障部门、医疗卫生部门、老龄委、扶贫部门和群团组织对社会工作人力资源的需求数量、需求质量、供给方向和供给领域进行详细分析，做出科学的人力资源需求和发展规划；政策引导方面，政府应充分倡导社会治理理念，以激活社会活力为政策制定方向。努力实现政府倡导，企事业单位和社会组织积极广泛参与。政府将权力充分下放，在政策方面给予社会组织和社会工作者大力扶持，进一步简化行政审批流程，降低社会组织管理和运营成本；在财务管理方面，政府除了要加大对社会服务的投入力度外，还需强化政府资金管理运营的科学性，严格执行审计制度，使得政府资金投入更具高效性。同时，提升资金的利用率，以实现资金投入的保值增值。在法制保障方面，进一步完善社会工作者的准入制度、职业保护制度、晋升制度和基本生活保障制度，以政府为主导保障社会工作者的职业稳定性。在监督管理方面，强化政府对社会工作行业、社会工作机构和社会工作者的监督管理职能，通过政府和行业协会共同监督、机构和个人相互监督，实现社会工作的规范化运作。

第三，不断组织多元合作，探索资源协调机制。社会治理要求政府、市场和社会在资源整合的条件下共同发挥各自优势以实现多元合作，这就需要探索多元主体的资源共享机制、信息共建机制、责任共担机制和福利共谋机制。首先，不断加大资源共享力度。共享社会工作人力资源，串联社区、高校和医院资源，实现区域内跨行业间人力资源的协调互助。构建党政机关、事业单位、城乡社区及社会服务机构社会工作专业人才"三轮驱动"，实现共同项目跨领域人力资源共享互助。以社会工作项目为介质，实现多元主体共享社区社会服务场地、社会服务设施，形成完善的公共资源租赁和使用制度。其次，实现多主体社会工作人力资源信息共建共享。由政府、社工机构和社工共同建立社会工作者信息数据平台，并及时更新处理，向社会进行公开信息，以方便服务对象和管理部门的共同监督和信息共享。再次，根据不同社会工作项目的对象和内容，明确各治理主体责任。在社会工作服务供给时，明确政府的财政责任和监督责任，明确社会组织的服务责任和管理责任，并确立各主体责任共担机制。最后，以公民的社会福利为目标共同探索社会工作服务之道和社工人才开发之道。社会治理各主体在社会工作服务项目开发和人力资源开发时，要始终围绕社会工作的福利性和专业性目标，以满足社会和公民的需要为己任，强调人才选拔的人道主义价值观导向。

第四，充分鼓励社会参与，努力促进社会赋权。社会活力的激发是社会发展成熟的表现，只有当公民和社会力量意识到社会发展的作用时，社会工作的作用才能充分发挥，社会工作的社会认可度才能得到提升。因此，我国需要由政府和社会组织共同对公民社会融合进行"唤醒、参与和赋权"，以促进社会团结。首先，以政府为主导进行社会唤醒，强化公民的社会责任感和权利意识。政府可以充分借助社区、社会工作机构和社会工作者就党和政府路线、方针和政策进行宣传，对密切关乎民生的问题对公众进行积极解答。在社会工作服务供给过程中，不断扩大和深化社会组织和社会工作者对社会工作供给的广度和深度，扩大服务面，加大服务力度。以实现民众对社会工作充分了解和认可的目的，唤醒民众参与社会事务的意识。其次，加大政府简政放权力度，放宽民众社会参与范围，优化社会参与途径。在服务对象个人层面，从社会工作的政策制定、项目规划、项目实施和项目评估全过程引入"用户参与"制度，以增强社会工作的透明性、包容性和科学性。这样在体现公民权利的同时，也提高了社会工作服务的质量。在社会组织层面,政府应该改变单项的项目发包模式,与社会组织共同对社会工作项目进行开发、研究和标准的制定,以实现社会工作机构的社会参与。最后,以社会工作项目为依托,实现个人、社区和社会赋权。个人赋权主要是以个人自我潜能激发和社会认同感为主要归宿。以"积极福利"思想为指导,开展社会工作服务。对于有就业潜力的个人,提供就业服务,使其积极融入社会。对于无力就业的个人,帮其调适心理,使其积极适应社会。社区赋权就是通过社区营造建立起相互信任、共同参与和欢乐祥和的社区。这要求基层社区和社会组织共同参与社会事务,营造良好的社区文化环境,赋予社区自主能动性。在实现个人赋权和社区赋权后,通过社区间互动最终形成一个具有"积极福利"性质的赋权社会。

2. 强化"治理"的社会服务运行理念

第一,"掌舵"而非"划桨",转变政府职能,优化政府监管职能,引入社会监督。首先,明确政府职能边界,充分实现政府放权。逐渐改变包括政府、事业单位和群团组织等具有公共组织性质的机构作为社会工作购买服务和实际供给主体的现状。将公共部门的职能下移,扮演好社会工作的"设计者"角色,将"执行者"的职能充分放权给社会组织和社会工作者,提高社会工作者的社会认可度和专业认同度,以激发社会工作者的工作热情。其次,优化政府监管,增强社会工作服务管理透明度。在政府监管过程中引入社会力量,强化第三方监管,改变公共部门的单一监管制度。从社会工作项目的需求评估、立项招标到效果评估各环节引入社会力量进行第三方监管,以增强社会工作服务的透明度。再次,建立社会工作机构信息公开和披露制度。在政府电子政务平台或社区服务中心将社会工作机构的资质、服务项目、服务内容、服务期限、社会工作人员基本信息、社工项目进展情况、资金使用状况等社会工作基本内容进行公示。最后,形成公私合作伙伴关系,共同进行社会工作项目开发和人力资源管理。尝试引人第三方机构对社会工作项目进行统筹规划、组织购买、项目监管、结果评估、人才开发，政府将其主要职责放在资金供给和项目结果评估环节，将社会工作日常管理和人力资源管理与开发交由社会组织完成。最终改变社会工作运作和人力资源管理的政府、社会组织和社会工作者的相互监管关系，形成合作伙伴关系，以激发社会活力。

第二，从"管制型政府"到"服务型政府"，政府在社会工作人力资源开发过程中的职能转换。其一，强化各级政府的"枢纽"和服务功能。在"服务型政府"理念的倡导下，各级政府应该改变被动式的社会工作人力资源管理和开发模式。从开发源头来讲，应该主动深入社区与居民共同进行社会工作者需求分析，详细编制好科学的社会工作者需求规划，并严格完成人力资源供给。从开发过程来讲，"服务型政府"应该主动与现有社会工作人员接触，解决其在社会保障、职业发展、职业倦怠和收入保障等方面的实际困难，充分发挥政府的"枢纽"功能优势。其二，充分发挥各地社会工作行业协会的服务功能。职业保障方面，社会工作行业协会应加强对社会工作机构为社会工作者提供社会保障的监督和管理。对于没有专门服务于机构或以项目制工作的社会工作者，由行业协会进行统一管理。职业发展方面，行业协会应从社会工作者的个人特点出发，科学制定职业生涯规划、安排有针对性的职业培训、维护正当权益、提供职业信息。从专业服务的角度成为社会工作者的信息提供者、技术帮扶者、心理支持者、权利维护者，政府应该对社会工作行业协会给予智力、财力和政策的支持。其三，整合社区各类型组织资源为社会工作人力资源开发提供多样化服务。基层政府带队，社会工作行业协会主导整合社区中政府机关、事业单位、高校、医院等资源，根据各类社会工作者职业发展的不同阶段设计科学的教育培训课程和职业发展路径。整合各类型组织的网络资源，建立网络资源系统以方便社会工作者使用。

第三，"补供方"和"补需方"相结合，规范政府购买，增强购买服务灵活性和竞争性。其一,"补供方",要实现政府购买社会工作服务的充分竞争,体现市场的效率性。许多社会工作服务项目资金少、资源稀缺和项目地偏僻,导致购买不充分和市场竞争不充分,政府不得已才进行公共部门内部购买,这反而强化了行政管制,限制了社会工作人力资源的发展。因此,除了在社会工作机构和人才较为充足的大型城市要大力开展完全竞争的政府购买服务外,对于社会工作机构和人力资源比较稀缺的项目和地区,要通过政府"合同资助"、"分类资助"和"分地区资助"来补贴社会工作供给方,以吸引社工组织和社会工作者充分参与竞争、提供服务。其二,"补需方",要实现公民社会工作服务的个性化满足,体现服务供给的福利性和灵活性。在社会工作服务供给相对比较充分的区域和领域,为了满足不同群体的需要和提高服务质量,需要从社会工作服务的客体入手刺激其对社会工作人力资源的需求。政府通过社会服务购买工具对服务对象进行补贴。"补需方"的购买路径是将资金提供给消费者,让消费者在服务生产者之间进行自由选择,给消费者更多的选择权。[①] 因此,可以大力通过服务券、税收优惠、贷款担保等路径进行补贴。其三,政府购买社会工作服务流程再造和购买行为规范化管理,要体现购买服务的公平性。政府部门在购买服务过程中要严格按照2015年颁布的《政府购买服务管理办法(暂行)》要求严格挑选服务购买和供给主体,采用公开招标、邀请招标、竞争性谈判、单一来源采购等方式确定承接主体。明确政府购买服务标准、公开招标数额标准、采购方式审核、信息公开、质疑投诉等。在购买服务环节,在公共媒体和网络发布信息,公开购买服务标准、社工机构资质、合同期限和财务数据等信息,保障政府购买的公平性和公开性。在服务流程环节,整合

---

① 林闽钢、周正:《政府购买社会服务:何以可能与何以可为?》,《江苏社会科学》2014年第3期。

管理程序和管理部门,进一步优化政府管理程序,减少政府的行政干预行为,更多体现社工机构和社会工作者的工作自由度和灵活性。

第四,发挥政府对社会工作组织的"推力",发挥行业协会的"拉力",形成社会工作者的"向心力"。其一,在社会组织发育较为缓慢的中国,政府对于社会组织建立的推动作用显得尤为重要。街道可以以社工项目购买和价值认同为基础加大社会组织孵化力度,为社会组织孵化创造资金条件、组织条件、人力条件和政策条件。通过街道的制度帮扶,创造更多社会工作岗位,为社会工作人力资源开发创造条件。其二,一地社会工作行业协会组织的成功与否决定了当地社会工作组织和社会工作者的数量和质量。成功的行业协会应该积极拉动本地社会工作机构的建设和社会工作者的培养。协会可以串联辖区优势管理资源和教育资源帮助建立社会工作组织,可以对辖区的社工和志愿者进行专业知识培训。除了加大专业社会工作者职业资格认证培训力度外,还应加强非专业社会工作者的专业培训,不断扩大社会工作人力资源队伍,培养志愿者的专业精神,影响社会中有社会工作服务意愿的个人。其三,社会工作机构的核心是社会工作者,要想激发社会组织活力,就必须先激发社工的专业精神、福利精神和对组织的向心力。社会工作机构需要加强对社工的专业能力和职业精神的培养,以正确的社会工作伦理精神为引导,使社工认可机构工作宗旨,认可行业规范标准,认可社会工作专业伦理道德。逐步实现专业伦理的内化,激发社会工作者工作动力,激活社会组织活力,最终实现激活社会发展动力的目标。

3. 实施规范化的行业组织管理体系

社会工作人力资源的规范管理和充分开发,必须建立在行业和组织的良性运行和协调发展的基础之上。因此,建立政府监管、社会监督、行业自律和标准管理的系统化规范行业和组织运作机制成为其应有之义。

第一，强化社会治理理念，进一步明确政府职能和社会组织职能，有效实现政社分开。长期以来，我国政府功能过于强大，在很大程度上限制了社会组织发展和社会发育。因此，要想从源头上对社会工作行业进行有效治理和加强行业自律，就必须转变政府职能，明确政府边界和社工组织行业职责范围。首先，弱化行政干预，保障社会工作组织的自主性和独立性。按照《行业协会商会与行政机关脱钩总体方案》的要求对于社会服务功能强，行政职能小的行业协会严格执行政策，使其与行政机关脱钩，变管制功能为服务功能，建立完善的内部管理制度。对于社会工作事务，地方政府应该严格简政放权，给予社会工作行业和组织以更多自由管理和自主经营的权利。其次，优化组织管理层结构，强化组织自我管理，提升社会工作组织的自律能力和发展能力。严格执行《中共中央办公厅、国务院办公厅关于党政机关领导干部不兼任社会团体领导职务的通知》和《中共中央组织部关于规范退（离）休领导干部在社会团体兼职问题的通知》，从社会工作组织的管理层进行人员优化，优选具有"国际意识"、"治理意识"和"发展意识"的管理干部领导社会工作行业和队伍发展。建立完善和科学的社会工作组织章程、法人登记制度，完善会员大会（会员代表大会）、理事会、监事会制度，落实民主选举、民主决策和民主管理制度，健全内部监督机制，强化社会组织发起人责任。

第二，完善政策法规，加强社会工作者行业协会自律的法制建设。行业相关法律法规的建设是进行行业自律的基础和依据，也是社会工作发展的规范要求。首先，应该严格按照2016年颁布的《社会团体登记管理条例》修正案对行业进行管理。对社会工作组织登记成立、变更注销、监督管理、罚则等内容要按照条例规定进行有效监督、管理和引导。对于法律法规在执行过程中所遇到的问题，展开科学研究，提出政策建议，并向政策制定部门提出议案。其次，出台社会工作行业和社会工作者规范管理办法和条例。可以尝试由各地行业协会拟定《社会工作者行业管理规定》、《社会工作者工作守则》、《社会工作者协会伦理守则》和《社会工作者文化教育标准》等规则。再由各省行业协会会同全国行业协会共同商议制定各类社会工作者行为和道德规范标准以强化行为自律。当规范的科学性不断体现，可以上升到法律层面时，就以法律法规的形式来固定，实现行业行为法制化，对从业者的行为予以规范。

第三，完善社会工作者国家行业标准，提升协会专业化水平。除了法律法规的制度基础之外，社会工作者国家行业标准的科学制定也是行业自律的重要依据。社会工作行业协会应该与国家民政部门、人力资源和社会保障部门共同制定社会工作者行业标准，为标准制定提供基础数据、反馈意见和合理化建议。一方面，建立自律标准体系，完善自律制度。根据社会工作的福利性和隐私性特点，制定《社会工作者协会和社会工作组织职业伦理标准》，以规范社会工作行业职业伦理，保障服务客体的隐私安全。根据社会工作组织的非营利性和慈善性特点，制定《社会工作组织机构和职责设定标准》，以规范社会工作组织的日常管理和职责设定。根据社会工作者的服务性和专业特点，制定《社会工作者服务标准》和《社会工作者专业标准》，以提升社会工作者服务的专业化水平，也给予服务客体服务参照，从而对社会工作者起到公众监督的作用。另一方面，建立分类型社会工作服务标准。社会工作有不同的服务客体，需要根据群体的需求和特点设置相异的服务标准。制定《老年人社会福利工作从业标准》，根据老年人身体原因，强化社会工作对于生活照顾和心理陪伴的功能。制定《残疾人社会福利工作从业标准》，根据残疾人身体和社会原因，强化社会工作对于身心康复和社会融合的功能。制定《儿童社会福利工作从业标准》，根据儿童教育和陪伴需求，强化社会工作对于家庭照顾和教育的功能。制定《妇女社会福利工作从业标准》，根据妇女的就业意愿和教育需求,强化社会工作对于生活技能培训和就业服务的功能。另外,根据社会工作职业的需求,还需要制定《社会工作者督导工作标准》和《社会工作者继续教育标准》,以保障社会工作者不断提升专业水平和增强职业认同度。

第四,倡导创立自律联盟,进行声誉自我规范,激发社会工作者的工作参与积极性,引导社会积极参与监督。其一,在行业协会自律不能发挥良好效果的情况下,倡导社会组织间自发建立自律联盟,从而有效规范参加组织的行为,对非联盟组织也起到榜样和推动作用。通过自律联盟实现资源共享和优势互补,及时发布联盟活动、信息和制度规章,监督联盟成员行为,审查成员准入资格。例如,2009年由壹基金倡导建立了USDO(The Union of Self - Disciplinary Organizations)自律联盟,以促进自律和提升公信力为宗旨,制定《USDO规则》和《USDO自律准则》,并以此为准审查成员资格,发布成员活动信息,监督和审查成员行为。[①] 其二,推动社会组织建立诚信承诺制度,建立行业性诚信激励和惩戒机制,进行组织内部信誉自我规范。社会工作组织应建立社会责任标准体系,积极履行社会责任,兑现社会承诺。建立活动影响评估机制,通过发布公益倡导、制定活动准则、实行声誉评价等形式,对诚信和服务行为按照规定严格实施奖惩措施。在组织内部对社会工作者进行信誉和工作伦理的明确规范,保障社会工作机构的社会信誉,提升社会工作者的自律意识。其三,为社会工作者创造良好的组织文化环境、工作环境、制度环境和教育环境,激发其参与积极性。社会工作组织应该不断强化自身"福利性"目标导向,根本性改变"营利性"目标,为工作人员创造良好的慈善文化。社会工作机构应该从工作环境和工作制度入手为社会工作者构建一个更能激发活力的软硬环境,在办公场地布置和装修中体现人文关

---

① 傅金鹏:《社会管理体制中的社会组织协同模式比较》,《中国社会组织》2013年第8期。

怀，在工作制度制定时使工作更具有灵活性，考核更具科学性。社会工作行业协会和组织应该提供更多的在职训练和进修提升机会，使社会工作者的职业发展更具弹性。其四，引入社会力量建立"非正式问责制度"。将服务客体、服务载体、志愿个体和大众媒体作为社会工作组织自律的主要参与者，使其从管理规则制定、服务项目确定、服务标准确立、服务评估参与、服务结果鉴定各方面参与社会工作组织和社会工作者的监督问责。通过借助现代网络信息技术，利用大数据和信息识别代码，如"二维码"等技术对社会工作组织的信息进行实时监督。

4. 倡导专业化的社会工作职业使命

长期以来，基层社区专业社会工作者大量缺乏，包括志愿者、义工和社区工作人员等大量非专业工作者加入到社会工作人力资源队伍中，导致社会工作职业缺乏应有的社会认知和职业认同，加之缺乏应有的服务规范和专业化工作方法，使得社会工作者职业使命感淡薄，社会工作者流失率一直居高不下。因此，必须从源头规范社会工作行业，确保社会工作者的职业认同感和留任率。

第一，从职业回报、职业荣誉、职业前景和职业地位因素加强社会工作者的职业认同感。职业回报是职业选择的首要因素，大多数择业者的职业稳定性取决于职业的薪酬待遇，提升职业薪酬水平是最为直接的方法。可是，社会工作的非营利性行业特点决定了其工作人员不可能得到极高的薪酬待遇。薪酬制定者应该设计更为丰富的职业回报体系来提升社会工作者的综合福利水平，可以加大对职工的社会养老保险、社会医疗保险和职业年金等方面的投入力度，实现职业稳定的目标。当然，对于职业的稳定而言，其关键是只有在进行长期的专业训练和学习之后才能将专业价值内化为职业认同。因而，加大对社会工作专业本科和研究生的培养力度十分关键。对于对职业认知不足的非专业和半职业社会工作者，需要通过行业协会和政府部门给予其工作成绩以职业荣誉，培养社会工作者的荣誉感和尊严感。让政府管理者、政策制定者和服务接受者对社会工作者的主体性、价值性和专业性给予充分的认可。另外，国家需要建立社会工作职业化的制度体系，以保障社会工作者有清晰的职业发展路径和广阔的职业发展空间。通过建立职业准入制度、职业评价制度、薪酬福利和晋升制度、继续教育制度，将职业发展空间、薪酬待遇水平和社会地位有机相连，从根本上培养社会工作者的职业荣誉感和职业忠诚感。

第二，完善社会工作流程控制管理体系，实现社会工作规范化服务供给。一方面，完善社会工作流程控制，建立服务质量管理体系。制定以服务质量手册为参照的服务质量管理体系，对社会工作全过程进行动态管理。在手册中明确制定和确立道德规范标准和方针，明确社会工作机构和工作者的职责、权利和工作目标。建立动态管理制度，详细、准确、真实地记录社会工作实施全过程，并同服务质量管理手册内容一一对应进行监督，提出改进方案，以实现对服务过程进行控制的目的。建立与质量管理体系相适应的督导制度，以提升社会服务工作质量。在督导过程中确保督导的持续性和广泛性，明确督导的程序、职责、功能、目标和范围，详细完成督导记录。制定风险管理制度，根据社会工作相关法律法规动态评估风险并提出应对方案，认真做好风险事件的动态记录，并形成案例库以使学习和参照。建立社会工作投诉和处理制度，对工作过程中出现的违规现象进行及时处理。另一方面，完善社会工作服务供给制度，健全服务供给标准化制度。不断加大社会工作从业者正式教育和非正式教育的投入力度，实现社会工作从业人员标准化准入，力争一个社区一个社工。根据《社会工作者职业道德指引》《社区社会工作服务指南》和相关法律法规制定标准化社会工作者行为规范。在需求评估、服务策划、服务执行、建档记录和服务评估的社会服务工作全过程制定详细和全面的标准化规范，对服务经费、服务进度、服务场地、服务人员进行精准化规范管理。

第三，提升职业能力，实现社会工作服务专业化。长期以来，社会工作人力资源的稀缺导致大量非专业化人员进入社会工作领域，对社会工作的专业化角色造成冲击，影响了民众对社会工作的正确认识。因此，需要加强社会工作者的专业知识教育、专业技能培训和专业精神培养。专业知识教育方面，除了继续执行社会工作师职业资格认证考试外，还应加强高校专业社会工作硕士（MSW）培养、高校在职专业社会工作教育、行业协会社会工作专业知识培训力度。不断夯实专业社会工作者的理论基础，加强社会学、管理学、伦理学、医学和心理学等专业知识的学习，采取线下学习和网络学习相结合的方式，规定每年的学习学时，并作为考核的重要指标。专业技能培训方面，合理运用个案工作、小组工作和社区工作方法开展工作，并加强专业技能培训。在社会工作前期准备、接案、计划制订、工作开展、结案、评估和反馈各阶段，要将沟通技巧、资料收集技巧、建立关系技巧、方案策划技巧和评估技巧等技能合理运用到三大社会工作方法中来。通过服务全程的督导指导和社工互助实现直接经验和间接经验的交流。专业精神培养方面，通过社会工作专业伦理委员会的建立对社工进行专业伦理规范和监督。将专业伦理、专业认同和专业稳定性内化为社会工作从业者的专业内驱力，推动其在社会工作服务供给中往更专、更精和更深的方向发展。

第四，转变社会工作者价值理念，强化职业使命感。社会工作者职业转换的主要原因为专业信念不牢固，功利化思想严重。因此，部分专业社会工作者需要转变索取心理，树立奉献精神，同时培养非专业社会工作者的福利意识和慈善精神。首先，明确社会工作的社会发展功能。提升政府对社会发展的认识水平，进一步强调社会工作社会功能和重要性，加大社会政策和社会工作作用的宣传力度，让社会和民众对社会工作的意义有清晰的认识。其次，培养社会工作者的奉献精神。用行业带组织，用组织带团队，再用团队带个人，最后用个人传向社会，将社会工作的奉献精神传递下去。在行业自律、组织规范和个人认知中将奉献精神层层深入，最终内化为社工行业、社工组织和社会工作者自主的道德规范。最后，培养社会工作者的职业使命感。从学校社工培养、职业资格认证、行业行为规范等各方面培养社会工作者的使命感，形成社会对社会工作职业的认可和尊重，让社会工作者对职业有坚定的奋斗目标。

5. 提升社会化的社会工作职业认同度

社会工作功能、岗位和人力资源的开发建立在社会工作行业充分发展的基础之上。社会工作行业发展的大背景就是"管制型"政府向"治理型"政府的转变，政府通过职能转变激发社会功能，倡导社会组织和民众充分参与社会工作。当社会工作被社会认可后，专业社会工作者的工作也会逐渐被认同，随着专业性不断提升，职业权威亦能得到认可。

第一，转变政府角色，倡导社会功能发育。政府治理能力现代化的一个重要体现就是通过职能转变将属于社会的功能交还给社会，让社会的组成元素充分发挥其应有的功能。其一，政府需不断完善法律法规，倡导公民意识和公民社会责任，加强对公民基本权利的维护，以《中华人民共和国宪法》为根本大法，不断完善《中华人民共和国民法》《中华人民共和国刑事诉讼法》《中华人民共和国商法通则》等法律中有关公民基本权利的条款。通过宣传教育和行为规范等方法，培养公民的社会公德心和社会责任感，让公民充分意识到自我权利和责任，能主动参与到社会事务中。其二，转变政府与社会组织的关系，加强政社合作。以合作治理伙伴关系为前提，完善政府与社会工作机构的合作机制。政府加大资金支持和技术支持力度，实现信息资源和人力资源共享，完善合作治理的法规体系。将政府对社会工作机构的管理关系变为合作关系。其三，建立政府、社会组织和公民间的互信机制，降低合作治理成本。合作的基础是信任，信任的基础是信息公开和透明。因此，互信机制需要建立在相互尊重的基础上，应公开社会工作需求信息、购买信息、服务信息和评估信息。政府应该实现权利公开、职责公开和政府购买项目的信息公开，社会工作组织应该保证组织内部信息公开、服务过程公开和资金使用公开，公民也应该公开自己真实需求和意愿。只有三方达成互信互利的共识，社会的相应功能才能正常发育。

第二，突出社会工作组织专业性，培育居民对社会工作的信任感，积极参与社区建设。长期以来，居民对于社会工作者不理解主要在于他们对社会工作的专业性认可度低和对服务结果满意度不高。所以，社会工作组织应该充分发挥其专业性特长，吸引公民参与社会事务。其一，以专业性优势，引领和指导社区人力资源。在"三社联动"的政策背景下，发挥社会工作组织的人力资源优势，将义工、志愿者和非从业社会工作者进行统一组织和整合，将社区中高校大学生、心理咨询机构心理咨询师和医院医护人员进行整合，建立社区社会工作人力资源数据库。定期和不定期组织专业培训，邀请社工督导进行培训和现场指导。其二，以专业性优势，整合社区硬件资源。发挥社会工作组织专业技能，对社区内社区基层服务中心、康复照顾中心、专业护理中心等机构的场所和硬件服务设施进行整合，针对不同社会工作服务项目进行安排和使用，以提升其使用的效率性和科学性。其三，以专业性优势，培育公民社会资本。公民社会参与程度较低的一个重要原因就是社会资本稀缺，缺乏社会参与的基础和动力。社会工作组织应该以社会团结为目标，开展丰富的社区活动，增加社区居民间的相互了解和相互信任，建立起牢固的社会支持网络，培育互助参与的社区文化，营造出良好的社会氛围。

第三，扩大社会工作服务范畴和公民参与范围。公民对于社会事务的参与在我国现实情况下往往是被动的，需要靠政府和社会组织的激发。在社会治理环境下，社会工作组织对公民意识的激发起到关键性作用。其一，扩大社会工作服务对象的范围，提升公民对社会工作认知度。充分开发针对老年人、残疾人、妇女、儿童和低保居民的社会工作项目，让各类群体在接受社会工作服务的同时，对社会工作有充分认识，并形成充分信任，从而自觉自愿地参与社会工作事务。其二，丰富社会工作的服务内容，提升公民对社会工作的认知度。深入开展居民服务需求调查，充分挖掘居民的多样化服务需求。从社区文艺活动组织、居家养老服务、心理健康服务、就业技能培训到社会融合训练，充分满足居民社会工作需求，以激发居民社会融入和主动承担社会责任的动力。其三，提高公民认知水平，激发公民的参与热情。通过政府、社会工作组织和公民自身共同努力，对社会工作和社会服务的作用和意义进行宣传教育；通过电视、网络、报纸和服务供给等对社会工作的社会发展意义进行充分的阐释，将社会服务意识内化为公民自我认知；鼓励具有先进理念的公民在言行中宣传社会工作功能和社会发展意义，最终实现"助人自助"的目标。只有充分唤醒公民，才能实现公民充分参与社会，才能让社会工作得到全社会的充分认可。

促进社会工作规范化和标准化发展，树立职业权威。除了社会工作者进行社会工作供给过程和结果的专业化和标准化要求外，社会工作职业权威的树立还需要规范化和标准化的社会工作形象塑造和学科发展。一方面，通过社会工作形象塑造实现职业权威树立。以社工优质化和标准化服务为基础，以社工机构科学化和规范化管理为依托，以政府和媒体系统化和专业化宣传推广为策略，为社会工作职业在公众中树立权威创造良好条件。政府可以创建社工形象宣传和推广的公众平台，整合官方媒体和社会媒体资源，为社会工作机构或项目设计CIS系统，以专项宣传和定期宣传的方式进行宣传。区域上将宣传重点放在人流量大的社区和商业综合体，渠道上将宣传重点放在影响力大的官方媒体、微信公众号和网络平台。另一方面，通过社会工作学科规范实现专业规范。从专业教师和学科建设入手，加强社会工作专业教育的实践性和规范性。以专业教师的专业精神和高尚的价值观影响社工专业学生的价值理念，将专业社会工作者和社工督导引入高校进行实践性较强的专业培训，提早将社会工作专业学生带入社工组织参加工作实践。增加学生临床社会工作的时间和经验，增加专业实践课时，让学生尽早和尽快适应社会工作，对工作有更为准确的理解和认识，确保真正满足进入工作岗位后的规范性要求。

参考文献

陈良瑾：《中国社会工作百科全书》，中国社会出版社，1994。

范燕宁：《在对现实世界的批判反思中把握社会工作的专业本质》，《社会工作》（学术版）2006年10下半月。

风笑天：《社会学研究方法》（第二版），中国人民大学出版社，2005。

何雪松：《社会工作的理论追求及发展趋势》，《西北师大学报》（社会科学版）2017年第4期。

何增科：《社会管理体制改革背景下的社会工作发展思路——中国社会管理体制改革与社会工作发展研究之三》，《毛泽东邓小平理论研究》2007年第10期。

李迎生：《社会工作概论》，中国人民大学出版社，2010。

民政部：《关于加强和改进社会组织薪酬管理的指导意见》，2016。

民政部：《民政部关于促进民办社会工作机构发展的通知》，2009。

民政部：《社会工作者继续教育办法》，2009。

民政部：《社会工作者职业水平证书登记办法》，2009。

民政部等12部门：《关于加强社会工作专业岗位开发与人才激励保障的意见》，2016。

四川省民政厅：《四川省社会工作十年发展报告》，http：//mzzt.mca.gov.cn/article/sggzzsn/jlcl/201611/20161100887304.shtml，最后访问日期：

2016年11月10日。

《四川省人民政府办公厅关于印发全省五大经济区2015年重点工作方案的通知》，http://www.sc.gov.cn/10462/10883/11066/2015/9/7/10351487.shtml，最后访问日期：2015年9月17日。

四川省委组织部等18部门：《关于加强社会工作专业人才队伍建设的实施意见》，2012。

四川省委组织部等4部门：《四川省社会工作专业人才队伍建设"十三五"规划》，2017。

唐代盛、李敏、边慧敏：《中国社会组织人力资源管理困境与制度策略》，《中国行政管理》2015年第1期。

田毅鹏：《转型期中国社会原子化动向及其对社会工作的挑战》，《社会科学》2009年第7期。

汪涛、万健坚：《西方战略管理理论的发展历程、演进规律及未来趋势》，《外国经济与管理》2002年第3期。

王刚义：《社会工作学》，吉林大学出版社，1990。

尹浩：《社会体制改革进程中的社会工作研究》，《知识经济》2008年第6期。

翟振武：《中国人口科学发展的回顾与展望》，《中国人口科学》2007年第5期。

中共中央、国务院：《国家中长期人才发展规划纲要（2010~2020年）》，2010。

中共中央办公厅：《关于深化人才发展体制机制改革的意见》，2016。

中央组织部等19个部委和群团组织：《社会工作专业人才队伍建设中长期规划（2011~2020年）》，2012。

中央组织部19个部委和群团组织：《社会工作专业人才队伍建设中长期规划（2011~2020年）》，2012。

Barker, Robert L. *The Social Work Dictionary*, NASW Inc, 1987, p. 155.

专题报告

Subject Reports

B.2 四川省城乡社区社会工作人才队伍建设的问题与对策研究

朱 琳[*]

摘 要： 党的十九大报告强调建设共建共享共治的社会治理格局，为基层社区治理带来新机遇。城乡社区社会工作人才队伍建设是提升基层社区治理水平的重要保障。本报告分析了四川省城乡社区社会工作人才队伍建设的现状、困境及对策，以期对四川省基层治理体系完善与能力水平提升提供有益借鉴。

---

[*] 朱琳，西南财经大学思想政治教育专业博士，四川大学历史文化学院博士后流动站研究人员。西华大学社会发展学院副教授、硕士生导师、社会工作系主任，西华大学MSW教育中心副主任、四川省社科联高水平学术团队成员、社会工作队伍人力资源管理创新研究团队成员。研究方向：社区治理、社区社会工作。

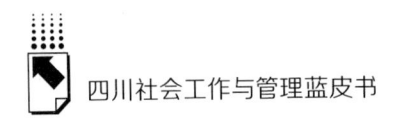

关键词： 城乡社区　社区社会工作人才

一　前言

随着时代的发展和社会的需要，社区社会工作已成为我国现代制度体系中不可缺少的重要组成部分。十九大报告中提出："要努力形成人人渴望成才、努力成才、人人尽展其才的良好局面，让各类人才的创造活力竞相迸发、聪明才智充分涌流。"这充分体现了人才队伍建设的重要性。社区社会工作人才队伍建设是保证社区社会工作顺利开展的基础性工作，具有基础性作用。然而由于四川省城乡社区社会工作事业起步较晚，人才队伍在建设过程中也遇到了各种各样的问题。由此，本报告就四川省目前城乡社区社会工作队伍建设的现状和存在的问题进行简要分析，并提出有针对性的对策建议，以助力国家决胜全面建成小康社会，夺取新时代中国特色社会主义伟大胜利，实现中华民族伟大复兴的中国梦。

本报告以四川省城乡社区社会工作研究为切入点，将理论与实证研究相结合，探索四川省城乡社区社会工作存在的问题。本报告主要由四个部分构成。一是四川省城乡社区社会工作人才队伍建设的背景及意义，根据十九大报告中提到的有关社区社会工作的相应内容，结合四川省城乡实际情况阐述了本篇研究报告的背景，并从基础工程作用、重要助推器和实现人才价值的基础平台三个方面阐释了研究报告的重要意义。二是四川省城乡社区社会工作人才队伍建设现状分析，从当前已出台的政策、现阶段的建设结构与规模以及建设质量与效能三个方面做了详细分析。三是指出四川省城乡社区社会工作人才队伍建设的困境，主要包括对人才队伍选拔机制不规范、留用机制不到位、培育机制不完善、激励机制不健全四大困境内容的阐述。四是针对四川省城乡社区社会工作人才队伍建设困境提出了有针对性的对策，针对四大困境分别从国家、社会以及个人角度一一提出了相应的对策。

二 四川省城乡社区社会工作人才队伍建设的背景及意义

（一）四川省城乡社区社会工作人才队伍建设的背景

党的十九大报告指出："我国社会主要矛盾已经转化为人民日益增长的美好生活需要和不平衡不充分的发展之间的矛盾。"四川省地理位置偏僻、经济基础薄弱、民族众多，人口也多，是一个城乡经济发展极其不平衡的省份。社会工作是随着西方社会城市化、工业化的进程，为回应并解决社会发展矛盾及问题而形成的专业学科。《中共中央关于构建社会主义和谐社会若干重大问题的决定》明确提出："努力造就一支结构合理、素质优良的社会工作人才队伍，是构建社会主义和谐社会的迫切需要，是摆在全党面前的一项重大战略任务。"这表明党和国家高度重视社会工作人才队伍的建设，认识到加快社会工作专业化、职业化发展步伐，建设一支社区社会工作专业人才队伍是当前社会工作发展过程的中坚环节。中共四川省委组织部等印发的关于落实《四川省社会工作专业人才队伍建设"十三五"规划》的通知中提到："到2020年，我省社会工作专业人才队伍建设的总体目标要满足人民群众日益增长的社会服务需求。"随着我国经济快速增长，人民群众对社会服务的需求也日益增加，各种新的社会问题不断出现，作为以解决各种社会问题、维护社会和谐安定为主要目标的社会工作专业越发得到了政府和社会各界的重视，社会对于社会工作专业人才的需求也不断扩大，社会工作专业人才的建设也因此体现出它自身的重要性。2012年《成都市社会工作专业人才中长期发展规划（2012~2020年）》和中共成都市委组织部等19个部门关于印发《加强社会工作专业人才队伍建设的实施意见》的通知都指出，未来十几年，是全面建设小康社会的关键时期，也是社会工作专业人才队伍发展壮大的重要战略机遇期。面对当前的状况，要大力加强社会工作专业人才培养，高举中国特色社会主义伟大旗帜，按照实施人才强国战略的总体部署，统筹推进社会工作专业人才队伍建设，逐步建设一支职业性强、专业性优、覆盖面广、社会认同度高的社会工作专业人才队伍，来满足社会发展对社会工作专业人才的需求。社会工作人才作为公共服务的专业提供者、社会矛盾的有效化解者、社会政策的直接执行者、社会管理创新的有力推动者、社会公平的积极维护者，是社会建设的"工程师"，对社会建设起到有力的推动作用。目前四川省各级领导十分重视社会工作人才队伍建设工作，认识到了社会工作人才队伍建设的重要性和紧迫性，积极落实相关政策要求，努力把四川省建设成为我国西部人才聚集地，助力新农村建设和城市文明社区建设，为社会的良好发展奠定人才基础。

自党的十八届三中全会做出"推进国家治理体系和治理能力现代化""创新社会治理体制"的重大战略决策以来，四川省积极响应并探索建立完善社会治理体制的有益举措。社区作为社会的最小单位，其治理水平直接关涉整个社会的治理质量，四川省非常重视社区治理体系建设，积极推动社会治理重心下沉，充分发挥社会组织、社工及社区多元互动共治的新治理模式的作用。正是在这样的大背景下，专业社会工作嵌入四川省城乡社区治理，培育专业化、职业化的四川社区社会工作人才队伍，成为四川省城乡社区治理发展的关键举措。但就目前四川省城乡社区社会工作人才队伍面临的人才队伍素质高低不一、结构与布局不合理、岗位设置与标准不明确、人员流动性大等问题来看，这都严重影响了四川省城乡社区社会工作人才队伍建设的发展。如何提升四川省城乡社区社会工作专业人才队伍建设水平，事关四川适应经济新常态，解决现阶段社会主要矛盾和融入"五大发展理念"，建成和谐美丽四川的大局。

（二）四川城乡社区社会工作人才队伍建设的意义

自2007年以来，按照民政部"领域先行，重点突破"的要求，四川省民政厅率先在民政系统内启动了建设试点工作，充分发挥其带头作用，积极推进和带领全省社会工作的发展。在最近10年时间里，四川省社会工作人才队伍建设取得了一系列成果：人才队伍建设政策制度不断完善，人才队伍不断壮大，岗位开发不断拓展，社工机构不断发展，资金投入力度逐步加大，服务领域不断拓展，服务质量不断提升，服务亮点逐渐形成。四川省委、省政府领导各级部门进行城乡社区社会工作人才队伍建设，具有以下重要意义。

1. 加强四川省城乡社区社工人才队伍建设是推动四川省科学化、系统化、民主化治理体系构建的基础工程

党的十九大报告提到："要构建政府为主导、企业为主体、社会组织和公众共同参与的环境治理体系。"十九大报告中明确指出国家对社区治理的要求，由此看出国家对社会组织治理的高度重视。着眼于时代发展的制高点，我国提出"科教兴国"和"人才强国"战略，努力实现我国由人口大国向人才强国的转变。2010年发布的《四川省中长期人才发展规划纲要（2010~2020）》指出，要在2020年把四川省建设成为中国西部人才高地，紧紧围绕全省改革发展大局，坚持高层次人才与重点领域、重点学科相结合，科研创新与实用创造相结合，培养、引进与使用相结合，数量与质量相结合。坚持以人为本、为核心的科学发展观，从国家到四川省，再到四川省各县、乡、村等，以大带小，以面带点，构建完整系统的社工人才队伍建设体系，逐步实现全面建成小康社会，实现西部经济强省的目标。①

党的十八届三中全会做出的"推进国家治理体系和治理能力现代化""创新社会治理体制"的重大战略决策，对我国的经济、政治和社会发展具有十分重要的意义，各地也对社会治理体制建设进行了积极探索，但显然这样的探索和研究是不够的。当前四川省城乡社区社工人才的建设存在专业性不高、职业性不强、认知度不高的情况，四川省的社区社工人才建设工作起步晚，基础薄弱，城乡发展不平衡，缺乏专业的知识学习和技能培训，导致四川省城乡社区治理服务水平低、效率低、质量低，阻碍国家治理体系的构建。所以，为推进国家治理体系的科学化、系统化、民主化发展，必须充分发挥四川省城乡社区社工人才队伍的作用，加强四川省城乡社区社工人才队伍的建设，大力发展社会事业，培养造就一支数量充足、结构合理、素质优良的社会工作专业人才队伍。

2. 加强四川省城乡社区社工人才队伍建设是建立健全四川省社区社会工作服务政策制度保障的重要助推器

《四川省社会工作专业人才队伍建设"十三五"规划》指出："为着力推进社区建设领域社会工作专业人才队伍建设，必须建立健全社区社会工作服务政策制度，建立完善的社区社会工作服务标准，形成协调有利的社区社会工作服务体制机制。"2006年10月中共中央十六届六中全会做出《中共中央关于构建社会主义和谐社会若干重大问题的决定》（以下简称《决定》），《决定》指出要"建立健全以培养、评价、使用、激励为主要内容的政策措施和制度保障，确定职业规范和从业标准，加强专业培训，提高社会工作人员职业素质和

---

① 《四川省中长期人才发展规划纲要（2010~2020年）》，《四川日报》2010年10月18日，第1版。

专业水平。制定人才培养规划，加快高等院校社会工作人才培养体系建设，抓紧培养大批社会工作急需的各类专门人才。充实公共服务和社会管理部门，配备社会工作专门人员，完善社会工作岗位设置，通过多种渠道吸纳社会工作人才，提高专业化社会服务水平。"[1] 社会工作是一种旨在帮助社会上的弱势群体，预防和解决部分因自身水平或不良生活方式而造成困难的人群的社会问题，以利他主义价值观为指导，以科学的知识为基础，运用科学方法助人的服务活动。这是一项以人这个特殊群体为主要工作对象的工作，四川省因此根据地区的发展和社会的需求，以专业化、职业化为核心，建立健全不同学历层次教育共同发展、专业培训和知识普及有机结合的社会工作专业人才机制，在制度保障下培养专业社区社工人才，打造一支专业性、职业性的团队，使其投入到四川省城乡社区社会工作中来，以提供更好的社会服务，将四川省城乡社区社工人才队伍建设的服务成果作为助燃器推动四川省社区社会工作服务政策制度保障的建立健全，促进社会服务制度的进一步系统性优化。

3. 加强四川省城乡社区社工人才队伍建设是优化组织队伍结构，实现人才价值的基础平台

《国家中长期人才发展规划纲要（2010～2020年）》指出，以中高级社会工作人才为重点，培养造就一支职业化、专业化的社会工作人才队伍，到2015年，社会工作人才总量要达到200万人，到2020年，社会工作人才总量要达到300万人。[2] 《社会工作专业人才队伍建设中长期规划（2011～2020年）》也提出，到2015年社会工作专业人才总量达到50万人，到2020年达到145万人，这说明国家充分

---

[1] 《中共中央关于构建社会主义和谐社会若干重大问题的决定》，《人民日报》2006年10月19日。

[2] 《国家中长期人才发展规划纲要（2010～2020年）》，《人民日报》2010年6月7日。

认识到了社区人才培养的重要性。① 当前正处于经济社会调整和转型的关键时期，社会阶层价值取向的分化，极易引发各类社会矛盾纠纷。社区社会工作身处群众当中，在调处社会矛盾和纠纷中，能够起到"减压阀"和"减震器"作用，也可以避免政府与不同利益群体间的直接对立，把各种社会矛盾化解在基层，解决在萌芽阶段。特别在"小政府、大社会"的发展趋势下，社区承担了许多过去由政府部门和事业单位办理的事务，社区社会工作者通过开展各类社区服务，帮扶困难群体、边缘群体摆脱困境，实现社会公平正义，成为党和政府联系人民群众的"桥梁"和"纽带"，推动了社会和谐文化、关爱文化和公民道德建设，营造了诚信友爱的良好氛围，为建设和谐社会发挥了积极的作用。实践证明，社区社会工作者已真正成为党和政府解决社会问题、缓解社会矛盾、增进社会团结、维护社会稳定、推动和谐社会建设的重要依靠力量，于是，社区社会工作者在贡献自己、服务社会、推进社会和谐建设发展的同时也实现了自身的人才价值。

加强城乡社区社会工作人才队伍建设是贯彻和落实科学发展观的一项重大举措，也是构建社会主义和谐社会的一项紧迫任务，为此，我们要做到始终高举中国特色社会主义的伟大旗帜，坚持在党的领导下积极做好相关工作，引导社会工作人才队伍建设向专业性、均衡性方向发展，促进经济持续健康发展，推动社会主义现代化建设。

三 四川省城乡社区社会工作人才队伍建设现状

（一）四川城乡社区社会工作人才队伍建设的政策分析

目前，四川省正处于新的发展历史起点，肩负着在中西部地区率

---

① 《社会工作专业人才队伍建设中长期规划（2011~2020年）》，《中国社会报》2012年4月27日。

先基本实现现代化和国际化的历史使命。然而，随着工业化、城镇化、市场化、信息化、国际化发展进程的加快推进，四川地区也产生了许多社会问题和社会矛盾，迫切需要建立一支结构合理、素质优良的社会工作专业人才队伍，帮助解决社会问题、应对社会风险、促进社会和谐、推动社会发展。因此，四川省为应对社会发展的需要，深入贯彻落实中共中央关于构建社会主义和谐社会、加强和创新社会治理的决策部署，努力造就一支社会工作专业人才队伍，为构建和谐四川提供有力的人才支撑，就社区社会工作者队伍的建设与发展制定并出台了一系列相关政策文件，并提出了四川省社区社会工作专业人才队伍建设的一系列相关意见。

就过去十年的发展而言，2007年四川省民政厅按照民政部"领域先行，重点突破"的要求，率先在民政系统启动了社区社会工作专业人才队伍建设的试点工作，积极推进全省社区社会工作专业人才的发展。[①] 近年来，四川省政府持续完善社区社会工作者专业人才队伍建设的政策体系，努力壮大社区社会工作者队伍的规模，不断扩展与社区社会工作者专业人才队伍相关的岗位开发，逐步加大社区社会工作者专业人才队伍建设的资金投入力度。在此基础上，四川省社区社会工作机构规模得到了进一步的发展壮大，社区社会工作者的服务领域得到了持续扩展，社区社会工作者所提供的服务质量得到了加强与提升，社区社会工作机构的服务亮点进一步形成。从整体来看，政策不断完善：推动出台社工发展综合政策；完善民政系统社工岗位聘用政策；推动专业领域社工政策制定；社工服务指导政策不断完善；积极研制社工服务标准；社工队伍建设不断加强——职业水平评价有序实施；持续推进社会工作专业培训；社会工作专业人才素质不断提高；社会工作者激励政策逐步完善；社会工作服务平台不断拓展；社

---

① 四川省民政厅：《四川省社会工作十年发展报告》，2016年11月7日。

工管理机构逐步实现全覆盖；社工岗位开发取得突破；专业社工机构迅猛发展；社会工作实务不断深化；财政支持力度逐步加大；服务范围不断扩大；服务成效愈加明显；服务典型不断涌现；灾害社工服务亮点突出；多部门协作，合力助推社工发展。

在2011年至2013年期间，四川省委组织部等18部门印发的《关于加强社会工作专业人才队伍建设的实施意见》就提出了关于加强社会工作专业人才队伍建设的实施意见。这主要体现在以下几个方面。一是充分认识到社会工作专业人才队伍建设的必要性及重要性。二是要明确加强社会工作专业人才队伍建设的整体要求——加强社会工作专业人才队伍建设的指导思想、工作原则及任务目标。三是完善社会工作专业教育培训体系的建设。支持高等院校加大发展社会工作专业教育；建立健全社会工作专业人才的教育培养机制；着力发展高层次社会工作专业人才。四是建立科学合理的社会工作专业人才使用机制——规范社会工作专业岗位的设置标准；完善社会工作专业人才使用机制；建立社会工作专业人才与志愿者联动服务机制。五是完善社会工作专业人才评价激励机制。建立健全社会工作专业人才考核评价机制；完善社会工作专业人才薪酬保障制度；健全社会工作专业人才分配激励机制。六是推进社会工作人才队伍的专业化、本土化发展。完善并实施社会工作者职业水平评价制度；积极推行社会工作者职业资格准入管理等。七是切实加强对社会工作专业人才队伍建设的领导。健全社会工作专业人才工作格局；加大社会工作专业人才队伍建设的投入力度、调查研究及宣传力度。①

此外，四川根据全国《社会工作专业人才队伍建设中长期规划（2011～2020年）》、《四川省民政人才中长期发展规划（2010～2020年）》及《成都市中长期人才发展规划（2010～2020年）》，制定了

---

① 四川省委组织部等18部门：《关于加强社会工作专业人才队伍建设的实施意见》，2012。

四川省社区社会工作专业人才中长期发展规划（2012~2020年），提出发展的主要任务是完善社会工作专业人才培养机制、评价机制、使用机制及激励机制。重点工程是社会工作服务人才职业能力建设工程、社会工作管理人才综合素质提升工程、社会工作知识普及工程、领导干部队伍社会工作专业人才选配工程、社会工作专业人才培育基地建设工程、社会工作校地链接工程。

就当前及未来社区社会工作人才队伍发展来看，我国正处在"十三五"发展的重要时期，因此四川省就这一时期社会工作人才队伍的建设与发展制定了相应的发展规划。截至2020年，建立健全社会工作专业人才政策和制度体系，造就一支数量充足、结构合理、素质优良、充满活力的专业化、职业化社会工作专业人才队伍，尤其是社区社会工作人才队伍，使之适应四川省经济社会发展的要求，满足人民群众日益增长的社会服务需求。着力推进社区建设以及青少年发展领域、社会救助领域、老年社会工作领域以及救灾等领域的社区社会工作专业人才队伍的建设。促进社区社会工作者的整体素质提升，加大社会工作机构的能力建设，加大社区社会工作者参与"三社联动"、脱贫攻坚等服务力度，推动重点领域社会工作服务示范项目以及专业人才信息化建设工程的建设，并进一步健全社区社会工作者的培养、使用评价、激励及管理的体制或机制。

以上政策表明四川省社会工作人才队伍，尤其是社区社会工作人才队伍建设正处在快速发展期；四川省在城乡快速发展的潮流下认清了人才发展，尤其是社区社会工作人才队伍发展对城乡社区建设的重要推动作用。因此，在社区社会工作等领域实施社会事业人才提升工程，通过提升人才能力提高社会事业发展水平。在此背景下，四川省政府加大了对社区社会工作人才队伍建设的政策规划，重点发展社区建设、青少年事务、社会救助等领域的社会工作；与此同时，从人才的培养、激励、使用评价等方面加强对社区社会工作专业人才的支持力度，以加快推进社区社会工作专业人才队伍建设的专业化与本土化进程，建立起比较完善的社区社会工作专业人才队伍运行机制、服务体系和工作格局，逐步建设一支职业化强、专业性优、覆盖面广、社会认同度高的社会工作专业人才队伍。虽然四川省社区社会工作人才队伍建设取得了长足发展，但是就发展现状而言，仍然存在一些缺陷和不足，如城乡社区社会工作人才队伍选拔机制不规范；城乡社区社会工作人才队伍留用机制不到位；城乡社区社会工作人才队伍培育机制不完善；城乡社区社会工作人才队伍激励机制不健全。因此，四川省社区社会工作人才队伍的建设仍然是一项艰巨而长远的任务。

（二）四川城乡社区社会工作人才队伍建设的结构与规模

2007年，四川省民政厅按照民政部"领域先行，重点突破"的要求，率先在民政系统启动了社会工作人才队伍建设试点工作，积极推进全省社会工作发展。经过持续不断的努力，社区社会工作者整体素质有了较大提高。

社区社会工作人才队伍结构有所改观，但仍需要进一步优化。从性别比来看，男女性别比例较为平衡，性别结构合理。从年龄分层来看，年轻化趋势明显，老、中、青社区工作者分布相对均衡，社区工作者队伍较为年轻，工作经验分层合理，"老带新"潜力充足。从身份背景来看，政治面貌多元，中共党员占比较高。此外，还有一部分来自不同领域的社会人士。另外，社区社会工作队伍规模不断发展壮大，但仍需进一步扩展。从管理层来看，社会工作管理机构逐步实现全覆盖。省民政厅于2007年在人事处增挂了社会工作处牌子，全省目前有5个市（州）在人事科挂牌成立了社工科，全省共有9个县增挂了社会工作科/股牌子，未增挂牌子的地方也在相关科/股明确了社工人才队伍建设和相关志愿者队伍建设职责。从岗位开发来看，社区社会工作岗位开发取得突破，全省民政直属事业单位积极开发社工岗位。目前，四川省优抚安置类、社会福利类、社会事务类均已陆续开拓了社区社会工作岗位；部分地方通过建立政府购买和社会工作机构服务制度，进一步推进社区社会工作岗位的设置，不断扩展社会工作岗位开发的范围。截至2015年底，全省社会工作专业岗位总量将近7000个，其中城乡社区和民政事业单位开发设置社会工作专业岗位总量将近4000个。从专业机构发展来看，社区社会工作专业机构发展迅猛。一方面，汶川地震灾区各级政府通过出台政策和提供力所能及的资助，帮助那些曾经在灾区参与灾害救助的社工机构生存下来；另一方面，近年来全省各地积极培育本土社会工作服务机构，通过降低门槛、孵化扶持等手段促进社会工作机构发展，截至2016年9月，四川省共发展了600多家民办社工机构，位居西南各省份前列。全省社会工作行业协会逐步发展，全省地市（州）级、县级社会工作行业协会成立数量之和达到了40多个。

　　社区社会工作人才队伍建设取得成绩的同时仍然存在不少的问题。从专业性来看，社区社会工作专业人才地区发展极其不平衡。目前四川省社区社会工作开展较好的地区集中在成都市及部分市（州），大多数社区社会工作者也集中在经济、社会发展水平较高的城市地区，偏远、艰苦地区却缺乏社工人才，而这些地方往往更需要社会工作专业人才的服务和帮助。从社区社会工作人才的保障力度来看，大部分社区社会工作者待遇偏低，难以有效吸引青年人才。成都新民社会组织发展中心统计资料显示，有37.2%的社区工作者每月到手收入少于2000元；2000~3000元的占比最高，达到57.6%。其中，有68.2%的大学本科毕业生到手工资只有2000~3000元，还有25.5%的本科生到手工资不足2000元。① 从社区社会工作人才队伍总

---

① 成都新民社会组织发展中心：《成都市城乡社区工作者队伍建设报告》，2017年7月。下文出现的成都新民社会组织发展中心统计资料或成都市社区工作者调查数据，如无特殊说明，均来源于此。

量来看，社区社会工作专业人才队伍总量依然不足。近些年，四川省社区社会工作专业人才队伍建设逐步加强，但全省中高级专业人才仍不能满足需要，专业性强、管理规范、有品牌特色的社工机构少，能够胜任社区矫正、吸毒、特殊人群、学校、医务等领域的专业社工匮乏。从社区社会工作岗位开发来看，社区社会工作岗位开发受到制约。目前，四川省除民政等少数部门外，其他部门在推进社工岗位开发利用力度方面相对滞后，与之对应的评价体系、薪酬标准难以落实到位，导致社工岗位开发设置进展缓慢。

（三）四川城乡社区社会工作人才队伍建设的质量与效能

近年来，四川省社区社会工作人才队伍不断发展壮大，社区社会工作人才的专业知识越来越丰富，服务水平越来越高，服务效果越来越好。根据前期调研，都江堰市为鼓励基层社区推广社会工作，储备社区社工人才，专门制定出台了《关于调整全市社区干部补贴和工作经费及党员教育培训经费标准的通知》（都办发〔2013〕203号），对社区专职工作者中，通过国家和省社会工作职业水平考试，并取得职业水平员级、初级、中级、高级证书的，自完成登记注册当月起，每人每月分别给予200元、400元、600元、800元补贴。其余区（县）也制定了类似的社区工作人员激励办法，多就社区持证上岗社工给予一次性奖励。锦江区实施了"锦江区人才计划"，在社工类社会组织方面，每年至少支持3家社工机构发展。多数区（县）对高等院校社会工作专业毕业的专科生、本科生、硕士研究生、博士研究生并从事社区专职工作的，每人每月给予200元、400元、600元、800元补贴，鼓励基层社区大力推广社会工作。锦江区专门出台了《社会工作专业岗位设置办法》，在救助救济、社区治理、养老助老等领域设置了300多个社工岗位，吸引社工专业人才来锦江落地。同时，该区还出台了《社会工作专业人才职业水平补贴发放和管理暂行办法》，对社会组织、社工人才和社区持证社工实行补贴。金牛区通过组织参观学习、专家讲座、实地辅导、建立社工人才培训基地等形式，从社会工作观念和社会工作实务方面对社会工作人员进行相关培训和在职辅导。青羊区也通过集中培训、参观考察等多种形式，先后组织社区党组织和居委会主要负责人开展相关专题培训活动。温江区通过深化校地合作，引导社工人才队伍建设实现专业化。通过与西南财经大学、四川农业大学等驻温江区高校开展校地合作，建立社会工作人才定期培训制度，举办系列社会工作人才培训班，讲授业务技能，提高理论素养，植入社会工作理念。

调查表明，四川省在社区社会工作人才队伍建设过程中，以一系列激励措施来吸引掌握了专业理论知识的高水平、知识性人才；通过一系列培训机制建设来提高社区社会工作人才自身能力，增强服务水平，完善服务效果。

四川省社区社会工作人才建设虽然取得了较大发展，但仍然不能完全满足现有社会的需要。就发展质量来说，社区社会工作者文化程度依然偏低，人员整体素质有待提高。在许多服务机构中工作的大部分社区社会工作者都是凭借自己的社会经验而非社会工作专业知识技能来开展工作，而且社会工作本身就是一个新兴的学科，社会对它的认可度不是很高。工作的非专业性、工作人员的保障不足等问题使得从事社区社会工作的人才不能长久保持下去，这就使得社会工作的发展更加艰难，进而影响了社会工作的人才厚度。就服务水平及效果来看，专业化程度不高，服务供给能力有限。从专业性方面来看，成都城乡社区工作者的专业能力还有待提高。一方面，四川省社区社会工作者持证上岗的实际比例偏低，其服务的专业性难以得到提高。此外，四川省获取社会工作者职业资质的时间较晚，这从某个层面也考验着社区工作者将理论转化为实践的能力。另一方面，成都城乡社区工作者的专业背景较为多元，社会工作专业"出身"的人员占比较少。由于社区工作者既没有专业学习的背景,又缺乏职业资质的认定,这种知识水平和能力水平参差不齐的现状,必然会影响到社区服务和管理的质量,进而制约着四川省社区治理的优化、转型与升级。

可以说社会工作专业人才在提供社会服务、解决社会问题、化解社会矛盾、降低社会风险、维护社会稳定、增进公平正义、促进社会和谐等方面已经成为一支不可或缺的力量。近年来政府就社会工作人才的发展出台了一系列政策方案,采取各种措施推进社会工作人才的激励、评价等工作,从而促进了社会工作人才队伍的发展壮大。

四 四川省城乡社区社会工作人才队伍建设的困境

(一)城乡社区社会工作人才队伍选拔机制不规范

1. 城乡社区社会工作人才需求缺口大

四川省教育厅数据显示,截至2016年底,四川省社会工作专业人才队伍总量达到2.2万余人,有10412人取得了全国社会工作专业资格证书,其中助理社工师8354人、社工师2058人,而在发达国家或地区,专业社会工作人员占总人口的比例为2‰~5‰。考虑到我国属于发展中国家的实际和四川省经济社会发展所处的阶段,按2‰的国际标准,全省人口8140.2万人(2014年常住人口),全省应有社工专业人才16.28万人,与四川省迫切需求社会工作专业人才的现状相比,四川省社会工作人才队伍建设的缺口有10万人左右,这也直接反映出四川省城乡社区社会工作专业人才存量严重不足,远远不能满足当前四川省城乡社区建设发展的迫切需求,严重制约了全省城乡社区社会工作人才队伍建设的发展进程。

2. 城乡社区社会工作准入门槛低

根据四川省教育部门2013年的数据,目前四川省高校社会工作类专业在校学生共计3113人，其中本科层次达到2089人，专科层次达到1024人；本科招生数650人，专科438人。中等职业学校社会工作类专业在校生255人。2003~2013年，四川省总共有专科以上层次社会工作类专业毕业生5724人。但是根据2017年《四川省社会工作专业人才队伍建设"十三五"规划》，到2020年四川省社会工作专业人才队伍建设目标应实现总量达到5.5万人。四川省社会工作专业人才少和城乡社区发展需求大之间的矛盾，导致城乡社区社会工作准入门槛降低。很多社区不得不降低招聘标准，聘用了许多没有社会工作专业背景或拥有社工证的员工上岗，造成社区社会工作的专业性水平降低，社区社会工作的服务质量和形象受到影响。总体来看，四川省内的城乡社区社会工作者，大多数都是非社会工作专业出身，缺乏社区社会工作的专业理论知识和实务经验，不能有效把握社区社会工作的核心内容与工作方法，因此难以应对当前四川省城乡社区建设发展面临的新形势和新情况。四川省城乡社区社会工作准入门槛过低，社区社会工作人才队伍主要表现出视野不开阔、思路不新颖和综合素质不高等问题，这与解决社区发展中面临的复杂问题的能力需求存在较大差距，直接影响了四川省城乡社区社会工作人才队伍建设的整体质量。

3. 城乡社区社会工作人才教育模式存在缺陷

根据四川省教育部门统计资料，截至2015年，四川省共有18所高校开设了社会工作本科专业，22所高校开设了社会工作、社区管理与服务、公共事务管理、家政服务、老年服务与管理和心理咨询等6个专科专业，4所中等职业学校开办了6个社工相关专业，有5所高校设有社会工作专业硕士点。[①] 总体来说，四川省各高校社会工作

---

① 朱琳、万远英：《四川省高校社会工作专业人才培养的现状、困境及对策》，《攀枝花学院学报》2015年第4期。

的专业设置总体布局良好，但各高校仍然采用的是传统的课堂教学模式，主要是以教师在课堂讲解为主，学生听为辅的模式，对实践教学的重视力度不够。有些高校还存在社区社会工作教学内容不完善，相关专业知识点不健全，甚至专业知识长期不更新，教材版本过于落后等问题。此外，在课堂上老师重点讲解国外以及先进地区的社区社会工作模式，对社区社会工作本土化缺乏足够重视，教学模式简单刻板，过于偏重课堂教学，将社区工作等实践课程放在课堂上完成，忽视了社区社会工作实践教学的重要性，甚至有些高校并未开设社会工作实践课程，忽略了学生社会工作实务能力的培养，导致社区社会工作专业的学生在处理社区问题时，不能将专业理论知识与社会实践有效结合。当前四川省社区社会工作人才教育模式存在一定缺陷，这与四川省城乡社区社会工作人才队伍建设需求不相适应。

4. 城乡社区社会工作专业化和职业化发展程度低

四川省社会工作人才建设调查数据资料显示，成都经济区注册持证的社会工作专业人员有4170人，绵阳登记社会工作专业人员有500多人，德阳在2008~2015年持证社工从十几人增加到116人；广元持证社工有50人，汶川有16人。[①] 总体来说，当前城乡社区社会工作者专业背景和实际工作水平较低，多数没有接受过系统的社会工作专业教育，也未取得全国社会工作专业资格证书，导致社区社会工作的专业化和职业化程度低。从长远发展来看，专业化和职业化是四川省城乡社区社会工作人才队伍建设的方向，但当前四川省城乡社区社会工作专业化水平不高，职业化程度发育不足，没有职业化的标准和规范，难以适应新形势下四川省城乡社区社会工作人才队伍建设的需要。

[①] 四川省社会科学高水平团队：《四川省社会工作人才队伍建设与发展研究报告》，2016年8月，未公开发行。下文出现的有关四川省社会工作人才建设调查数据，如无特殊说明，均来源于此。

（二）城乡社区社会工作人才队伍留用机制不到位

1. 城乡社区社会工作岗位设置不足

四川省社会工作人才建设调查数据资料显示，截至2015年底，四川省有5720个社会工作专业岗位，其中包括3910个由城乡社区和民政事业单位设置的社会工作专业岗位。当前，四川省城乡社区社会工作专业岗位总量不足，社会工作岗位开发力度不够，相关职业保障制度还不完善。由于社区社会工作职业定位不清，职能职责相互交叉，多数社区社会工作者没有明确的职责，存在一个岗位上社区社会工作者需要同时承担多项工作任务的情况。另外，有些领导者在分配职位时，将一些高学历的专业人才分到专业不对口的岗位上，这极大地削弱了社区社会工作者的积极性与成就感，严重制约了四川省城乡社区社会工作专业人才队伍的壮大。

2. 社区社会工作者福利待遇差

成都市社区社会工作者调查资料显示，成都市有37.2%的社区社会工作者每月到手收入不足2000元；2000~3000元的占比最高，达到57.6%；3000~4000元以及4000元以上的则分别只有1.1%和4.2%。而2015年成都市城镇非私营单位在岗职工年平均工资为69123元、每月约为5760元，除去"五险一金"后的每月实际到手工资也为4600~5000元。由此可见，四川省城乡社区社会工作者的薪酬普遍较低，与事业单位人员相比，福利待遇差距明显。当前，四川省城乡社区社会工作者趋于年轻化，过低的薪酬待遇和收入水平难以满足他们的日常需求，这不利于吸引和留住优秀的社区社会工作人才。对于刚毕业的年轻社区社会工作者而言，微薄的工资难以缓解沉重的生活压力，这直接导致大量年轻的社区社会工作人员辞职跳槽另谋出路，严重影响了四川省城乡社区社会工作人才队伍的稳定性。

3. 社区社会工作社会认可度低

目前，社区社会工作的开展时间较短，社会对社区社会工作的认知度非常低。成都市社区社会工作者调查资料显示，有30%的社区社会工作者提出了社会公众对社区社会工作认可度低的事实，有地区的社区社会工作者认为"实际上有95%的人都不知道社工是什么"，也有地区的社区社会工作者认为"社会认可度低是推行社会工作时存在的最大问题"，还有地区的社区社会工作者认为"社会工作的氛围不够，需要营造"。社区社会工作的发展需要社会公众的大力支持，然而社会公众对社区社会工作了解少且认可度低，社区社会工作者在开展工作过程中得不到民众的支持和认可，这严重影响了城乡社区社会工作人员的工作积极性与自信心。总体来说，四川省城乡社区社会工作社会认可度低，在很大程度上对四川省城乡社区社会工作人才队伍的建设造成了不利影响。

（三）城乡社区社会工作人才队伍培育机制不完善

1. 缺乏规范的入职培训

对于刚从事社区社会工作的人员而言，入职培训能够帮助他们快速高效地了解社区社会工作的基本理念，更快更好地运用社区社会工作专业技能和方法去处理社区事务，有效提升社区社会工作人员的工作胜任力。但目前，省内很多社区并没有一个系统、科学的培训体系规划，大多数社区社会工作人员参加过的入职培训往往只是形式，这些培训仅仅是带着刚入职的社区社会工作人员走过场，培训效果不明显。此外，入职培训在内容上也存在诸多问题，大多采用的是"灌输式"的培训，讲授各种经验、政府政策等，并没有结合实践予以指导。对于"新手"而言，他们缺乏社区社会工作的经验，即使具备专业的理论知识，但没有受过专业的实践培训，也很难将社会工作方法与具体的社区社会工作相联系，工作开展依然很艰难，因此培训效果也就大打折扣，不利于社区社会工作者工作积极性的提高。

2. 缺乏高质量的在职培训

成都市社区社会工作者调查资料显示，成都市有82.8%的社区社会工作者"需要有专业的督导介入和指导社区工作"；有98.9%的社区社会工作者认为自己有接受培训的需求；另外，有69.0%的社区社会工作者"有继续学习或攻读学位的意愿"。可见，四川省社区社会工作者对于专业技能的学习和培训的需求十分迫切。但是当前社区社会工作者在职培训的目的非常功利，仅仅是完成街道办设立的相关指标与任务，而不是提高社区社会工作者的综合素质与能力。此外，在职培训内容单薄，培训时间较为集中，培训的方式主要是以课堂教学为主，实践教学为辅，培训内容理论性较强，实务性较弱，完全不能满足社区社会工作者应对社区复杂问题的能力需求。总体来看，省内各社区开展的在职培训的形式较为单一，主要是以培训会的形式进行理论教学，而实践教学往往流于形式，时间安排也较为仓促，导致在职培训效果大打折扣。此外，由于社区事务相对烦琐，一些社区社会工作人员为了处理相应的工作只能选择中途离场，这在一定程度上影响了在职培训内容的完整性和持续性，进一步导致四川省社区社会工作人才队伍的专业化程度不高。

3. 缺乏科学的培训效果评估体系

四川省各社区对社区社会工作者的培训效果评估的重视程度不够，社区社会工作者的培训过程，往往只有简单的考勤记录，没有培训过程中和培训后的跟踪评估，也很少让培训者参加考试，以测评培训结果，因此，难以形成有效的培训效果评估体系。总体而言，省内各社区的培训效果评估体系相对零散且流于形式，并不能有效反映社区社会工作者的培训效果。此外，省内各社区的培训效果评估体系尚不健全，缺少培训结果的分析，记录归档和后续培训内容的优化等内容，使得培训效果评估缺乏整体性和系统性，导致社区社会工作者在培训结束后不能有效地进行反思和总结，这对四川省城乡社区社会工作人才队伍的建设产生了不利影响。

（四）城乡社区社会工作人才队伍激励机制不健全

1. 政策激励尚不均衡

虽然《四川省社会工作专业人才队伍建设"十三五"规划》中强调要着力推进社区建设领域社会工作专业人才队伍建设，但截至目前，四川省有关社区社会工作的开展及社区社会工作专业人才激励保障的政策措施和制度法规尚不健全，各地区社区社会工作人才激励保障措施和制度不均衡，有些地区即使出台了政策，也还存在政策有落地差的现实状况。在服务经费保障方面：政府虽然加大力度给予社区财力支持，但与社区事业发展的新要求相比，这些支持显得十分无力。就政府的财政投入来看，四川省各个地区的投入力度不一，有的地区每年投入60万元用于购买6~7个项目，有的地区投入20万元或30万元，用于社会工作人才培训。就人才激励措施来看，成都市各区相继出台了一系列对社区社会工作人才发展进行激励保障的各项规定，但在省内其他地区，政府还未出台相关职业水平补贴发放政策，仅仅只是就社区社会工作发展出台了发展意见或人才规划等几个文件。总体来说，四川省城乡社区社会工作的激励政策不均衡。政府财政投入、相关激励保障措施、政策等主要集中在成都地区，成都市社区社会工作人才队伍的发展速度、专业化水平和资源条件均领先于省内其他地区。

2. 薪酬激励尚不合理

当前，四川省城乡社区社会工作者的社会地位不高，城乡社区社会工作没有纳入国家编制，没有职称系列，也没有相应的职业保障。因此，社区社会工作者的薪酬情况已经成为激励社区社会工作者，提高社区社会工作者积极性和专业能力最重要的因素之一。在薪酬方面：成都市社区社会工作者调查资料显示，成都市有37.2%的社区社会工作者月收入少于2000元；有57.6%的社区社会工作者月收入在2000~3000元。在持证补贴方面：成都市规定持证上岗社工给予一次性2000元奖励；有些地方就获得中级社工师的社区社会工作人员每月补贴260元，助理社工师每月补贴180元；也有地方的补贴是助理社工师400元、中级社工师600元。总的来说，省内城乡社区社会工作者薪酬处于中低档水平，较低的收入不能抵消物价上涨带给他们的压力。这种物质保障并不能充分激发他们的工作积极性。另外，基层社区社会工作者薪酬存在发放方式不合理、发放时间不及时等问题，有些地方的社区将工资打到工资卡上，有些地方则直接发放现金；有些地方本月的工资下个月发，有些地方干脆拖几个月不发，这些问题直接关系到工作者的生活质量，从而进一步削弱了薪酬激励的效果。

3. 精神激励尚不到位

成都市社区社会工作者调查资料显示，有73.6%的受访对象认为："对社区工作者的激励不够，不能释放工作热情。"可见，精神激励是当前四川省城乡社区社会工作面临的挑战之一。在以政府为主导的社区领导与管理体制下，当前社区建设更注重达成的工作指标和任务，忽视了对城乡社区社会工作人员在人文精神上的关怀。虽然现代社区管理制度，越来越重视激励因素的作用，但往往表现为低层次的物质激励，这并不能满足当前城乡社区社会工作人员日益增长的精神文化需求，导致激励效果大打折扣。一方面，社区社会工作者职位较低，上级领导对一线社区社会工作人员缺乏必要的人文关怀；另一方面，社区社会工作事务烦琐，工作氛围较为沉闷，同事之间交流较少，造成社区工作环境缺乏协同精神与活力，这些因素共同造成了四川省城乡社区社会工作者对社区社会工作缺乏认同，对社区社会工作缺乏归属感。

4. 晋升激励尚不规范

成都市社区社会工作者调查资料显示，成都城乡社区社会工作者中没有参加过社会工作者职业资格考试的人员达到近六成（59.0%），这与缺少规范化的激励制度有关。数据还表明，造成受访对象不参加社会工作者职业资格考试的最大原因在于"缺少学习动力和恒心备考"，选择此项的社区工作者占到了未持证社区工作者的五成之多（54.7%）。另外，选择"没有时间备考""考试太难，怕考不上"的也分别占27.2%和17.5%。由此可见，四川省城乡社区社会工作者的晋升机制不健全，晋升途径相对单一。社区的层级结构较少，晋升空间狭窄，没有很多的晋升机会，导致大多数社区社会工作人员被迫离职另谋出路。而留在社区的工作人员，只能通过考取职业资格证书，获得一定的晋升机会。目前，助理社会工作师和社会工作师的考核侧重于理论化知识，这对于常年奔波于基层社区的人员来说困难重重，即使考取成功在薪酬水平上的提高也是微乎其微，激励效果不大。

目前，四川省各社区并没有较为复杂的晋升渠道以及较多的机会。因此，社区社会工作者往往在从事这份工作一段时间之后，会因为看不到自己的前途而对自己的工作产生不满，从而造成四川省城乡社区社会工作专业人才大量流失。

五 四川省城乡社区社会工作人才队伍建设的对策

（一）规范人才选拔机制，建立科学的人才选拔制度

1. 坚持正确方向，加快人才培养

四川教育厅数据显示，目前四川省城乡社区社会工作人才数量在2.2万人左右，远远满足不了经济社会发展对人才的需求。对此，要

加快人才培养步伐，紧紧围绕习近平总书记系列重要讲话精神，并结合四川省城乡社区的"本土化"要求来规范人才选拔机制。在实际的人才选拔工作中，要放宽人才选拔渠道，吸引更多优秀人才从事社区社会工作。考核选拔标准以解决四川省社区社会工作遇到的实际问题为方向，考察备选人才的综合素质和实际工作中的应变能力。在社区社会工作人才队伍中定期开展党建活动，进一步强化社区社会工作专业人才思想政治工作，使他们紧紧团结在党组织周围。努力做到在保证质量的前提下提高四川省城乡社区社会工作人才基数，充分发挥社区社会工作在构建和谐社会中的积极作用，为四川省建设经济强省、人才大省提供强有力的基础支撑。

2. 保证质量要求，提高准入门槛

四川省社区社会工作专业人才和城乡社区发展需求之间的矛盾，导致城乡社区社会工作准入门槛降低，这是当前四川省城乡社区社会工作的现实状况。四川省每年拥有大量的高校毕业生，然而从最近十年来的就业状况来看，找工作难的问题一直没有得到缓解。如何充分利用这部分人才资源关乎国家现代化发展大计，是社会实现可持续发展的必然要求，也可以很好地缓解当前四川省社会工作的供需矛盾。高校毕业生具有较好的受教育基础和较强的综合素质能力，能很快适应经济社会发展的要求。据此，政府可依托四川省各地发展实际状况，对其中的非社会工作专业人才提供专业技能培训，安排他们进入社区或者社会服务站实习。这样既可以提高非社会工作专业的大学毕业生的社会工作专业技能，解决这类群体的就业问题，又可以促进社区社会工作人才队伍建设，提升城乡社区社会工作效果。此外，在有一定的社区社会工作人才数量的基础上，政府可以制定相应的行业准入原则，适当提高行业门槛。社区在招聘人才时，在综合考察社会工作专业知识技能的同时，对求职人员的社会工作专业背景可做相应要求,减少无相关工作经验的人员的聘用数量,提升社区社会工作的专业性水平,维护社区社会工作的形象。

3. 提升专业化,加快职业化发展速度

目前,四川省社会工作队伍人才建设的目标是要建设一支规模宏大、素质优良、结构合理的社会工作专业人才队伍,加快社会工作专业化、职业化发展步伐。因此,政府一方面要严格规范社区社会工作人才选拔体制机制,完善相关领域的职业资格审核、职务评定标准、行业规范标准等,不定期对从业人员进行专业技能考核和职业技能再培训,规范社区社会工作的职业化发展;另一方面要和各高校密切配合,投入一定量的资金建立人才培养实训基地,把高校的相关人才集中安置到社区相关岗位中锻炼实习,使这部分人能尽快了解并逐步适应社区社会工作的实际要求,提升他们社区工作的专业化水平。并且把具备相关社会工作实践经历纳入人才选拔标准中,有效提升社区社会工作人才队伍的专业水准,助力社会主义现代化建设。

(二)完善人才留用机制,构建合理的人才储留保障机制

1. 明确岗位职责,增加岗位数量

针对当前多数地区社区社会工作岗位职权不明确的现实,政府在设置相关岗位时要明确界定社会工作岗位的职业定位、职称序列,尽量避免岗位权责交叉,做到"一人一岗一责",提升社区社会工作的效率;同时加大岗位开发力度,增加岗位数量,吸纳更多的人才从事社区社会工作,增大社区社会工作人才基数。尤其在工作量较大的城乡社区,要对相关工作岗位进行细化,充分考虑社区社会工作者的专业背景,让高素质人才占据关键岗位,提高社区社会工作者的工作积极性,增强其成就感。

2. 营造良好社会氛围,提升公众认可度

虽然最近十多年来四川省的社区社会工作发展迅速,也取得了相

应的发展成果，但整体而言，民众的认可度和了解程度还是比较低。要想在社区社会工作领域截留更多优秀人才，就必须营造一个良好的社会氛围。在信息时代，政府一方面要充分利用网络、电视等媒体工具宣传社区社会工作，报道社区社会工作先进事例，让民众了解、认可社区社会工作事业；另一方面要积极推动省内社区社会工作的开展，配合公益机构开展相关活动，提升民众参与度，让其通过亲身参与来感受社区社会工作的乐趣，使民众理解、支持社区社会工作事业，从而有效提升社区社会工作者的岗位荣誉感和社会地位，维护城乡社区社会工作人才队伍的稳定。

（三）创新人才培育机制，搭建完善的人才培训体系

1. 开发在岗培训，丰富培训形式

根据四川省社区发展实际情况与社区工作者队伍建设现状，制定科学有效的社区社会工作人才教育培训总体规划，制定人才教育培训操作化方案、操作细则、考核办法。将社区工作人才队伍培训纳入每年的基层社区建设考核体系，充分明晰培训工作的基本要求、重点任务、课程大纲和考核方式，加快形成职业技能培训、专业知识普及等各类培训有机结合的培训体系。以补贴化的方式支持社区社会工作者在职深造，并把成绩计入社区社会工作者的相关档案中，作为后期对社区社会工作者工作进行绩效考核和职称晋升考核的重要参照。积极引进先进地区的培训理念和方法，组织专家团队编写具有四川省特色的社区工作培训教材。增加案例分析、互动式教育等培训方式。着力开放网络教育课程，形成"互联网＋社区工作培训"模式。结合"微课""慕课"的新型授课形式，提供更加丰富的培训内容。培训的重点内容不仅要包括社会管理、公共服务、职业道德建设、专业技能提升等方面，还要涵盖对社区社会工作者社会责任感、职业认同感、职业荣誉感的培育，从而使社区社会工作者具备专业的理论

基础、过硬的职业技术和科学的工作方法，提高他们的理论素养、实践能力和服务水平。

2. 联合地方高校，提升专业水平

坚持"需求为本、以学促行、以行推学，学用结合"的原则，充分发挥四川省高校在社会工作人才培养中的重要作用，依托各个区域内设有社会工作相关专业的高等院校，开展人才培养校地合作。采取诸如社区治理理论与实务专项人才培训、城乡社区治理人才培养工作坊、城乡社区治理高级人才递进培养计划、培养社区治理方向的硕士研究生等形式，有效提升四川省城乡社区治理相关工作人员专业化能力。

3. 坚持"走出去"，加强交流学习

省内社区社会工作人才要积极"走出去"，顺应现代化发展大趋势，通过与发达地区社区社会工作人才的交流、合作促进自身不断完善发展。可以适时组织选派社区社会工作优秀人才和业务骨干赴先进地区尤其是深圳、上海或者是香港等地开展学习交流与合作活动，通过实地考察、经验借鉴等多种途径学习对方的先进做法，借鉴对方的成功经验以提升自己。

（四）健全人才激励机制，形成合理的人才薪酬标准

1. 提高薪资待遇，提升激励水平

完善社区社会工作人才薪酬保障机制，健全"五险一金"缴纳制度，根据工作岗位、职务职称、工作年限、个人贡献制定合理的薪酬制度标准，建立以基础工资为主，多种补贴、补助、岗位级别津贴、星级奖励工资为辅的综合工薪结构。建立以财政经费为主体、社会资金为补充的社区社会工作人才培养多元投入机制。地方财政每年要安排一定的专项经费用于社区社会工作人才队伍建设，将之列入年度预算，并逐年有所增长。研究制定经费核拨的具体办法，对社区社会工作人员给予资金支持，加大资金投入力度，对重点公共服务领域

要予以政策倾斜与资金扶持。加大社会资金的补充力度，尝试通过公益创投、福彩公益金、社区基金等方式，动员企业、个人、慈善组织等主体捐赠公益资金，其中部分用于社区社会工作人才培养及优秀社区社会工作者的薪资奖励。

2. 完善政策支撑体系，提供制度保障

在财政支持上，努力做到政策的均衡性和全面性。目前四川省在社会工作事业的政策扶持上主要偏向成都地区，偏远地区的社会工作事业发展存在资金不足的情况，这严重影响相关工作的开展。对此，要加大资金投入力度，尤其是加大对省内偏远地区的资金支持力度，重点扶持贫困灾区社区社会工作项目开展。对已在职人员提供完整的制度保障，解决这些地方的社区社会工作人才在工作和生活中的实际困难，完善财政补贴制度，以提升他们的工作专注度，更好地用专业知识服务城乡社区。

3. 制定合理晋升制度，提高工作积极性

目前四川省社区社会工作人才缺口较大，且行业的吸引力相对来说不强。对此，要充分发挥政策优势吸引更多的从业人员，在严格把控从业资格审查和职称评定的同时，要制定合理的晋升制度。在从社会工作员到社会工作师的一系列评定中，要以实际的工作绩效为主，采用学历、业绩、岗位相结合的方式，尽量避免资历问题和纯理论性的考核，实际的薪资报酬和保障制度与相关职称挂钩，明确各岗位职责和晋升条件，为各个从业者创造合理的晋升空间。在年末，对表现突出的各优秀社区社会工作者进行表彰奖励，提高他们的工作积极性。

（五）提高从业者的职业认同感，营造良好的社区社工行业氛围

1. 加强各行业联系，营造良好的氛围

树立"大民政""大社工"的理念，并形成相应的工作手法，通

过专业化教育，引导相关部门工作者掌握社会服务、社区社会工作的专业理念、方法、技巧，也只有当党政机关工作人员能够用专业的理念思考及用专业的手法推动工作时，才能推进其治理能力及水平的现代化。努力提升部门工作人员专业化工作意识，积极探索社区社会工作与部门工作的结合点，形成一批服务重点领域的可持续、可推广、社会关注、群众所需的社区社会工作品牌项目，并通过项目实施，提升社区的项目策划和实施能力、资源整合能力、专业服务能力。

2. 宣传社工理念，提高公众认知

利用社工周、社工主题活动和社工成果巡展等活动，通过专题讲座、案例剖析、项目路演、游戏体验、互动参与等方式加大宣传引导力度。有效利用媒体"求新"、公众"求异"的特点，加强社工宣传，吸引公众眼球，传播社工理念，树立社工形象，以赢得更多社会力量参与和支持；让"社工"作为一个专业、一个职业、一种方法逐步根植于党政干部、社会组织从业人员心中，作为一个"专业形象""公益符号"进入媒体和公众视野，从而提高社区社会工作人员的公众认知度。

参考文献

成都新民社会组织发展中心：《成都市城乡社区工作者队伍建设报告》，2017年7月。

《国家中长期人才发展规划纲要（2010~2020年）》，《人民日报》2010年6月7日。

《中共中央关于构建社会主义和谐社会若干重大问题的决定》，《人民日报》2006年10月19日。

《四川省中长期人才发展规划纲要（2010~2020年）》，《四川日报》2010年10月18日。

四川省民政厅：《四川省社会工作十年发展报告》，2016。

四川省社会科学高水平团队：《四川省社会工作人才队伍建设与发展研究报告》，2016年8月，未公开发行。

《社会工作专业人才队伍建设中长期规划（2011~2020年）》，《中国社会报》2012年4月27日。

四川省委组织部等18部门：《关于加强社会工作专业人才队伍建设的实施意见》，2012。

四川省委组织部等4部门：《四川省社会工作专业人才队伍建设"十三五"规划》，2017。

朱琳、万远英：《四川省高校社会工作专业人才培养的现状、困境及对策》，《攀枝花学院学报》2015年第4期。

B.3
四川省民办社会工作服务机构人力资源发展的局限及对策研究

黄皓 谢缘*

摘　要： 2017年，十九大报告八次提到"社会治理"，民办社会工作服务机构在社会治理中扮演着重要的角色，而人力资源的发展是影响机构发展的重要因素。本报告是针对四川省民办社会工作服务机构的人力资源发展状况的研究，通过对四川省民办社会工作服务机构人力资源发展遇到的问题及挑战的分析，提出了相应的政策建议。

关键词： 民办社会工作服务机构　人力资源发展　对策

一　前言

党的十六届六中全会提出要建设宏大的社会工作人才队伍以来，我国社会工作职业化、专业化进程得到快速发展，社会工作在改善民

---

* 黄皓，西华大学社会发展学院社会工作专业教师，香港理工大学－北京大学联合培养硕士研究生，中级社会工作师。研究方向：非营利组织管理、社区社会工作、灾害社会工作。谢缘，西华大学社会发展学院社会工作专业教师，香港理工大学－北京大学联合培养硕士研究生，中级社会工作师，从事学校社会工作八年，2008～2014年先后参与了汶川地震、雅安地震、鲁甸地震灾后学校社会工作服务。研究方向：儿童社会工作、青少年社会工作、灾害社会工作。

生、促进社会和谐等方面发挥了重要作用。2008年，汶川地震发生以后，政府的重视和民间的积极参与进一步推动了四川省社会服务行业的发展，历年《四川社会统计年报》的数据显示，四川省8年时间增加了超过611家民办社会工作服务机构。当下，我国正处在社会治理体系转型的关键时期，由过去的全能型政府的社会管理向服务型政府的多元治理转型，在此过程中，民办社会工作服务机构获得了快速的发展，其在社会建设、社会治理、改善民生、服务创新等方面发挥着积极的作用。

（一）民办社会工作服务机构在社会建设方面的意义

随着我国改革开放进程的加快，市场在社会建设领域的作用日益凸显，过往的依靠单位提供的公共性服务及福利服务已经远远跟不上居民的需求，政府和市场力量难以回应巨大的社会需求。以民办社会工作服务机构为代表的社会力量开始发挥重要的补充作用，在政府兜底公共性服务、市场参与发展性服务、回应居民特殊性和普惠性服务方面发挥了重大的作用，十六届六中全会以后，社会工作被纳入改革开放社会主义建设事业进程，民办社会工作服务机构在社会建设体系中发挥了不可替代的作用。

（二）民办社会工作服务机构在社会治理方面的意义

民办社会工作服务机构的发展，是有效回应社会现实问题的迫切需要，是党在基层工作的重要抓手。作为独立于政府与民众之间的第三方社会服务组织，民办社会工作服务机构是有效地链接政府与民众之间关系的重要纽带。随着经济增速的持续放缓，原本被快速增长的经济数据掩盖的社会问题日益凸显，民办社会工作服务机构在面对突发性的群体性事件时，可作为独立的第三方需求评估单位深入群众，收集第一手资料，并起到缓和群众矛盾的"润滑剂"作用。

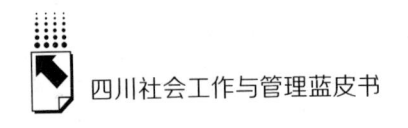

（三）民办社会工作服务机构在改善民生方面的意义

随着社会工作介入社会救助、组织社会力量参与扶贫攻坚等相关政策的出台，民办社会工作服务机构开始广泛参与群众实际需求评估，在低保核查、特殊困难人群救助、农村"三留守"问题等方面发挥了十分积极的作用，增强了政府的基层服务能力，提升了专业化水平。

（四）民办社会工作服务机构在服务创新方面的意义

受计划经济时期"单位制"的影响，居民的需要和社会问题在某种程度上被"隐匿"起来，我国社会福利事业存在着严重缺乏创新的问题。改革开放以来，随着政治体制改革和社会主义市场经济体制改革的深化，加强民办社会工作服务机构的服务创新成为社会发展治理创新和补充社会多元化服务的重要组成部分。民办社会工作服务机构可有效地在特困人群救助、邻里关系调解、心理辅导、司法矫正等方面提供专业化、定制化、精准化的社会服务。

综上所述，民办社会工作服务机构在社会建设等各个方面起到了积极作用，大力推动民办社会工作服务机构发展亦是十分必要的。

然而，民办社会工作服务机构在现实发展过程中也遇到了"社会认可度不高"、"发展资源匮乏单一"和"专业人才流失率较高"等问题，这都成为阻碍机构乃至行业发展的瓶颈。

我们认为，影响民办社会工作服务机构发展的关键因素是其人力资源的发展状况，因此，本报告是针对四川省民办社会工作服务机构的人力资源发展状况的研究，旨在通过对四川省民办社会工作服务机构人力资源选、用、预、留的现状研究，梳理社会工作人才发展遇到的问题及挑战，解决现在机构发展的问题，并提出相应的政策建议。

在研究方法上，研究小组采取访谈法，对四川省7家民办社会工作服务机构的12名负责人、管理人员及一线社会工作者进行了访谈。

二 关于四川省支持和发展民办社会
工作服务机构的政策解读

(一)顶层设计指引民办社会工作服务机构的发展方向

追溯社会工作发展的历史可知,民办社会工作服务机构取得政府的合法认定始于2006年,中国共产党第十六届中央委员会第六次全体会议审议通过的《中共中央关于构建社会主义和谐社会若干重大问题的决定》提出"要建设民主法制、公平正义、诚信友爱、充满活力、安定有序、人与自然和谐相处的社会主义和谐社会",同时,提出"加强社会工作人才队伍建设的重要部署,明确指出造就一支规模宏大、结构合理、素质优良的社会工作人才队伍"。该文件对社会工作的发展定位于人才战略的层面,虽然没有提出明确的发展指标,但是为随后的一系列人才政策定下了基调,指明了方向。

从2010年起,政府出台的政策文件进一步明确了社会工作人才发展未来10年的工作目标。2010年党中央、国务院颁布的《国家中长期人才发展规划纲要(2010~2020年)》(以下简称《规划纲要》)指出,"以中高级社会工作人才为重点,培养造就一支职业化、专业化的社会工作人才队伍"。《规划纲要》也提出,"到2015年社会工作专业人才总量达到50万人、2020年达到145万人"。

此外,在国家文件中,有关社会工作人才发展的论述是基于社会工作"构建和谐社会"的功能之上的。2010年10月,党的十七届五中全会再次强调要"加强社会建设,加强和创新社会管理"。十六届四中全会到十八大的重要文件中均对社会建设与社会管理创新有所论述,社会工作作为社会建设的重要手段得到中央的关注和重视。

2015年至今,"社会工作"被连续3年写入政府工作报告,2015

年政府工作报告中提出"发展专业社会工作、志愿服务和慈善事业";2016年提出"支持专业社会工作、志愿服务和慈善事业发展";2017年提出"促进专业社会工作、志愿服务发展"。可以看出,中央政府将社会工作与"慈善事业""志愿服务"紧密联系在一起,进一步明晰了社会工作的功能定位,但与其他国家不同的是,社会工作仍未进入社会福利体系中。

2016年,民政部等12部门联合出台的《关于加强社会工作专业岗位开发与人才激励保障的意见》明确了社会工作从业人员的工资待遇、职业地位、晋升空间、岗位开发等,对社会工作人才队伍建设的核心问题进行了进一步明确。

(二)三项重点工作推动民办社会工作服务机构规范有序发展

1. 社会工作人才队伍建设的政策奠定了机构发展的基础

从2012年开始,四川省委、省政府高度重视社会工作人才队伍建设的工作,为了深入贯彻落实《关于加强社会工作专业人才队伍建设的意见》,2012年3月,四川省委组织部等18部门共同印发了《关于加强社会工作专业人才队伍建设的实施意见》,提出了四川省社会工作人才队伍建设的具体实施意见。

四川省民政厅进一步探讨社会工作岗位设置等问题,于2012年发布了《四川省民政厅关于做好全省民政系统事业单位社会工作专业技术岗位聘用工作有关问题的通知》(川民发〔2012〕50号),明确了民政系统事业单位可根据工作需要和岗位要求直接聘任取得初级和中级社会工作职业资格证书人员到相应级别专业技术职务岗位、享受相应级别待遇的政策。

2. 政府购买社会组织项目的政策形成了机构发展的抓手

为积极推进政府购买社工服务工作深入发展,四川省政府发布了

《关于申报社会工作服务储备项目的通知》(厅办〔2015〕68号),以加快推进社工服务专业化的进程。

2009~2016年,全省财政预算累计投入2200万元购买社会工作服务项目。政府购买社会服务项目成了促进民办社会工作服务机构发展的重要抓手。

3. 专业领域社工政策的创制为机构发展提供了保障

有报告指出,"全省市(州)级政府和部门发文26个,区(县)级政府和部门发文56个",《关于加强青少年事务社会工作专业人才队伍建设的意见》(川青联发〔2015〕5号)、《关于组织社会力量参与社区矫正工作的实施意见》(川司法〔2015〕57号)、《残疾人社会工作服务要求》、《老年社会工作服务要求》等文件涉及青少年、社区矫正、社会救助、残疾人、老年人等人群及服务领域。文件的实施在一定程度上促进了全省社会工作的发展,为民办社会工作服务机构的发展提供了制度性的保障。

(三)健全的政策体系护航民办社会工作服务机构发展

1. 四川省民办社会工作服务机构引导性政策

2012年3月,四川省委组织部等18个部门共同印发的《关于加强社会工作专业人才队伍建设的实施意见》(川组发〔2012〕6号),提出了四川省社会工作具体发展措施。2017年7月,省委组织部等4部门共同发布的《四川省社会工作专业人才队伍建设"十三五"规划》(川组通〔2017〕38号),明确了"十三五"期间全省社会工作人才队伍建设的指导思想、基本原则和发展目标,确立了未来五年社工人才发展的六大重点发展领域、六项重点人才工程与五项体制改革和政策创新任务。

2. 四川省民办社会工作服务机构规范性政策

《四川省民政厅关于开展社会工作服务示范建设活动的通知》

（川民发〔2014〕49号）、《四川省民政厅关于申报社会工作服务储备项目的通知》（厅办〔2015〕68号）、四川省《社会工作者保密要求》（四川省地方标准D51/T1798-2014）、四川省《社会工作服务效果评估规范》（四川省地方标准DB51/T2102-2015）等为社会工作的标准化建设及专业化发展提供了政策指引。

3. 四川省民办社会工作服务机构支持性政策

《四川省民政厅关于做好全省民政系统事业单位社会工作专业技术岗位聘用工作有关问题的通知》（川民发〔2012〕50号）、《关于加强青少年事务社会工作专业人才队伍建设的意见》（川青联发〔2015〕5号）等文件的出台，极大地推动了专业领域社工的发展，目前全省社会工作专业岗位总量达6167个，民办社工服务机构总量为700多家。

三 四川省民办社会工作服务机构的发展及其人力资源状况

（一）四川省民办社会工作服务机构的发展现状

四川省民办社会工作服务机构从2008年汶川地震以来开始萌芽，自2012年四川省加快发展民办社会工作服务机构以来发展迅猛，截至2016年底，四川省民办社工服务机构已突破700家，民办社工服务机构实现了从起步阶段到快速发展阶段的发展。但伴随着快速发展的欣欣向荣局面，民办社工服务机构也存在着规模小、地域集中、专业社工人数少、内部管理混乱、资金短缺等现象，仍存在总量不足、实力偏弱的问题。

1. 时间演变，从缓慢增长到井喷式发展

从成立时间来看，四川省民办社工服务机构的发展经历了一个从缓慢增长到井喷式增长的过程，四川省第一家民办社工服务机构于

2011年成立，从2012年的几家到2017年的700余家，本次调研中被调查机构都是2012~2016年成立的，其中2013年和2014年成立的民办社工服务机构所占比例最高，其直接原因除了民政部于2009年和2012年先后发布的有关促进民办社工服务机构发展的相关文件以外，还有四川省特别是成都市通过政府购买服务、公益创投的形式催生了一大批民办社工服务机构，政府自上而下的主动推动是民办社工服务机构发展的催化剂和主要推动力量。

> 我们单位是2013年在成都市民政局登记注册的，注册后我们落地在金牛区，当时民政局给我们提供了办公场地，2013年的时候整个金牛区一共只有4家社工服务机构，其中在金牛区民政局登记注册的社工机构只有1家，其他3家全都是在成都市登记注册的。当时社工服务机构还是稀缺资源，后来到了2015年，特别是成都市全面推开公益创投以后，社工服务机构数量直线上升，我印象最深刻的是，当时共青团金牛区委员会发布了2个5万块钱的项目，吸引了32家社工机构竞争，发展真的太迅速了。（D机构负责人H）

上述表述直观地反映了政府购买社会工作服务的政策刺激了民办社工机构的快速增长。

2. 空间分布不均衡

民办社会工作服务机构的数量在大成都范围内远超其他地市（州），其中成都市第一圈层数量最高，机构数为425个。

成都市以外7个地市，以雅安社工服务机构数最多，达到45个，这与"4·20"雅安芦山地震灾后重建对社会工作大力推动有关。

> 芦山地震以后，雅安的社工服务机构才开始发展，之前一

直都没有的，好多都是从省外过来的或是成都的社工服务机构，在本地注册了机构，但大量的工作人员都是从外地派过来的，本地的社工人才太稀缺了，后来四川农业大学组织办了第一批雅安本土社工服务机构人才培训班，这才算从真正意义上有了第一批本地社工人才，社工服务机构也慢慢地多了起来。(B机构负责人Z)

这里可以看出，芦山地震灾后恢复重建工作对四川省民办社会工作服务机构人力资源的发展起到了重要的作用。

而川东北经济区、川西北经济区及攀西经济区发展明显滞后，机构数分别为9个、4个和4个，甚至巴中、广安、甘孜等地都没有本地的社工服务机构，社会工作人才建设和发展更为滞后。

3. 机构类型少，服务领域局限，专项服务领域少

四川省民办社工服务机构的服务领域主要集中在承接社区基本公共服务项目、农村社区建设与管理项目、精准扶贫项目、社区便民服务类项目、社区生活智能化服务项目、老旧院落自我服务管理项目、基层民主自治创新项目、社区弱势人群（儿童、老人、低收入人员、受灾人员、优抚对象、残障人士）服务项目等。

我们单位承接了武侯区的政务服务下沉工作，现在11个工作人员每天的重点工作是完成计生、残保、民政等方面的公共服务，暂时没有精力来拓展其他领域的社会工作专业服务。(D机构管理人员P)

上述内容反映出，随着2015年成都市推进社区总体营造工作以来，民办社会工作服务机构开始将重心放在社区综合服务方面，民政部出台关于加强社区社会工作的指导意见以来，民办社会工作服务机构的服务领域更加局限在了社区综合服务层面。

4. 从经费和财政来源来看，筹资能力不强，造血功能缺失

项目资源制约着民办社工服务机构的发展，资金规模是机构得以生存和长远规划的基础。从本次调查可以看出，从2016年资金量来看，70%以上的民办社工服务机构资金收入在50万元以下，占比最高；20%的机构资金收入在150万元以下，10%的机构资金收入超过300万元，其中只有2家民办社工服务机构年筹资额超过800万元。

> 去年我们机构筹资金额在260万元左右，其中95%的资金来源于政府购买服务，另外联合利华给我们捐了10万元的物资，向商家和企业募捐了1万多块钱，但这些经费远远不够，导致在工作开展过程中受到的局限性很大。（D机构负责人H）

可以看出，D机构的筹资情况和绝大多数民办社工服务机构一样，资金来源基本上依靠政府购买服务项目，只有少部分民办社会工作服务机构面向基金会筹款，但筹资金额也只占到机构筹资规模的很小部分。

（二）四川省民办社会工作服务机构人力资源状况

1. 四川省民办社会工作服务机构人力资源现状

本报告将重点从四川省民办社工服务机构的从业人员基本情况、人才结构及人才流动情况三个部分加以阐述，具体内容包括：民办社工服务机构从业人员的数量、男女比例、学历背景、从业人员接受专业训练的情况、从业人员薪酬情况、从业人员职业发展状况等；民办社工服务机构一线社工占比、管理人员占比、专业督导占比、勤杂人员占比情况；社会工作人才流动情况等。

（1）民办社会工作服务机构人员规模较小

人员规模是专业人员岗位设置能否切实落地的重要保障，如果不能制定清晰的人力资源规划，那么机构发展和目标实现则会受到较大影响。如何设置人员岗位并有效配置和激励工作人员是民办社工服务机构发展的一大问题。

本次调查显示，民办社工服务机构的全职人员规模不大。机构人数为10人及以下的占67%，11~20人的占15%，31~50人的占13%，规模较大的机构（51人及以上）占比为5%，仅有两家民办社工服务机构总人数达到了200余人，但其绝大部分社工岗位设置是因其承接了武侯区139项政务项目。由此可见，大部分民办社工服务机构的人员规模依然较小或与应有岗位匹配尚有差距，迫切需要多元主体的共同支持。

> 我们机构这两年人数稳步上升，2013年4人，2014年17人，2015年22人，2016年35人，对我们来说50人左右是个天花板，受限于现在的管理团队和筹资规模，我们暂时就稳定在现有规模就好了。（C机构管理人员M）

不难看出，虽然上述机构人员增长较快，但是仍处于小规模的运作当中。

（2）民办社会工作服务机构中社会工作专业人员占比较低

学历背景是评价机构专业性的重要指标，由于民办社工服务机构在注册时只要求提供一份中级社工师证书或是二份助理社工师证书，对社会工作专业并未做强制规定，因而造成四川省民办社工服务机构大量从业人员并非社会工作专业毕业生，大多数均为通过了全国社会工作师职业水平考试的持证人员。

本次调查显示，70%以上的民办社工服务机构内社会工作专业专科毕业的从业人员比例不足20%，只有10%以上的民办社工服务机构社会工作专业人员超过50%。这主要与大量社工专业毕业生不从事本专业工作有关。绝大部分民办社工服务机构招聘时均会注明招社会学、人类学等与社会工作专业相关专业的人员。

（3）民办社会工作服务机构从业人员收入不高

工资薪酬待遇是从业者进行职业选择的重要标准，也是岗位管理和激励保障中最为基础的内容。由于岗位类型不同、学历不同，其薪资待遇亦有所不同，因此，我们分别对实务岗、管理岗和督导岗的薪资水平进行了分类调查。

调查显示，一线社工（专科）的工资水平主要集中在2000~2500元（税后工资，扣除社保、公积金等），一线社工（本科）的工资水平主要集中在2500~3000元（税后工资，扣除社保、公积金等），一线社工（硕士）的工资水平主要集中在3000~3500元（税后工资，扣除社保、公积金等），一线社工的工资水平整体较低。这与一线社工的劳动付出不成正比。究其原因，这与民办社工服务机构资金来源单一且资金量有限、政府投入不足等因素有关。

机构中层管理岗的人员工资主要集中在3500~6000，受机构规模、管理的项目数量和学历背景、工作年限影响，弹性较大，但基本上属于机构内部除负责人以外的"高收入人群"。

专职督导人员薪资水平与中层管理岗人员的薪资水平基本持平，部分人员收入稍高，主要受督导项目的数量和自身的专业水平影响。一般来讲，能够担任社会工作督导职务的人员都已具备了相对丰富的经验，多是机构引进的人才。也有部分机构采取聘请兼职督导的形式，大部分来自开设有社会工作专业的高校教师，也有部分资深社工担任，兼职督导往往以次数的形式支付补贴，标准500~2000元/次不等。

（4）民办社会工作服务机构从业人员福利状况不佳

薪资以外的福利保障亦是岗位管理和职业保障的重要内容。当薪资水平基本持平或差异较小时，它会成为社会工作者进行机构选择的重要考虑因素。

机构没有节假日补贴，听说有的机构会有补贴，但是好像也不多，我们的团建和生日会的活动比较多。(C机构一线社工X)

我们机构的福利比较好，每年有15天的带薪假期，节假日会发补贴，还有月饼之类的，不过，我们没有年终奖。好像一般社工机构都没有年终奖吧。(D机构一线社工L)

可以看出，机构之间存在差异，但总体的福利状况并不是很好。首先是基本社会保险，这是占比最大的职业保障（85%），但还依然有超过15%的机构并未依法为社会工作者购买社会保险，社会工作者在助人过程中也应保障自身的合法权益。其次是较为常规性的福利保障，包括住房公积金配比（60%）、带薪休假（55%）、节假日补贴（30%）、住房补贴（25%），带薪休假是职工依法享有的权利。同时，也有社会工作行业较为常见和重要的福利保障，主要是项目劳务补贴（45%）、能力建设（55%）和生日会（20%）。也有少数机构会给社会工作者提供午餐补助和购买商业保险，但发放年终奖或类似福利保障的机构较少。

2. 四川省民办社会工作服务机构社会工作人才的职业空间

职业空间没有一个确切的定义，通常是指职业提供的职业岗位的方式和范围，晋升空间及职业成就。这里，我们主要考察民办社会工作服务机构为社会工作人才提供的岗位结构、职业成就、晋升空间、专业支持。

(1) 民办社会工作服务机构岗位设置

组织结构和部门设置是衡量民办社工服务机构规范性的重要指标之一。民办社工服务机构以社会工作专业理念和方法为主要手段参与社会治理和服务有需要的人群，因此社会工作或社会服务部门的设置是十分重要和必要的，这也直接关系到社会工作专业岗位的设置及其人才使用。

本次调查显示，参与问卷调查的 70% 的民办社工服务机构设置了项目部，该部门的主要职责包括承担机构专业社会工作服务和项目、协调整合志愿者资源、使用和督导社会工作实习生等。

对于是否设立专门的社会工作项目部，有部分被访机构有自己的现实考虑：其一，由于受到项目化运作与管理的影响，且往往项目实施的核心主体是社会工作者，因此部分机构会将社会工作部门与项目部门联体；其二，成立时间较短的机构人员有限且还未意识到内部建设的重要性，因此存在部门空置或人员分工不明确的现象。

对于任何一个民办社工服务机构而言，专业社会工作岗位设置的数量、人员配备和岗位类型层次都直接关乎其服务质量。专业社会工作岗位是民办社工机构的主体性岗位。

本次调查显示，有 80% 的民办社工机构开发设置了专业社会工作岗位，另有 20% 的被调查机构并未设置专业社会工作岗位。这似乎有悖于"民办社工服务机构"这一称谓，因为社工机构的人员构成应以社会工作者为主。但通过深入访谈和长期的参与式观察，笔者发现部分民办社工服务机构仅仅是借着政府的鼓励性政策而创办成立，其人员构成和服务手法大都与专业社会工作差距甚远。

第一，实务岗位数量庞大，影响民办社会工作服务机构职业化水平。

专业社会工作岗位类型涵盖了实务岗、督导岗和管理岗，实务岗又是三大类型岗位的主体岗位。本次调查的统计显示，整体而言，社会工作岗位中实务岗占比超过 80%，基本符合社会组织人员构成的一般比例构成。四川省民办社工服务机构的社会工作专业化和职业化水平整体上还处于较低层次。本次调查显示，三类社会工作岗位中具有社会工作专业教育背景和持有社会工作职业水平证书的比例分别是 35% 和 40%，两者均还未达到一半。前者说明高校社会工作专业毕业生人才流失较为严重，这与社会工作发展的整体环境和社会工作教育都紧密相关；后者则与当前社会工作职业水平考试门槛设定有关，社会工作岗位人员尤其是实务工作者中专科生占有较高比例，参加社会工作职业水平考试则需要满足一定的工作年限。

第二，管理岗位缺失，影响民办社会工作服务机构的发展规模。

在民办社工服务机构中，管理岗位起到顶梁柱的作用，现在四川省民办社工服务机构十分缺乏有经验和有能力的管理人才。整体而言，管理岗位占比不超过15%。更加严峻的情况是，那些工作满2年的社工要么流失，要么选择自主创业（开办民办社工服务机构），造成大量的民办社工机构只有创始人、机构负责人和一线社工。这是民办社工服务机构发展的重要限制因素。

第三，督导人才不足，影响民办社会工作服务机构专业化水平提升。

社会工作督导岗位兼职人员多、专职人员少。督导在指导一线社会工作者和保障专业服务质量方面起到不可替代的作用。按照有效百分比统计，本次调查显示，依然有近60%的被调查机构还没有设置督导岗位。督导岗位设置的基本属性有三类，一是专职岗位，占比15%，主要是机构内部经验较为丰富的全职工作者；二是兼职岗位，占比45%，主要由高校社会工作教师和资深社会工作者构成；三是既有专职岗位也有兼职岗位的情况，占比40%。

第四，后勤人员难以支撑民办社会工作服务机构的行政工作。

在超过20人的民办社工服务机构中，都会设置专职的行政岗位来保障机构的正常运转，超过50人的民办社工服务机构或年筹资额超过300万元的民办社工服务机构会设置专职的财务岗位。但四川省超过70%的民办社工服务机构均没有专职的后勤岗，均由机构工作人员兼任，基本上一线的社工要具备行政协调、财务报销、站点装修、物资采购、专业技能等方面的能力，对一线社工来说，无形中增加了巨大的压力，这也是一线社工流动频繁的重要原因。

(2) 民办社会工作服务机构从业人员的职业声誉不高，社会认同度低

在我国，有的人甚至误认为社会工作者就是民政部门、街道、社区的工作人员。在媒体的报道中、居民的认知里，经常将社会工作者与义务工作者混淆。很多基层的工作人员、社区居民在面对社会工作者时都会提到"你们有工资吗""你们还要收费啊"。社工入户调研时被当作推销员拒之门外，在社区开展活动时被城管和警察盘问等事情层出不穷，直接导致民办社会工作服务机构从业人员工作成就感和获得感较低，加上民办社会工作服务机构自身不太重视宣传工作，除直接受益的居民以外，少有社区居民知晓社工的服务，整个社会对社会工作的认知度和认同度低。

(3) 民办社会工作服务机构从业人员晋升空间有限

现阶段受限于民办社会工作服务机构的发展规模，很多机构从业人员不足10人，机构内部的岗位设置有限，导致部分工作超过3年的社会工作者只能做到项目负责人，如果想再进一步，就只能选择自主创业，现阶段的民办社会工作服务机构中有一个普遍的现象是，机构两极分化严重，机构负责人和一线社工不缺，但核心骨干层严重不足，这是制约民办社会工作服务机构发展的重要原因。

另外，民办社会工作服务机构从业人员除了在机构内部晋升以外，缺乏外部的有效支持，例如进入各级职能部门，或是社区，国家公务员考试中非但没有针对社会工作专业从业人员的定向招聘，就连普通招考除了民政系统以外，很少有社会工作专业可报考的岗位，导致社会工作者缺乏必要的政治晋升渠道，很容易造成优秀人才的流失。

(4) 民办社会工作服务机构从业人员缺乏专业支持

社会工作督导是民办社会工作服务机构从业人员在职业生涯前期最迫切需要的支持，在日常的一线服务过程中，经常会遭遇到这样或

那样的问题，甚至是难以解决的个案，这些都是处在职业生涯初期的一线从业人员无法有效解决的，如果不能及时给予相应的督导和支持，势必造成从业人员工作的挫败感，进而失去对工作的信心，影响其在民办社会工作服务机构的职业发展。现实情况是大量的民办社会工作服务机构受限于经费及人才储备，往往不能配备专业的督导人员进行及时有效的跟踪，部分有条件的民办社会工作服务机构聘请大学教师、资深社工来作为兼职督导，但往往远水解不了近渴，造成督导质量不高，一线从业人员的问题无法及时得到解答。

3. 社会工作人力资源专业水平状况

社会工作人力资源专业水平状况反映的并不仅仅是社会工作专业的学生从业的比例，更重要的是社会工作服务专业水准。这里主要考察了从业人员接受专业训练的情况和社会工作服务的专业水平。

（1）从业人员接受专业训练的情况

持续接受专业督导和训练是民办社工服务机构服务质量的重要保证，从调查情况来看，大部分民办社工机构都会安排工作人员参加外出培训，但仅限于免费的培训，例如成都市社会工作者协会提供的持证社工继续教育培训等，少部分大型的民办社工机构会拿出专门的资金用于核心骨干层参加付费的高质量培训项目，甚至会安排出省、出国的专业训练机会，以保障机构的专业始终保持在较高的水平上。

> 感觉参加了很多培训，有的对工作有用，有的没有什么用，针对性强的培训很少。像我们这样的社区社工，每天的工作太杂了，有时候有培训也不一定能参加。（F机构一线社工N）
> 机构每年都有培训，在成都也有很多学习机会，但是社工方面培训的内容好多都是重复的，而且这些概念没有办法直接用到实践当中，尤其是比较专业的像个案工作方面的专门培训很少，

有一些心理治疗方面的培训，但是一般都会收费。（D机构一线社工C）

从上述表述不难看出，虽然近年来社会工作人才培训数量越来越多，但是在培训的品质和针对性上仍存在很多的不足。

(2) 社会工作服务的专业水平

四川省民办社会工作服务机构的专业水平参差不齐，但总体而言，从"专业化"的视角来看，社会工作服务仍处于较低水平。受专业教育发展的限制，从事社会工作的相关人员在接受正规教育的过程中缺乏实训，在开展实务工作的过程中难以有效回应服务对象的需求。

从人才流失的层面看，较高的人才流失率是影响社会工作服务专业水平的一个重要因素。虽然大多数民办社工服务机构在员工激励上采取了必要措施，但由于多方面的原因，依然存在着较为明显的人员流动或流失现象，严重者几乎每年都要经历一次"大换血"。

> 没有什么专业性，我们做的事情跟社区差不多，像"三社联动"、社区营造听起来比较"高大上"，实际上还是在社区处理一些事务，甚至有时候都不如社区一般的工作人员，他们可以随时给我们安排工作，而且我们的文案很多，太累了。（B机构一线社工）
>
> 其实去年就已经想离开了，感觉工作没有什么成就感，在社区没有什么意义，体现不了社工的价值。（A机构管理人员B）
>
> 从我来机构到现在，机构大部分的人都换了，有的是想找一份公务员那种稳定的工作，每个人的情况都不一样。也有很多像我一样，就是说即使离开机构也不会做社工了。可能将来自己有能力了再做（社工）。（C机构管理人员M）

上述表述反映了民办社会工作服务机构的整体专业水平存在较大的提升空间，但较低的专业水平也对从事一线及管理的人员产生了一些负面的影响。

在本次调查中，机构每年都有或多或少的人员流动或流失，对机构、对购买方、对社工造成了极大的影响。在四川省民办服务社工机构中，有80%以上的民办社工服务机构每年面临40%以上的人员流失，做得最好的民办社工服务机构每年也要面临15%~20%的人员流失。本次调查主要从机构内部治理及与其直接相关的要素出发，初步呈现了社会工作岗位人员流失或流动的基本成因。"薪资福利"依然是社会工作者进行职业选择的重要因素，这也说明了职业保障的首要需求是生存性需求。但还有其他因素值得关注，包括"工作认同感"、"职业发展空间"和"个人成长"等，机构能否为社会工作者提供一定的职业发展和个人成长空间并使得其真正获得工作认同感是吸纳和留住人才的重要保障。专业督导的及时支持、岗位晋升调级及精神奖励等都是可以选择的实用性员工激励手段。

总体而言，虽然人才流失并不能完全代表专业水平不足，但是也从另一个侧面反映了社会工作人力资源发展的薄弱状况，而人才流失导致的结果一定是专业服务缺乏连续性，实践的积累不足也阻碍了专业性的发展和直观体现。

四　四川省民办社会工作服务机构人力资源发展现存的问题及制约因素

（一）社会工作者职业成就感、获得感较低

通常而言，"获得感"既包含了看得见的，也包含了看不见的，即"获得感"不仅是物质层面的，也有精神层面的，"职业获得感"

更加体现了这两者的必要性。

无论是从事专项服务的社工还是从事社区工作的社工,普遍感觉工作任务繁重,工作压力大。尤其是涉及社区事务的一线工作者,需要完成许多项目规定的任务之外的服务内容,加班次数较多,平均工作时长严重超标。

> 主要是待遇太低了,我有一个同学毕业后去了企业,刚开始我的工资比他高,今年他到手的收入已经是我的两倍,而且并不比我做得辛苦。有时候也想不明白为什么还要待在社工(行业)里,可能还是有一些理想化吧。(B机构管理人员S)

上述表述反映出,随着时间推移,社会工作从业人员实际收入与期待收入之间存在着一定的差距。在物质层面上,社会工作者的工资、待遇及相关福利水平较低,在这一层面上的满足感难以和其他行业齐平,这已是不争的事实。

> 有时候会有一些成就感,比如说收到小朋友的贺卡,还有一些经常接触的居民说一些很暖心的话,感觉自己做的工作很有意义。之前因为家里的事情耽误了工作,就有服务对象给我发信息,那时候觉得很感动,满满的正能量。不过今年这种感觉很少了,社区的事务很杂,有很多事情要做,尤其是文案很多,和居民接触的时间太少了。(E机构管理人员G)
>
> 家里人不是很支持我做这个,都觉得没有什么前途,劝我考公务员。一开始我还是很坚定,觉得在老家当公务员太单调了,做社工很充实,也很有意义。之前在一个公益机构里面实习,大家都很有理想,来了这边之后,感觉做的工作还是和公务员差不

多，和自己的理想还是有些差距。所以现在很动摇，不知道是不是还应该坚持下去。（E机构一线社工D）

这反映出社会工作者珍视精神层面的回报，由于周围人对物质的看重，反而形成了精神层面回报的阻力。

在精神层面上，社会工作者在职业行为中更看重精神层面的满足。精神层面的满足不仅仅包含了人际关系的和谐、被需要、被尊重、获得真诚的感激，更包含了发自内心的认同、实现人生的价值。虽然社会工作者的"助人行为"常常受到人们的认可和尊重，接触过社会工作者的人对于其也有诸多褒扬，使得许多从业者能够获得精神层面的满足感，但是由于总体上社会工作职业的社会认知度较低，收入偏低，导致大多数人对其职业缺少认同，社会工作者在工作中常常受挫，很难获得他人发自内心的对职业的认同。

此外，由于社会问题复杂，社会工作服务的利益相关方较多，很难通过直接的事件体现社会工作者的"人生价值"。在这一层面上，社会工作者的精神层面的满足其实是较少的。

（二）缺乏合理的职业晋升渠道，人才流失严重，职业的可持续性较弱

社会工作职业成熟度不高的另一个表现就是职业空间问题，即晋升渠道的缺乏。

大学还没毕业就在机构实习，（机构）没有说明可以怎样升职，那时候很想成为督导，但是担任了机构的项目主管之后，除了有督导的工作，还是主要负责项目的工作，除了工资有一些提升，还有事情更多了之外，和以前没有什么区别。至少以前做实

务时，服务对象常常会感谢你，让你觉得工作很有价值……现在我的上级就是机构的老大（负责人），感觉再做几年之后还是这个样子。（E机构管理人员G）

这段表述反映了民办社会工作服务机构在为从业者提供的职业晋升空间上的不足。

人力资源管理中晋升的含义是"员工向一个比前一个工作岗位挑战性更高、所需承担责任更大以及享有职权更多的工作岗位流动的过程"。民办社会工作服务机构中的岗位设置并不完善，即使设置相应的岗位，但在实际工作中也仍然主要以项目的具体事务为导向，"一岗多职"的特点突出，管理岗位要完成业务岗位的工作，业务岗位也要从事一些管理的工作。在民办社会工作服务机构中，工作岗位虽然存在流动，但难以真正实现晋升。

大量的社工流失的真正原因，是社会工作服务机构的从业人员长期面临着薪酬低、任务重、成效差、支持少、评价低等问题。通常而言，一线社会工作者的流失降低了社会工作服务的品质，进而导致社会评价更低，而资深社会工作者的流失则对社会工作服务机构产生了更为深远的负面影响。

许多机构的人才缺乏梯度，人员结构严重不合理。在政府购买的项目急需社会工作服务机构落地的情况下，许多机构仓促上马，聘用大量经验不足的工作人员开展项目，而机构的中层人员大都是工作年限不长的社工，缺乏项目管理、督导、评估等能力，对一线社会工作者的督导不足，一线人员获得的支持不够，这进一步加重了人员流失的问题。

由于很多机构资金来源是承接政府项目，领导换届和年度预算制度的施行导致机构服务的连续性不足，项目的不可持续性进一步使得民办社会工作服务机构难以在内部管理上拓宽晋升渠道。晋升渠道的不明确、职业的未来充满不确定性、职业的可持续性难以保障也降低了从业人员的工作预期。

(三)职业回报低,无法满足其发展的需求

职业回报是从事一项职业所带来的全部收益,通常指的是工资及相关福利待遇。职业行为的专业性及社会认可度决定了职业回报的高低。

四川省一线社会工作人员的税后工资为2000～3000元,即使是工作年限超过5年的人员的收入大都在成都市平均工资水平线上下浮动。

> 工作了五年,3000多块钱的工资,光是吃饭就要花去一大半,再加上房租和交通,每个月几乎没什么剩下的,看着房价越涨越厉害,真怕以后租房都租不起,更不要说买(房)了。(F机构管理人员Y)

此表述反映了社会工作专业本科学生毕业五年后,从事社会工作相关行业的薪资竞争力远远低于从事其他行业。

由于社会工作专业起步较晚,社会服务领域的实践经验不足,社工服务机构本身的专业化程度取决于社会工作者的专业能力,因此在专业化程度不高的情况下,机构所提供的服务成效不明显、不突出,没有真正发挥"传递社会福利"的理想功能。

此外,机构服务的专业化程度低,又进一步影响了社会工作从业人员对自身的定位和认同感,由此形成恶性循环,造成人员高流动率和社工的自我矮化。这一过程,又对机构的专业发展形成了巨大阻力,社会也更加难以认可社会工作。

总体而言,社会工作者的职业回报低,不能维持体面收入,大多数无法满足其生活及再生产的需要。

（四）制度体制因素的影响

我国计划经济时期的"单位制"对现代社会影响深远，改革开放以来，计划经济体制全面转向中国特色社会主义经济体制，体制因素更加复杂。"体制内"和"体制外"在身份认定、资源依附、自主权等问题上存在较大分野，对社会工作人力资源的影响也十分明显。

和其他"体制外"的组织单位从业人员一样，人们对社会工作者的信任感和认同度明显低于"体制内"的工作人员。在实务情境中，社会工作者的合法性通常是通过描述自身与"体制内"组织单位的关系来获得的。加上"体制内"的工作人员收入保障高于"体制外"的人员，这就导致了社会工作者产生"不如公务员、事业单位人员"的想法。

> 有时候去家访，居民误认为我们是搞销售的，没说两句就说让我们离开，后来我们就和（社区）居委会商量以他们的名义去做访问，（社区）居委会同意了，我们每次介绍就说自己是（社区）居委会的社工，居民基本上都还是认可的。（G机构一线社工T）

可以看出，以"体制外"身份开展工作时存在"缺乏信任感"的问题，"拥抱"体制反而会让工作开展得相对顺利。

事实上，虽然"体制内"看上去明显存在身份认同和福利保障的优势，但是真正在"体制内"的社工自主权又受到体制的限制，难以真正遵循专业价值和职业道德开展工作。

此外，社会工作专业毕业的学生在"体制外"的草根组织广受欢迎，但是"体制外"的保障不足也让很多毕业生望而却步。

由于民办社会工作服务机构的经费来源以政府购买服务的资金为主，其所提供的社会工作服务补充了部分政府原有的职能，在价值取向上符合"体制内"特点，但是在工作理念、方式方法上又更多地属于"体制外"的特征。因此，民办社会工作服务机构既不属于"体制内"的组织，也并不完全属于"体制外"的组织。由于体制几乎很少吸纳社会工作专业人才，从公众的角度，社会工作专业地位仍较低。

五 促进四川省民办社会工作服务机构破解人力资源发展现存问题的政策建议

鉴于四川省民办社会工作服务机构人力资源存在上述种种困境，为破解四川省社会工作人力资源发展的困局，改善行业生态，积极推动民办社会工作服务机构蓬勃发展，本研究提出如下政策建议。

（一）通过推动薪酬体系建设，增加社会工作人才职业回报，保障其职业可持续发展

首先，在确定薪酬标准的层面上，四川省应当按照国家有关规定，结合当地的社会经济发展状况，并综合学历、资历、职业水平等级、业绩、岗位等因素制定合理的薪酬标准，由于社会工作专业在社会治理中具有不可替代的作用，薪酬标准应参照企事业单位的专业技术岗位所提供的标准，社会工作管理岗位应当参照当地公务员的水平。各级民政部门作为民间组织管理的主要部门，应当敦促承接政府购买服务的社会工作服务机构参照当地薪酬指导标准支付社会工作专业人才薪酬。

其次，在规范政府购买服务的层面上，要完善政府购买项目的成本核算制度，编制预算时要将社会工作专业人才人力成本作为重要核算依据，充分保障社会工作专业人才获得社会认可的收入。同时，要对政府购买进行创新实践，尝试改变固有的项目周期模式，大胆资助长期性的服务项目以支持社会工作专业发展和品质提升。

（二）通过建立完善的岗位开发与人才保障机制，打通社会工作人才晋升渠道

岗位开发和设置是社会工作专业化、职业化及人才队伍建设的基础，四川省民办社会工作服务机构人力资源发展的首要任务即是要加强专业岗位的设置，要充分研究和落实民政部等12部委颁布的《关于加强社会工作专业岗位开发与人才激励保障的意见》，积极实施四川省专业社工岗位设置的指导性文件，为民办社会工作服务机构专业社工岗位设置提供符合本地实际情况的政策指引，应当制定岗位设置原则、类型、岗位职责、人员配备标准、岗位设置形式、晋升机制、岗位管理以及经费保障等相应的措施。

针对社会工作岗位开发，应建立起专业实践岗、督导岗和行政管理岗并行的阶梯式社会工作人才体系，明确不同岗位的基本职责，对专业服务、技术与情感支持、统筹协调等职能进行有效的岗位划分。应引导各个民办社工服务机构根据服务人群的特点及机构业务模式，制定出不同岗位的主要职责、规范性制度以及服务管理流程，以确保不同岗位人员的明确分工和团结协作。

（三）通过加强社会工作专业教育及职业培训，建立人才激励制度，提升社会工作人才职业获得感

在高等学校教育层面，要完善学科建设和进行课程体系改革，充分结合社会需求制定社会工作本科及硕士的培养方案，为民办社会工作服务机构输送"既懂理论又会实务"的综合性社会工作人才。

在职业教育层面，要建立全省的社会工作者协会，并依托政府部门和行业协会，结合实际情况建立健全社会工作者的职业教育培训机制，统筹规划教育培训，全面开发在岗培训课程，完善教育培训模式，加强教育平台建设，科学制定社会工作人才教育培训总体规划及实施细

则，注重社会工作职业技能培训的课程开发和实践教育，采取案例分析、互动式教育等培训方式，建立多层次的社会工作实务培训体系。

在人才激励层面，四川省应当建立灵活多样的社会工作人才激励制度，建立人才激励专项资金，将民办社会工作服务机构的人才纳入现行的表彰奖励范围，对四川省范围内优秀社会工作人才给予表彰奖励，对在"三区"（边远贫困地区、边疆民族地区和革命老区）开展社会工作服务的从业者给予专门的奖励。

在机构内部治理层面，要建立健全社会工作督导体系，通过专业督导提升社会工作人才专业技能，缓解工作压力，既要引进外来的专业督导，又要大力培育本土的督导人才，完善机构内部的督导制度。可以建立专门的督导支持项目以减轻机构本身的财务负担，以全面提升民办社会工作服务机构的专业能力，进一步提升其服务品质。

（四）通过体制创新，打破制度壁垒，消除体制歧视，拓展社会工作人才的职业空间

民办社会工作服务机构人力资源发展的困境和挑战受体制因素的影响较大，四川省各级党委、政府应加强体制创新，在制定人才政策的层面上，结合四川省人才引进政策，将高层次社会工作专业人才纳入急需紧缺和重点人才引进范围，按照规定享受户籍落地、保障房申请、专业岗位补贴等相关优惠政策。同时，政府部门与民办社会工作服务机构应该积极展开合作交流，研究社会工作人才岗位设置、开发和保障机制，既保障社会工作人才有良好的获得感，又能给予较大的实践空间，让社会工作专业的自主权得以实现。

在岗位制度的创新层面，建议在各级社会治理公共服务职能部门（如民政、社保、教育等部门）设置社会工作专职岗位，在社会福利职能部门（如救助、慈善、优抚安置等部门）设立社会福利岗位。

一方面，对于社会工作专业而言，更有利于其传递社会福利功能的充分发挥；另一方面，政府职能部门、事业单位吸纳优秀的社会工作人才既保障了人才的稳定性，又能继续加强政府与民办社会工作服务机构的互动与合作，推动机制创新，打通体制内外的流动渠道。

（五）通过倡导，努力提高社会工作专业人才的职业地位

一是要积极引导社会工作专业人才通过优质的专业服务赢得群众认可，提升专业形象；二是要充分发挥新闻媒体的作用，广泛宣传专业社会工作优秀人物、先进事迹和典型经验，积极争取社会各界对专业社会工作发展的参与支持，大力营造关心、理解、尊重社会工作专业人才的浓厚社会氛围；三是要提升社会工作职业群体的话语权和社会地位，充分挖掘社会工作人才被赋予的社会责任和价值，吸纳有突出贡献的社会工作专业人才进入人大、政协参政议政，吸收专家型社会工作专业人才成为政府部门和群团组织的顾问、参事、专家，提高社会各界对社会工作的知晓度、认可度及参与度，进一步提升社会工作专业人才的职业形象。

参考文献

成都市人民政府：《关于建立政府购买社会组织服务制度的意见》（成府发〔2009〕54号）。

刘文瑞：《民办社工机构社工人才流失问题的分析与思考——基于北京深圳成都三地的调查》，《中国社会科学院研究生院学报》2016年第1期。

民政部：《2016年社会服务发展统计公报》（民函〔2017〕179号）。

民政部等12部门：《关于加强社会工作专业岗位开发与人才激励保障的意见》，2016。

四川省委组织部等18部门：《关于加强社会工作专业人才队伍建设的

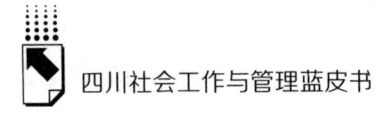

实施意见》,2012。

四川省民政厅:《四川省民政厅关于做好全省民政系统事业单位社会工作专业技术岗位聘用工作有关问题的通知》(川民发〔2012〕50号)。

宋贵伦、冯虹:《2017年北京社会建设分析报告》,社会科学文献出版社,2017。

四川省委组织部等4部门:《四川省社会工作专业人才队伍建设"十三五"规划》,2017。

B.4
养老服务社会工作人力资源发展研究及其对四川省的启示

吴柏良*

摘　要：　伴随中国社会老龄化的到来而增加的养老服务需求，使得养老服务相关的社会工作的开展以及相应的专业社会工作人才培养逐渐获得了政府和社会更多的关注。

首先，本报告在整体上从国家对养老服务社会工作的规划、我国老龄化社会发展对服务的人力和专业化需求方面，对养老服务社会工作人力资源的发展背景进行了阐述；其次，从养老服务中社会工作的切入开始，阐述了人才培养模式和行业发展现状；再次，借鉴国内外研究和产业的发展经验，提出了养老服务社会工作人才在培养模式创新、职业环境改善、专业化发展提升方面的一些建议；最后，通过以上内容并结合四川省的养老需求，总结了对四川省养老服务社会工作人力资源的发展，特别是如何培养符合需求的专业人才方面的一些启示。

关键词：　老龄化　老年社会工作　养老服务　人力资源

---

* 吴柏良，日本筑波大学人类综合科学研究科博士，西华大学社会发展学院教师，西南交通大学国际老龄科学研究院研究员。主要开展老年社会建设、养老机构运营和与老年人社会性相关的研究。

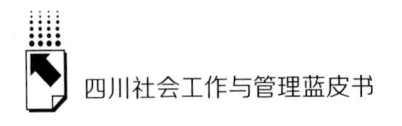

一 前言

随着中国社会老龄化进程的加快,伴随老龄化而逐渐增加的养老服务需求使得国家越来越重视养老的社会问题,与养老服务相关的社会工作的开展以及相应的专业社会工作人才培养也逐渐获得了更多的政府和社会的关注。虽然近年来中国的养老事业取得了快速发展,但与现实的需求和发达国家的养老事业相比,我国的养老服务仍处于起步阶段,面临着供给不足、分布不均、服务水平低、可及性差等众多问题。社会工作助人自助的原则和其多学科的涉及、专业性的理论和方法,以及社区服务机构的社区嵌入特性,成为解决我国社会老龄化进程中相关问题的一个有效途径。

老年人需要在退休和晚年以后仍然保持着合适的生活状态。这种状况的保持至少需要两个外部条件。一是退休后的资金支持力度,包括退休后的积蓄和各类保险,二是来自家庭和社会的生活支持,包括日常生活照料、医疗护理、情感交流和社会活动参与,以此来共同维护老年人的身心健康和人格尊严。

为老年人提供的养老服务是根据老年人的身心和生活特点,提供的有形和无形、有偿或无偿的服务活动,从而使其达到生活的满足状态。老年社会工作以老人为服务中心,运用社会工作的理论与方法,充分利用现有的各种社会资源,为老年人提供包括日常生活照料、生活环境整备、信息汇集整理、社会生活保障、人格权益保护等的各项服务,解决老年人生活中遇到的各种问题,确保其正常的晚年生活。在目前养老服务事业正处于起步且正在快速发展的时期,理解养老服务中社会工作的专业价值,了解养老服务社会工作人力资源的基本情况,对社会工作有效结合并促进养老服务事业的发展有重要意义。

二 养老服务社会工作人力资源发展背景

（一）国家养老服务社会工作人力资源发展规划

一直以来，我国的社会工作在国家的整体规划下有着持续稳定的发展。随着我国社会老龄化的到来，国家在整体的社会工作规划下，从社会工作教育研究、专业性建设、养老服务社会工作几个方面逐渐延伸出对养老服务社会工作人才建设的规划。

1. 社会工作高等教育发展规划

社会工作的良好开展、社会服务的有效提供，都要求从事社会工作的人员是专业的社会工作优秀从业者，能够在工作中认同并坚持遵循社会工作应有的价值原则，在掌握社会工作的专业知识技能的基础上，通过自身的实践磨炼，将社会工作的专业方法和技能熟练运用到社会工作的开展和社会服务的提供中。

社会工作作为一门在西方国家的社会和教育环境下形成并被引入到中国的专业学科，其原本的专业人才教育与培养模式也多适用于西方国家的社会和文化。在养老服务领域，作为开展社会工作和提供社会服务的关键，如何培养我国本土化的养老服务社会工作专业人才，成为我国社会工作专业教育中必须直面的问题。长期以来，我国社会工作科研教育工作者不仅对养老服务社会工作人才进行教育培养，而且就社会工作专业的本土化发展提出过大量的专业意见，为国家出台相关的规划政策起到了显著的推动作用。

从国家教育部门在专业教育规划文件中可以看到，自1987年国家教育委员会颁布的《普通高等学校社会科学本科专业目录》开始，历经近30年，社会工作专业从起初实验性质的试办专业，经过长期的实践发展，逐渐稳定成熟，并且开始从社会学的本科教学逐步扩充到硕士研究阶段,实现了专业性的成熟和提升(见表1)。这一发展规划为目前我国养老服务的社会工作人力资源发展打下了坚实的专业研究和人才培养基础①。

表1 教育部门关于专业教育规划的文件及内容

时间	政策规划发布主体	出台文件名称	核心内容
1987年12月	国家教委(〔1987〕教高一字002号)	《普通高等学校社会科学本科专业目录》	在"社会学类"下设专业"社会工作与管理(试办)"
1993年7月	国家教委(教高〔1993〕13号)	《普通高等学校本科专业目录》	社会学下设"社会工作"专业,加星号(限制发展)
1998年7月	教育部(教高〔1998〕8号)	《普通高等学校本科专业目录》	社会学下设"社会工作"专业,无星号
2004年10月	教育部(教高〔2004〕3号)	《普通高等学校高职高专教育指导性专业目录(试行)》	"公共事业类"下第一个专业为"社会工作"
2010年5月	国务院学位办(学位〔2010〕20号)	《关于开展新增硕士专业学位授权点审核工作的通知》	"社会工作"为新增硕士专业学位授权点的硕士专业学位类别
2012年9月	教育部(教高〔2012〕9号)	《普通高等学校本科专业目录》	社会学下设"社会工作"专业,无星号

2. 社会工作专业人才建设的规划

而在社会工作领域内,国家在规划上也积极推进社会工作的专业化进程。如表2所列,2006年10月发布的《中共中央关于构建社会主义和谐社会若干重大问题的决定》明确提出,要建立社会工作的

---

① 陈峰、陈涛:《中国社会工作政策与规划之分析:内容、特点与前瞻》,《社会工作与管理》2014年第2期,第34~41页。

人才队伍，要从培养开始确定社会工作的职业化和专业化，实现社会工作人才数量和质量上的提升。同期人事部和民政部发布的《社会工作者职业水平评价暂行规定》和《助理社会工作师、社会工作师职业水平考试实施办法》也为社会工作者开启了职业化和专业化的评价标准，老年社会工作也获得了专业化发展的评价基础。2010年之后，国务院、组织部等部门更明确提出要将社会工作专业人才提升到与党政人才、企业经营管理人才、专业技术人才、高技能人才和农村实用人才相并列的第六支主体人才地位，制定了培养结构合理、素质优良的社会工作专业人才队伍的发展目标，肯定了社会工作在我国社会主义经济建设和社会发展中的重要地位。

表2 社会工作（专业）人才队伍建设的政策规划及内容

时间	政策规划发布主体	出台文件名称	核心内容
2006年10月	中共中央（中共十六届六中全会）	《中共中央关于构建社会主义和谐社会若干重大问题的决定》	提出"建设宏大的社会工作人才队伍"，明确要"建立健全以培养、评价、使用、激励为主要内容的政策措施和制度保障，确定职业规范和从业标准，加强专业培训，提高社会工作人员职业素质和专业水平"
2006年10月	人事部、民政部	《社会工作者职业水平评价暂行规定》和《助理社会工作师、社会工作师职业水平考试实施办法》	为社会工作者开启了职业化、专业化的评价标准，老年社会工作在此基础上也有了专业化、职业化发展
2010年6月	中共中央、国务院	《国家中长期人才发展规划纲要（2010~2020年）》	进一步将社会工作专业人才提升到与党政人才、企业经营管理人才、专业技术人才、高技能人才和农村实用人才相并列的第六支主体人才地位，明确实现到2015年培养50万人的社会工作专业人才、到2020年培养145万人的社会工作专业人才的发展目标

续表

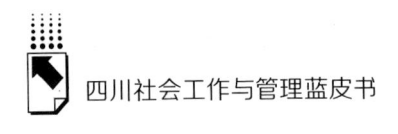

时间	政策规划发布主体	出台文件名称	核心内容
2011年11月	组织部、政法委、民政部等18个部门	《关于加强社会工作专业人才队伍建设的意见》	这是中央第一个关于社会工作专业人才的专门文件,是当前和今后一个时期全国社会工作专业人才队伍建设的指导性纲领,在我国社会工作事业发展史上具有里程碑意义
2012年4月	民政部	《社会工作专业人才队伍建设中长期规划（2011~2020年）》	文件明确,到2020年,我国社会工作专业人才队伍建设的总体目标是,建立健全社会工作专业人才法规、政策和制度体系,造就一支结构合理、素质优良的社会工作专业人才队伍,使之适应构建社会主义和谐社会的要求,满足人民群众日益增长的社会服务需求

3. 养老服务发展中对社会工作的规划

随着老龄化的到来,特别是近十年来,养老服务也得到政府和整个社会越来越多的重视和关注。为了解决养老服务中核心的人才问题,国家也在社会工作专业中针对养老服务做出了明确的规划。2011年12月,国务院办公厅在《社会养老服务体系建设规划（2011~2015年）》中明确提出要在养老服务中引入专业的社会工作人才,推动养老机构内社会工作的发展。2013年,国务院在《关于加快发展养老服务业的若干意见》（国发〔2013〕35号）中也将社会工作者与其他如医生护士等一样认定为养老机构内应有的专业服务人员。2016年,民政部颁布的《老年社会工作指南》也要求充分发挥社会工作在养老服务中的专业作用,并且提出要通过规范老年社会工作来保障养老服务的质量。2017年,国务院《"十三五"国家老龄事业发展和养老体系建设规划》更进一步强调了老年社会工作在老年人心理、精神健康方面应承担的职责，即与心理健康专业联合，将社会工作与老人的身心健康紧密结合起来，突出社会服务机构在国家养老体系建设中的重要功能。同年，民政部的《民政事业发展第十三个五年规划》也进一步强调了老年服务社会工作专业性发展的重点，即需要进一步健全人才标准、法规制度（见表3）。

表3 关于养老服务发展规划中社会工作专业的要求

时间	政策规划发布主体	出台文件名称	核心内容
2011年12月	国务院办公厅	《社会养老服务体系建设规划（2011~2015年）》	明确提出"探索建立在养老服务中引入专业社会工作人才的机制，推动养老机构开发社工岗位。开展社会工作学历教育和资格认证"
2013年	国务院	《关于加快发展养老服务业的若干意见》（国发〔2013〕35号）	明确提出"养老机构应当科学设置专业技术岗位，重点培养和引进医生、护士、康复医师、康复治疗师、社会工作者等具有执业或职业资格的专业技术人员"
2016年	民政部	《老年社会工作指南》	为了积极应对人口老龄化，实现老有所养、老有所医、老有所为、老有所学、老有所乐，充分发挥社会工作在养老服务中的专业作用，总结推广各地老年社会工作实务经验，科学规范、正确引导老年社会工作服务行为，切实保障老年社会工作服务质量
2017年2月	国务院	《"十三五"国家老龄事业发展和养老体系建设规划》	提出"依托专业精神卫生机构和社会工作服务机构、专业心理工作者和社会工作者开展老年心理健康服务试点，为老年人提供心理关怀和精神关爱"

续表

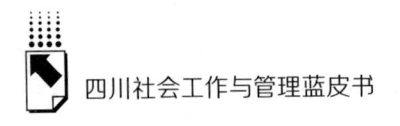

时间	政策规划发布主体	出台文件名称	核心内容
2017年2月	民政部	《民政事业发展第十三个五年规划》	第三章明确提出养老服务的"养老服务人员培养工程","推进养老服务专业教育和培训体系建设,培养老年医学、康复、护理、营养、心理和社会工作、老年康复辅具配置等方面的专门人才,分类培养服务经营管理人才、专业技术人才和技能人才";在第四章第五节中强调支持专业社会工作服务,明确提出推动专业社会工作立法进程,逐步完善综合政策引领、专项政策配套、行业标准支撑的社会工作制度体系

4. 整体上对社会工作专业人才的规划

从表1、表2和表3的内容可以看出,国家在对养老服务与社会工作相关的政策规划上,已经逐步明确了社会工作本身应有的专业作用,使得养老服务中的社会工作模式也越来越清晰。通过梳理一直以来国家政策规划的诸多内容,不难发现,在养老服务中社会工作是不可缺少的一部分,但也不应该将社会工作单独分离出来。社会工作服务机构需要找到与养老服务机构的结合点,而社会工作的专业性也需要充分联合其他专业才能发挥最大的作用与价值,例如上文所提到的与心理精神健康专业、医护专业联合,共同维护老年人的身心健康。

在养老服务专业社会工作人才的定位方面,国家政策规划将其与其他社会工作人才一起,首先从整体上对专业人才数量做出了要求。此后,通过积极推进制度建设、职业标准建设、服务质量建设等多个方面的内容,将重视社会工作全局的发展逐步深化到重视那些急需社工的重点领域的发展,比如在养老服务领域鼓励引入社工岗位,将社工人才作为养老服务重点培养人才。同时，也要重视社会工作的全面发展，如制度、人才、服务等，例如《老年社会工作服务指南》中要求的通过总结推广各地老年社会工作实务经验，做到科学规范地、正确地引导老年社会工作服务行为，从而切实保障老年社会工作服务质量。通过这些定位的转变，养老服务的社会工作专业人才也逐步从整体的社会工作服务分化到养老服务领域、从整体上社会工作的全面发展集中到养老服务的专业深化，为养老服务社会工作专业人才培养勾画了较为清晰的规划路径。

（二）养老服务社会工作人力资源的社会需求

养老服务社会工作人力资源的发展，一方面需要符合国家对社会工作的整体规划，另一方面也要立足于社会老龄化进程中对养老服务的实际需求。可以预见的是，在我国社会老龄化进程中，对养老服务的需求不仅会体现在绝对数量上，而且对养老服务的专业性需求也会逐步明朗和扩大。

1. 社会老龄化发展的预期需求

养老服务的社会需求首先取决于老年人口的绝对数字和相应占比。截至 2014 年底，中国 60 岁以上老年人口已经达到 2.12 亿人，占到了我国总人口的 15.5%，到 2020 年，老年人口总数也将增加至 2.48 亿人，占比也将由 15.5% 左右增加至 17.2%。2030 年，我国老年人口预计将达到 3.7 亿人，占总人口比例也会超过总人口的 1/4，占到 25.3%；而到了 21 世纪中期的 2050 年，届时老年人口数量将达到 4.8 亿人，占到 34.1%，更直观的表现就是每三个人中就有一个是 60 岁以上的老年人[①]（见图1）。不仅如此，国家老龄办的数据显示，2020 年后中国老年人中失能老人，即生活无法完全自理的老人

---

① 国务院：《国家人口发展规划（2016~2030年）》，2016。

将超过 4200 万人,此后的 2030 年将超过 6100 万人,2050 年将达到 9700 万人以上,这将是不可回避的社会问题,也是确实存在的整个社会的养老需求①。站在提供养老服务的角度,这其中包含着巨大的人力资源需求。这样的需求应当如何应对,是整个社会需要思考并解决的问题。

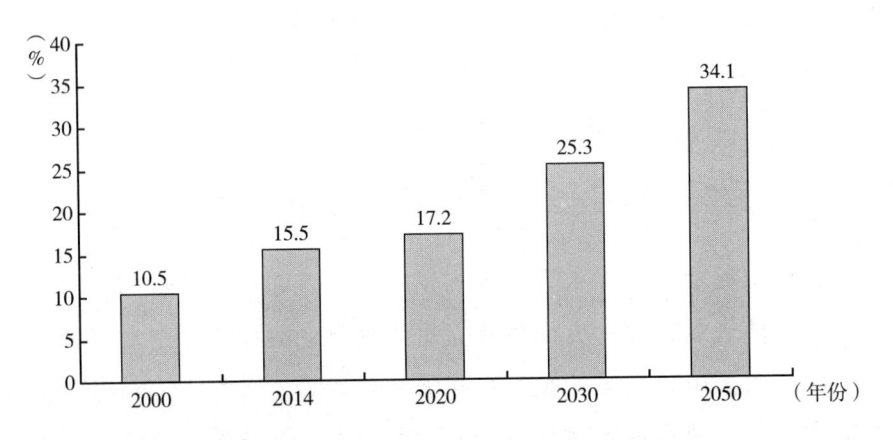

图 1　2000~2050 年中国 60 岁以上人口占比变化

另外,通过图 2 的老年抚养比这个衡量老龄化社会负担的指标来看,从 2000 开始,我国老年抚养比快速增长,至 2020 年预计将达到 16.9%,并将继续快速在 2050 年时增长至 27.9%②。老年抚养比的数据已经表明,接下来的十几年间中国社会不得不面对劳动力下降、社会整体负担加重的客观现实。再加上巨大的老年人口数和其中最为迫切需要他人提供养老服务的失能老人,积极探寻建立符合我国制度规划、适应社会经济文化发展的、高效专业的养老体系成了解决上述问题的最佳途径。而在这一途径中,养老服务的提供者自然成了系统

---

① 老龄办:《人口老龄化发展趋势预测研究报告预测研究报告》,2007。
② 周渭兵:《未来五十年我国社会抚养比预测及其研究》,《统计研究》2004 年第 11 期,第 35~38 页。

的核心，即养老系统的运转、养老服务的实现均需要专业的各职能人员来发展驱动。

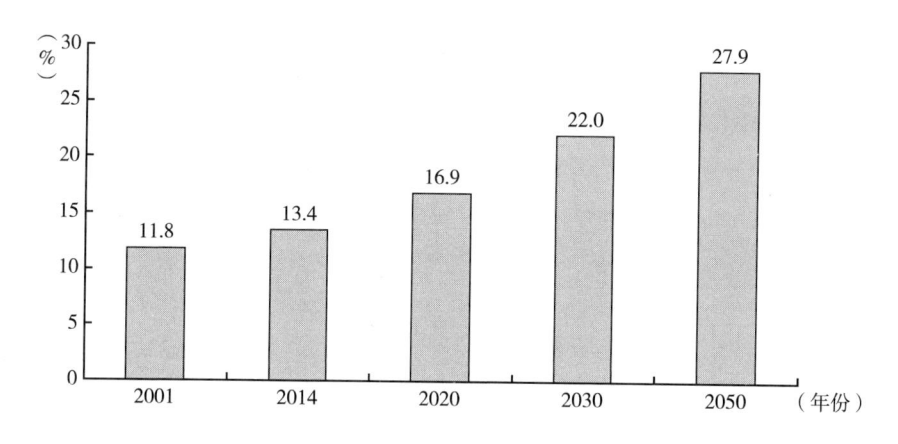

图 2　2000~2050 年中国老年抚养比变化

2. 养老服务对专业人才的需求

从养老服务的主要提供者来看，目前仍然以 40 岁以上的人员，特别是 50 岁左右的人为主，因而普遍存在年龄偏大、学历背景不高、专业技能不足的情况。即使可以通过各种途径加强培训，最后能拿到相关职业资格证书的人员比例也很低，而且无论是养老服务机构还是服务人员个人，都存在对取得专业资格证书的培训积极性不高的问题。另外，除了服务人员水平的问题，社会养老机构依旧面临着养老服务人员数量不足的困境。2015 年上海一份对民办养老机构的调查数据显示，有92%的养老机构会存在招募养老服务人员困难的情况，有超过一半的养老机构出现养老服务人员人手紧张的情况，甚至有大约10%的养老机构因服务人员数量不足而致使其机构运营已经受到一定影响[①]。

从绝对数量和抚养比来看，整个社会养老服务人手不足并非只靠

---

① 上海统计局：《闵行区医养结合机构发展状况调查》，2015。

通过提高养老服务人员薪资就能迎刃而解的问题。薪资的提升在一定程度上可以暂时解决部分养老机构的燃眉之急，但从长远和整体来看，过重的养老服务运营负担和整体人手不足的问题依旧持续存在。不仅如此，在养老服务人员的职业素质和专业技能的提升方面，也需要从教育培训，特别是对年轻的养老服务从业者的逐步培养入手。之前提到的建立高效专业的养老体系，也同样需要从年轻的专业人才培养上做起。作为养老服务专业人才中的一个重要角色，养老服务的社会工作者必然需要在其中承担应负的责任。从国家和社会的角度来说，这也是我国老龄化社会发展过程中对社会工作者、养老服务社会工作专业人力资源提出的必然需求。

三 养老服务社会工作人力资源的现状

（一）养老服务中社会工作者的切入

社会工作者作为专业人员，在我国社会老龄化进程中和社会需要的养老服务中，有着不可替代的重要功能。养老服务社会工作者的切入，可以为养老服务带来诸多促进其良性发展的专业作用。

1. 社会工作者的切入是促进养老服务质量整体提升的择优选项

随着中国经济的快速发展，城市化进程的逐步推进，以及长期的计划生育政策背景下的家庭结构变化，老年人的养老需求开始发生延展，其需求已经不再局限于对日常生活的照料和机体的医疗护理服务，正逐渐朝着老年人心理与精神健康，维持老年人的社会属性，挖掘老年人存有的个人和集体价值的方向发展。从这个角度出发，可以发现养老服务的社会工作范围是非常宽广的。

在社会信息交流模式快速发展，社会服务资源精细化区分的背景下，老年人因身体机能下降、认知功能受损等原因导致的活动能力减弱，使得老年人更加难以获取社会资源，应有的精神需求和社会性需求得不到满足，加上家庭构成的变化，如分居、独居甚至空巢现象等，进一步加剧了老年人整体在当前社会上的弱势地位。常见的认知症中，除了大脑本身功能受损引起的中心症状，如失忆、定位感缺失、思维能力下降以外，孤独感、挫败感、自卑、抑郁、狂躁等症状在上述社会环境下，将越来越多地出现在老年人身上。即使对正常健康老人而言，如果日常生活环境中缺乏必要的社会支持，其身心健康状况也将受到负面影响，可能导致其提早进入失能状态，进而加大家庭和社会的负担。因此，在养老服务中引入专业的社会工作人才，让老年人在社会资源的获取、心理精神健康和社会性的维持上得到应有的帮助，就成为完善养老服务、减小家庭和社会负担的必然结果。

另外，正如前文所述，目前养老服务人员存在着数量不足与质量不高的双重困境。国家统计局的统计数据显示，2016年，我国养老机构已经达到2.8万个，养老床位已经有680万张[①]。尽管近年来养老产业得到了快速的发展，但整体上依然面临着服务质量提升较为缓慢的现状。在生活照料岗位的服务人员素质短时间内无法快速提高的情况下，从管理运营水平提升、资源整合能力加强、养老体系搭建方面着手，将专业的社会工作人才引入养老服务业，从服务和管理上共同加大养老体系的建设力度，不失为促进我国养老产业发展的一个择优选项。

2. 社会工作者对养老资源的调动能力较强

近年来，我国养老产业在政府的大力支持和社会资本的积极投入下，获得了较为快速的发展。虽然前期各种养老模式都有相对较为成功的案例，但在这一过程中各方也逐渐认识到社区在养老产业发展中所拥有的重要价值，而与社区服务紧密联系在一起的社会工作服务自

---

① 国家统计局：《2016年国民经济和社会发展统计公报》，2017。

然也成为推动养老产业与社区联动的重要枢纽。

首先，社会工作者利用社会工作的研究方法并结合身边社区的实际情况，能更为客观地将该区域的养老服务状况、人力资源、经济承受能力、服务接受度、刚性需求等重要信息系统地整合起来，无论是促进政府发挥在其养老产业中政策规划的主导作用，还是为社会资本提供客观的投资参考数据，都具有难以替代的作用。其次，社会工作者长期扎根于所在区域，对所属社区周边的行政管理、医疗、教育、公共交通、生活家居等资源较为熟悉，在养老服务的提供过程中，能灵活使用周边资源，疏通资源的获取路径，提高养老服务的提供效率。最后，社会工作者因长期与社区联合，以及本身所带有的社会公益背景，相较于养老机构的运营者和服务者，在与老年人及其家属的关系构建上有着得天独厚的优势。国际上发达国家的经验表明，养老服务的质量除了养老服务的制度规划和标准等硬性指标之外，养老服务者与老年人及其家属之间的关系也尤为重要，这也是衡量养老服务质量的一个参考指标。养老服务会牵扯到参与其中的多方互动关系，当中不可避免地会发生关系摩擦，而养老服务的社会工作者则可以站在公益和专业的角度，利用自己所在的关系地位柔和处理问题，减少养老服务资源内部的摩擦与内耗。

3. 社会工作者对养老服务质量提升的作用

正如之前内容提到的，目前我国养老服务的质量依然处于较低水平，与服务对应的硬件环境的发展相比显得非常缓慢。这中间最核心的因素就是养老服务人员基本素质和专业技能受限，导致很多理论上可行的方法难以落地。鉴于此，很多职业院校很有前瞻性地积极开设和发展养老服务与管理专业，期望经过专业学习的年轻学生可以在日后的养老服务工作中提升养老服务现场的质量。

同养老服务与管理专业相比，社会工作专业在对养老服务质量的提升上作用更为明显。社会工作的视点首先不限制于现场的养老服务本身，可以通过改变社会结构环境和个人层面的因素，根据老年人的现实需要，运用科学的方法，提供多元化、专业化的服务帮助老年人重新构建适合的社会生活。社会工作者理解认同老年人的特殊需求，尊重其个体生活经历，通过分析有针对性地提供个性化的服务。同时，站在养老服务现场的角度，社会工作还可以提供基本的生活照料服务，并且凭借先天对资源的掌握优势，能有效地针对老年人的生理健康、心理和精神健康、社会健康提供适宜的养老服务。例如，可以通过对老年人曾经和如今所生活的环境以及个人与家庭情况的信息分析整理，制订符合老年人实际需求、能最大限度维护其长者尊严的服务目标计划；在此基础上，联合其他各个专业人员，从日常生活照料到医疗护理康复，采取合理有效的方案来减缓老年人身体和心理功能的衰退速度，恢复保持老年人作为社会人本应拥有的社会功能和社会关系；并且在必要时可以更多地整合各类资源，为个体或群体的老年人建立有力的社会支持网络，进一步使老年人能充分发挥其自身的社会功能，帮助老年人继续参与社会生活活动，体现其应有的社会价值。

4. 社会工作对养老服务的评估督导作用

目前国内养老机构的服务和管理都是近年来开始逐渐发展起来的，整体水平还没有办法满足我国目前的老龄化进程的需要，同时还没有比较统一的、有公信力的第三方来对机构的服务进行评估和督导。社会工作者的非营利社会公益定位、专业的教育背景，使其能很好地承担这部分职能。不仅如此，有专业技能和职业经验的社会工作者也可以充分发挥培训指导功能，针对当前我国养老服务行业中服务人员专业素质较低、技术能力不足的情况，开展系统性的理论知识培训和专业技能培训，以及对养老机构的管理提供必要的信息咨询和资源整合支持。

不仅如此，社会工作者一方面熟悉国家的养老政策和社会福利政策并能积极将其运用于指导养老服务社会工作的实务操作，另一方面也活跃于养老服务的现场，并能对养老政策在实际服务中产生的社会效益进行较为客观的评估。因此，养老服务的社会工作者同时作为国家养老政策的推行者与养老服务的现场提供者，既能为国家养老政策的确切实施提供保障，也能将养老服务需要政策进行支持的内容进行反馈，以促进养老服务相关政策的改进完善。

（二）养老服务社会工作人才培养模式的现状

在如何培养社会工作人才上，我国的社会工作教育已经形成了比较稳定和系统的培养模式，养老服务的社会工作人才培养被包含在这一模式中，同时由于养老服务本身的特性，养老服务社会工作人才的培养也会面临其特有的现实状况。

1. 养老服务社会工作人才的培养模式

在社会工作专业分化中，老年社会工作更进一步分化为养老服务等。老年社会工作就是因应老龄化社会问题而随之产生的一系列专业服务活动，老年社会工作的专业人才也基本上是养老服务所需的社会工作人才。老年社会工作专业人才是指受专业训练，在专业的价值理念指导下，充分运用社会工作的理论和方法，帮助在生活中遭受各种困难而暂时丧失社会功能的老人解决问题、摆脱困境并推动更多的老人晚年获得进一步发展的专业服务活动的专业人才[1]。

社会工作人才培养模式是人才培养目标、培养规格和基本培养方式的有机结合，需要高校的专业教研学院将自身的专业教育资源与外部的社会资源相结合，通过互相支持来确定培养专业人才的规模和开展的教学服务类别，要建设高等院校、社会工作服务机构以及其他培养主体的全方位的培养主体群，设计包含基本素质、理论知识和实务技能在内的多核心培养课程，最终形成理论教学和实习实践相结合、

---

[1] 范明林等：《老年社会工作》，上海大学出版社，2005。

紧密联系其他相关教学实践活动的多形式的社会工作人才培养方式①。

2. 养老服务社会工作人才对专业培养的认知

作为社会工作专业中的一个领域，老年社会工作人才的培养也必然面临着社会工作本身目前存在的现状和困难。现在的社会工作是近十几年来在国家逐步重视的情况下成长起来的新兴行业，目前对人才的培养处于以高校的社会工作专业学院开展人才培养的模式为主，以机构实践下的社会工作人才培养模式为辅的局面。养老服务的社会工作专业不仅同样处在发展不够成熟的阶段，还不可避免地面临社会工作专业人才对口就业不足以及社会工作人员大量流失的现实问题，再加上当前我国养老体系的搭建尚未完成，行业的各个标准体系还未完全建立，养老服务社会工作人才的发展将比社会工作领域更为困难。

而在养老服务的社会工作专业人才培养中，最难的境况就是社会民众特别是年轻人对社会专业本身的认识不足。尽管如上文所述，对人才的培养是以高校的社会工作专业学院开展为主，但社会工作专业处于高校专业边缘状态的情况并没有明显的改善。除少数一些专业开设较早、对社会工作专业重视程度较高的几所高校外，社会工作专业在其他各个高校的地位都不是很高。社会工作边缘化的境况又进一步增加了学生在选择社会工作专业时的难度，如专业调剂离开、专业认同感不高的现象也时常发生。曾有对某高校社会工作专业整体的调查结果显示，社会工作专业的学生们在填写志愿时没有填报该专业的比例达到了62.9%，同时在进入该专业之前的生活学习中没有听过社会工作专业的比例高达92.9%。许多学生表示，自己在被录取前其实也不知道什么是社会工作专业，之前自然也没有填报，而是在学校

---

① 谭磊：《我国老年社会工作本科人才培养路径研究》，《社会工作与管理》2016年第3期，第39~45页。

整体的招生规划时被调剂到社会工作专业的[①]。在这样的情况下，让学生能自发选择养老服务的方向、选择老年社会工作领域就成了一种较为难以实现的设想。

3. 养老服务社会工作人才培养中理论与实践的结合

上述内容已经说明，目前我国对社会工作专业人才的培养主要是依托各个高校的专业教育，以学院化的理论教育先行为基础进行培养，在本科教育中嵌入有关社会工作的理论和方法的课程，以基础公共课、专业课、专业指导课和其他相关专业书籍联合授课的方式，比较系统地为社会工作专业人才的培养创造了优良的教育环境。此外，高校社会工作专业的教研者们也充分认识到，要提高学生的实际运用能力，做到能将理论方法联系到实际工作，练就在实践案例中的创新能力等，都离不开在学习期间的实践教学和技能训练。因此，高校也会充分利用能获得的社会资源，在实践教学方面积极做出努力。例如在培养中嵌入社会工作服务机构的实践活动，深入机构了解日常的社会工作，期望学生能将学院内教授的理论与方法灵活运用到实践中，发挥应有的价值。

尽管如此，这种理论教育与实践教学相结合的方法仍然受制于具体的实习条件，如实习地点的规模和距离、实习时间的长短、实习计划的实施程度、现场实习督导老师的水平等，再加上现在很多社会服务机构自身也处于发展过程中，社会本身又有各种各样层出不穷的问题，这既对社会工作者的能力和素质提出了越来越高的要求，也使得社会工作者在日常工作中需要面临的情况也较为复杂，进而使得很多社会工作专业人才无法在实习期间就能成长到能适应就业后工作的程度，这相对地减少了实践教学在培养专业人才上的功能。对养老服务的社会工作者而言，实践条件的不足是更加棘手的问题。现在养老机

[①] 方舒、刘世雄：《高校社会工作专业人才培养模式的反思与建议——以中央财经大学为例》，《河北青年管理干部学院学报》2017年第2期，第40~47页。

构本身发展尚处于起步阶段，在服务质量和服务专业性上都存在许多不足，内部的服务职能分化常常是定位不清，学生即使进入养老机构实习，也较难将其在学院内学到的理论方法等充分地运用在养老服务的工作中。

（三）养老服务社会工作人才的行业发展现状

作为我国社会老龄化进程中不可缺少的一项专业职能——养老服务的社会工作人才应当从眼前的状况出发，着眼于社会老龄化进程，从就业方向、地区特点、专业定位、专业需求多个方面去明确自身的发展情况。

1. 养老服务社会工作专业的就业发展方向

整体来看，近十多年来在国家和政府高度重视、政府加大购买社会服务力度的情况下，社会工作获得了较大的发展，积累了一定的专业人才和专业化成果。只是，尽管在人才的培养阶段有良好的学院教育环境，但在现实的就业中社会工作专业学生依旧面对着无法顺利进入本专业工作的困境，专业对口就业的学生比例较低。此外，社会工作力主社会效益，其服务成效较慢，同时社会目前对社会服务的认可度不高，社会工作专业人才也面临待遇和社会地位不高的境况。从专业来看，社会工作专业化发展尚存在不足之处，领域的专业纵深、服务和管理的精细化程度不够，并且社会工作人员在专业技能掌握和运用方面还没有达到一个较高的水平。

另外，作为养老服务重要载体的养老服务机构没有明确的社会工作职能定位，没有形成健全的、能充分发挥社会工作价值的社会工作专业人才引入机制，即一方面没有为养老服务的社会工作专业人才提供充分的就业途径，另一方面也存在着即使进入养老服务行业后也可能缺乏后续成长的职业规划路径，这就使得老年社会工作者投身养老服务行业信心和热情不足，造成养老服务缺乏专业人才但相关专业人

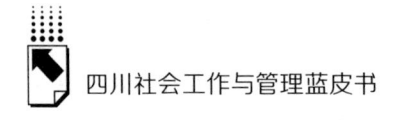

才又无法充分发挥价值的矛盾。

2. 养老服务社会工作专业地域性差异

服务经费问题是影响老年社会工作有效开展的重要因素。老年社会工作的开展主要还是由政府向社会服务机构购买服务，通过社区提供配套设施，社会服务机构为老年人提供相应的社区养老服务。

提供养老服务的社会工作机构的资金来源有两个方面：一是政府资金，主要包括中央财政支出和地方财政支出；二是社会筹措资金，主要包括个人捐助、企业的公益捐助，以及慈善基金会的资助等。尽管如此，由于目前我国社会服务的主要购买方是政府，因此经济发展水平很大程度上影响着各个地方政府对社会服务的购买力度。经济较为发达的城市和地区政府通常有着较大的购买力度和较有力的执行程度，但经济发展还没有达到较为发达水平的大部分地区，对社会工作服务的支持力度还比较小，相应的老年社会服务发展也较为缓慢。

从当前的情况来看，我国东部沿海地区与中西部地区之间、一、二线城市与农村地区之间，养老服务社会工作的发展是存在一定差距的。研究发现，在西部经济尚不发达的地区，其社会工作通常面临着发展的困境。例如高校在专业建设上缺乏较为专业的社会工作师资力量，相应的教研硬件设施投入不足，需要从社会学、心理学、历史学等其他相关专业调配教师来完成教学和学院建设工作。同时经济尚不发达地区的居民也因为社会服务的可及性不足而对社会工作产生较低的认可度，地方政府也不能提供有效的政策支持。与此相比，部分沿海经济发达地区则依靠政府政策的有效支持，再联合社会工作服务机构和专业养老服务机构自身的积极运作，形成了有一定成效的老年服务社会工作模式，成了社区内的养老服务体系的重要组成部分。

3. 养老服务社会工作者的定位

养老服务社会工作是一种正式的全日制职业，社会工作者在全日制的基础上从事一项服务活动并将其作为自己谋生的主要手段去获取应得的生活资源。从众多在一线从事社会工作的社会工作者实际执行的工作内容来看，相当一部分人在完成社会工作本职工作的同时，还要承担较多的行政事务，对旨在提供养老服务的专业人员来说，这在一定程度上造成了养老服务人力的浪费。

这种现象也是目前社会对养老服务社会工作的定位不清晰，责权不明确的表现。例如提供养老服务的养老机构，对社会工作的定位和运用认识不足，有的将社会工作等同于组织老年人的娱乐活动，有的将其理解为日常行政工作，也有的认为其承担社区日间照料的全方位职能。由于养老服务的提供机构不能理解社会工作在养老服务中的重要作用，使得本来就严重匮乏的养老服务社会工作人才没有得到合理高效利用，这也对养老服务质量的提高造成了不利影响。

除此以外，社会对养老服务社会工作的职业定位也存在认知的偏差。原本社会工作能否有效、合理地介入老年养老服务中，很大程度上要取决于老人及其家属对这份职能的认可。但到目前为止，关于养老服务中社会工作的职业定位，能否作为一个专业化的养老职业，社会各群体都没有达成共识。例如有不少人都把个人本职工作以外的、某个社会团体的事务活动也理解为社会工作。也有的老年人忽视自己可能不符合国家政府标准的情况，要求社会工作者为其申请低保或提供居家养老服务，也有人把社会工作当成是什么需求都应该答应去满足的非专业服务。这些都显示我国养老服务社会工作仍然没有从非专业的服务工作中被区分出来，存在着服务任务不明确、责权不清晰的情况。

4. 养老服务社会工作的专业人数和职业化

目前全国有200多所高校开设了社会工作专业，每年培养的社会工作专业人员约为一万人，但仅有10%~30%的学生会选择从事社会工作，这其中会选择老年社会工作的专业人才就更加少了。现实情况又显示，养老服务社会工作者的就业前景似乎不太乐观。通常一个社区内应当按比配备一定数量的专职养老服务社会工作者,但实际工作中很难完全做到。在养老服务价值还没有得到充分审视的背景下,老年社会工作者的待遇较低、工作人员流动性大、专业知识技能不足已经成为当前养老服务行业的重大问题。随着养老服务内容由身体健康方面开始扩展到心理、精神健康以及社会健康方面,老年社会工作者也需要适时地在经验方法和自身技能上进行提升以适应目前的养老服务需求①。同时可以预计,随着养老服务行业本身专业化的快速发展,老年社会工作者需求缺口将持续扩大,养老行业将越发需要职业的社会工作专业高层次人才。

职业化的社会工作专业人才是促进社会和谐发展的人才保障,更是养老服务专业化和服务质量提升的关键。目前,政府通过购买社会工作服务机构的专业服务,使从事养老服务的社会工作专业人才进入社区,解决社区内老年人在养老生活中遇到的各类问题,从而为社区的健康、和谐、稳定发展提供有力支撑。鉴于我国老年人口的巨大基数和快速的老龄化速度,这种职业化支撑的力量必须进一步增加。

不仅如此,《国家中长期人才发展规划纲要(2010~2020年)》明确提出了进一步将社会工作专业人才提升到与党政人才、企业经营管理人才、专业技术人才、高技能人才和农村实用人才相并列的第六大主体人才地位,明确实现到2015年培养50万人的社会工作专业人才、到2020年培养145万人的社会工作专业人才的发展目标。截至2016年底,我国社会工作专业人才队伍建设取得了显著成效,规模总量已达76万人,其中持证的社会工作人才有近30万人,并且广泛分布在城乡基层,成为社会建设的一支重要新兴力量。但与提出的社会工作专业人才队伍建设的目标相比,依旧存在着较大差距。具体的

---

① 冯晓娟:《我国养老服务发展状况与社会工作介入分析》,《理论与现代化》2013年第1期,第72~75页。

数字表明，当前我国社会工作专业人才的培养速度及数量远远不能满足社会工作专业人才市场的巨大需求。如果再考虑2020年预计的2.5亿老年人和其中4200万的失能老人，养老服务社会工作专业人才在数量上完全无法满足社会发展的需要。

当前，上述对社会工作定位不清等多方面因素，导致目前从事社会工作的服务者中，具有社会工作专业学历的人员比例较低、持有职业水平证书的专业人员比例较低的境况。例如一些社会救助工作主要依托政府职能部门，救助人员大多数是政府职能部门的工作人员，不具备专业素质，缺乏职业能力①。发生情况需要服务时，工作人员无法使用专业的社会工作方法开展工作，而往往采取常用的思想政治工作方法帮助处于困难中的服务对象。而养老服务本身又要求各个服务人员的专业性，这就促使提供养老服务的各个机构通过社会工作专门学科和培训机构提升相关社会工作人员的专业化水平，以适应养老服务中社会工作职业能力的要求。

四 养老服务社会工作专业人力资源的分析建议

（一）对养老服务社会工作人才培养模式的建议

鉴于社会工作在养老服务中不可替代的重要作用，专业的养老服务社会工作人才的培养就显得尤为重要。结合目前我国社会工作人才的培养模式和养老服务的需求特点，本报告对养老服务社会工作人才的培养模式提出以下几点建议。

1. 加强养老服务社会工作领域的学科建设

前文已经对目前我国社会工作人才培养模式进行了说明。仅从培

---

① 桂舟：《社会工作专业人才队伍建设的现实困境与化解路径》，《中共郑州市委党校学报》2017年第2期，第72~75页。

养模式来看,这样的培养模式已经得到了众多高校专业的社会工作教研者们的认同和实践。在此基础上,需要思考的是如何对这种人才培养模式进行深化,在教学过程中有效提高养老服务社会工作人才的知识技能。

以发达国家的养老服务人才培养模式作为参照对象,我们可以尝试做以下几方面的努力。首先,养老服务社会工作专业可以从专业教学内容上融合人类生涯发展、预防医学和社会医学、健康管理等部分课程,朝综合性的老龄科学方向发展,尝试是否可以跳出"社会工作"的限制,将学位设置得更加精细化和专业化,深化原来的老年社会工作,让更多年轻学子对养老服务相关的专业学习产生兴趣,提升社会的认知。其次,进一步对专业方向进行划分。在方向上,尽管都属于老年社会工作,但是从养老服务的职业划分上,可以尝试向养老评估计划、养老服务与管理、营养管理等职能方向发展,在教学阶段就能让学生接触养老服务所需的各种技能,从实践中理解和学习各养老技能具体的实务操作方法,并且在毕业后能有非常明确的职能定位。最后,应当提高养老服务研究的水平。在现有硕士教学的基础上,可以尝试开辟更高层次的教学研究和专业学位。如果社会工作本专业短期内更高学位开发比较困难,可以考虑是否能进行跨专业的养老研究,如政策福祉研究、社会环境研究等,为期望能获得更高学位的学生提供可选的提升渠道。同时,利用社会工作本科专业的角色定位,考虑向下为大专、高职院校养老服务相关专业的学生提供学位晋升的方法,增加吸引学生进入社会工作专业的途径。

2. 在精细化区分的基础上调整教学的课程设置

合理的课程设置既可以为养老服务社会工作专业人才提供充分学习的环境,也能提高专业的培养效率,减少教育资源的浪费。首先,需要审视目前本科专业的课程设置,思考如何设置必选的核心的课程与根据兴趣和方向能自主选择的选修课程。

在养老服务领域，除社会工作专业的理论和方法外，可以考虑延展出更多与生涯发展、预防康复、护理介护、人文伦理、应用心理、统计分析、经济管理等相关的课程并将其作为选修的课程。虽然本科期间无法对每一门课程进行非常深入的学习，但却可以让学生在本科期间就能明白作为养老服务社会工作专业人才应当练就哪些基础素质，从而为之后的实务工作和进一步的学历提升打下坚实的基础。其次，如前面内容所提到的，作为社会工作人才培养模式重要组成部分的实践教学，往往容易受到许多外在因素的影响，这使得实践教学效果不如预期。因此，可以考虑在理论教学中剔除部分重复的或相似度较高的课程，为实践教学预留更多的时间，确保可以达到预期的效果。不仅如此，也需要改进实践教学的评审方法，制定更多量化的考核指标，这些考核指标要既能更为客观地反映学生在实践教学中的成长，也能为其提供学习的明确方向，避免在实践教学中出现缺乏目标的情况。

3. 增加教学资源和更新教学内容

从前文的有关社会工作专业认知和就业等内容可以看到，相较于其他发达国家，我国的社会工作专业发展相对滞后，还没有发展到理想状况。对养老服务社会工作专业来说，面对快速的老龄化进程和急剧增加的养老服务需求，这种滞后带来的问题相较于社会工作其他领域的问题可能更加棘手。因此，老年社会工作教育应当尽可能地和外部积极沟通交流，汲取国内其他院校、发达国家和地区甚至非发达国家和地区老年社会工作教育的先进经验，积极改进自身的教育模式和课程。同时，应当联合这些优质资源，建立友好互惠的合作关系，给予学生更多从外面获取知识技能、增加实务经验、拓展专业视野的机会。

此外，在我国社会经济快速发展的背景下，养老服务社会工作需要解决的问题不仅仅局限在传统的提供日常生活照料的养老服务上，更会出现在是否有人性化、个性化，是否有期望的服务品质方面。面对越来越多的养老服务提供者，除了价格，老年人及其家属在选择养老服务时不仅会考虑硬件上的舒适安全，还将更多地考虑是否适合自己所需，是否会损害老年人的人格尊严，是否能值得托付信任，等等。在这种更加复杂的服务关系中，必将产生许多与时俱进、贴近实际教学的案例。充分利用最新的、发生在养老服务领域内的教学内容，为学生提供能较为有效地解决当下老龄化社会问题的方法和经验，启发学生思考，力求做到提前预防类似养老服务问题的产生和及时解决已有的社会工作问题，降低问题发生的可能性以及减小发生后造成的损失。

（二）对养老服务社会工作人才职业环境的建议

除了可以在培养上进行一定的调整改进以外，对养老服务社会工作者所处的职业环境也需要进行一定的改善，保障其能在一个合理的职业环境发挥社会工作在养老服务中的作用。

1. 形成对养老服务社会工作的正确认知

如前面内容阐述到的，社会工作专业在各高校处于较为边缘化地位，社会也缺乏对社会工作的认知，即使是在养老产业市场已经蓬勃发展的时期，养老服务社会工作在现实的养老服务中具有怎样的价值，仍然没有得到社会和提供养老服务的主体们的正确认知。同时，相较于其他社会上的热门专业，学生对社会工作专业的认同感较低，也影响了社会工作价值本身的提升以及在社会发展过程中的表现。

于此，需要从学生的认知开始，改变其对社会工作的印象，避免陷入社会工作的公益情怀与偏低收入的矛盾纠结。在改变的过程中，要求作为专业引导者的老师们能结合实际，对学生们保持充分的耐心和包容，循循善诱使其了解并在实际中体会社会工作的意义和给他人以及自己带来的价值，将社会工作强调的助人自助、利他主义、案主自决、严格保密等理念和伦理渗入到专业的思维和行动中，结合社会工作者自身获得的价值与认同，使这些理念和伦理成为一种易于被社会工作者自身接受的习惯，进而使其形成自己对社会工作的正确认知。

除学习社会工作专业的学生外，还需要在养老服务领域为老龄化社会里的社会民众和养老产业的各方传达社会工作的作用，使其理解养老服务社会工作在这个产业中的价值。前文已经阐述过在养老服务中引入社会工作专业人才的积极作用，包括促进养老服务整体提升的择优选项，增强养老资源的调动能力，提高养老服务质量，评估和督导养老服务质量等。对社会民众，特别是眼前急需养老服务的群体，要积极发挥社会媒体的宣传作用，从整体上让大家了解当需要养老服务、面对众多养老信息自身无法进行专业判断时，可以通过寻求养老服务社会工作者获得专业的帮助，以避免陷入陷阱和纠纷。而对养老产业里的服务提供方和服务监管方，需要通过专题研究成果推动政府从政策规划上将养老服务社会工作者的作用体现出来，结合上文提到的媒体的积极宣传，让整个养老产业相关人员进一步认识到专业的社会工作者可以带来的效用，从而有效地改变其对养老服务社会工作的认知。

2. 提高养老服务社会工作专业人才的劳动收益

养老服务社会工作是一项全日制的专业工作，从业者理当通过自己的专业服务获得应有的劳动收益。在我国社会工作整体收入不够理想的前提下，如何提高养老服务相关社会工作专业人才的劳动收益，是目前我国解决老龄化社会养老问题必须要重点考虑的问题，这也是制约我国专业养老服务专业人才培养和发展的重要因素。

对社会工作这样一份专业性的工作，在掌握相当水平的知识和实务经验之前，社会工作者需要投入必要的资金和时间，例如大学学费和大学学习时间，来确保自己的专业水平能达到从事这个行业的要求。因此，首先，从投入上，可以考虑是否能减少社会工作专业学生在资金上的投入，比如采取一定的学费减免政策，增加更多的奖学金，提供更全面的生活补贴等。其次，从收益的获取上，鉴于政府是社会工作服务的主要采购方，可以考虑是否将更多的采购资金用在养老服务的提供者上，适当减少政府付费中养老硬件建设的支出，增加对服务的核心资源，即包括社会工作者在内的养老服务者的支出。大量国内外养老服务质量的研究早已表明，就养老服务质量的保障和提升而言，服务提供者的作用才是最重要的影响因素。最后，从养老服务社会工作者获得收入与其社会效益来看，可以考虑是否采取类似于国家或地区对重点扶持的科技企业、创新企业的税收优惠政策那样，在养老服务社会工作者的个人收入上进行一定的缴税减免，或是采取申报返还的措施，在暂时无法大幅提升绝对收入的情况下，根据养老服务社会工作者创造的社会效益给予一定的税收奖励。

养老服务是有一定特殊性的服务。即使是在养老产业已经比较成熟、社会经济水平较高的发达国家，相对其他服务，养老服务始终围绕着老年人已经受限的生活内容，常常一成不变而缺乏新鲜感，再加上老年人较为脆弱的身心健康状态，这导致服务人员日常工作压力较大，长期持续服务时容易产生职业倦怠感并影响服务人员的心理和精神状态。因此，对于养老服务社会工作者而言，单纯通过依靠社会工作者自身拥有的社会责任感，或者只通过非物质上的奖励来激励其专业服务，可能较难产生持续稳定的促进作用，所以还是需要从较低的专业成本投入、较为体面的薪酬收入来给予其保障。

（三）对养老服务社会工作人才专业化发展的建议

养老服务中的社会工作中应当是专业性的，是能够与其他专业职能从分工上进行区别的。这需要从养老服务自身需求上明确社会工作在服务的提供过程中起到怎么样的作用，应当有怎么样的职能和人才来发挥这些作用，以及如何来为这样的职能和人才提供必要的专业保障。

1. 在养老服务的作用上给予更加明确清晰的区分

为了给养老服务社会工作人才铺设更加明确的发展路径，在养老服务上需要给予明确的专业区分。目前我国养老服务人才培养基本以高职专科类职业技术院校为主，学历层次以中专、大专居多，开设课程多围绕老年护理、康复、健康管理等具体服务技能或基层管理素质展开，而关注老年人的心理与精神健康、社会资源的整合与调动、信息与数据的整理与分析、政策的规划与实施等，以及养老服务提供主体的运营管理这种内容更加全面的本科以上的人才培养还显得较为匮乏。

根据教育部联合多部门印发的《关于加快推进养老服务业人才培养的意见》中的指导意见，养老服务社会工作可以从不同的职能作用上进行专业划分，例如围绕老年心理、社会功能需求开展专业技术工作的专业服务型人才，能整合老年综合型需求（生理、心理、社会层面）并整合相关资源的服务管理型人才，民政福利机构、社区养老机构、民营养老机构等老年服务单位的行政型管理人才或技术指导人才，于各级政府机关（如老龄委、退管办）或行业协会中参与老年服务政策的制定、执行或联络工作的人才，于各高校或专业的研究机构进行老年服务和模式研究、专业教学的教研型人才。对正在学习或正在从事养老服务的社会工作专业人才而言，这些更加细致的区分能进一步帮助其根据自身的专业特长和所处的工作、生活环境，选择更加适合自己发展的养老服务方向，有利于社会工作专业人才规划自己的职业发展路径。

2. 培养复合型的养老服务专业人才

如上面内容所描述的，目前我国养老服务人才的培养机构是以中专、高职、高专院校为主，专业方向上也更倾向于生活照料服务、老年医学、老年康复与护理等传统的养老服务，所培养的人才也更偏向于服务的具体技术和基层管理素质。养老产业的发展不仅需要这样的专业服务人才，还需要有更好的教育背景，掌握更多养老服务知识，能系统性地运用科学方法和思维去解决现实中养老产业问题的全面复合型的专业人才。

复合型的养老服务专业人才首先包含了养老的基本照料服务在提供过程中技术层面的知识技能，比如养老照料的价值理念和知识、照料服务的操作技术等；然后是多学科融合的健康专业知识，比如心理学、老年医学、老年护理学、营养学、康复医学等；最后是能将前面两者结合起来灵活运用到实际养老服务中的人文类学科知识，比如社会学、经济学、管理学、社会工作理论和方法以及社会工作中的实务操作技术等。加上在社会工作的学习和实践过程中，通过服务策划、服务执行、服务管理、工作督导培训等从价值观到技巧的全面发展，使得养老服务的社会工作专业人才能胜任养老服务现场的技术工作和服务后台支撑的一般性管理工作。复合型养老服务专业人才是一个需要广泛的专业知识、丰富的实务经验和一定的人生历练的工作者。对新从事养老服务的老年社会工作者而言，要树立长远的专业发展目标，立足于养老服务现场，脚踏实地地在实务操作中提升自己的知识技能，积累实务经验，避免因为短期内没有达到不切实际的目标而产生专业的挫败感，甚至发生离开老年社会工作行业的情况。

3. 培养专门型的养老服务人才

随着养老产业的快速发展，社会养老意识的转变，养老服务也开始往多样化和精细化的方向发展。比如针对身体功能和意识功能正常、自理程度比较高的老人设立养老管家，专门为老年人完成生活上的各项生活琐事或无法由自己完成的工作，让其将精力、时间都用在日常生活中的娱乐、社交、学习等活动上，享受轻松愉悦的退休生活。又比如在发达国家较为成熟的养老服务体制下，有为认知功能下降、需要进行认知症预防的老人进行康复理疗的理疗师；可通过专业的作业干预手法，如工艺制作、音乐回想、园艺活动等；锻炼老人的手眼协调能力、听觉能力、思维创造能力等；借助老年人生涯发展的可塑性，预防和干预阿尔茨海默症（BPSD）的发生和恶化，延缓其伴随的行为和精神症状①。

结合我国养老服务社会工作者的专业情况，针对目前有一定刚性需求的养老服务，可以考虑从现有的老年社会工作者中发展分化出专门为身心功能下降的老年人提供生活支持服务的养老服务人才，其中比较有代表性的就是同属东亚文化圈的日本帮助维护老年人权益、充分考虑老人需求与家属期望，结合身边的养老资源，为老年人制定个性化照料方案，为老年人家属提供指导意见的照料经理人（Care manager）②③。目前我国养老产业和养老服务市场正处在起步期的快速发展阶段，各种服务信息既没有完善的标准规范，新生的服务信息又层出不穷，这使对我国的老年人，特别是对养老服务有迫切需求的老年人及其家属，在面对这些混乱繁杂的服务信息时，很难凭借自身的知识或经验判断怎样的养老服务才是适合自己或自家的老年人的。再加上许多游走于灰色地带的、充满着欺瞒性质的所谓老年产品销售活动，对老年人的经济权益来说是非常大的安全隐患。因此，作为养老服务中的专业人员，秉承社会工作的专业理念和社会工作的公益性质，老年社会工作者在维护老人权益上有着不可推卸的职业责任。

---

① 加瀬裕子，多賀努，久松信夫：《認知症の行動心理症状（BPSD）と効果的介入》，老年社会科学，2012 年，第 34 卷第 1 期，29 - 38。
② 久松信夫：《在宅認知症高齢者支援におけるソーシャルワーカーの役割観》，社会福祉学評論，2017 年第 18 号。
③ 鵜浦直子：《ソーシャルワークの機能強化に向けた後見人等との連携・協働に関する研究—成年後見制度を活用したソーシャルワーク実践の分析から》，社会福祉学，2011 年第 51 卷第 4 期，31 - 42。

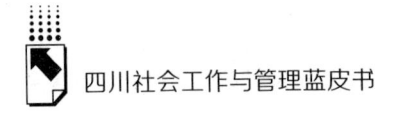

4. 在专业发展上的政策的支持和保障

养老服务社会工作人才的专业发展需要与养老产业的现实需求相关联，即通过老年社会工作专业的进一步深化来满足现实养老服务的需求。目前养老服务提供机构通过近年来的产业实践，对自身业务发展所需要的人才的要求也逐渐明确，例如必要的专业职能、高效的人员配比等。与此相比，高校的专业教育方面对老年社会工作的人才培养显得较为滞后，暂时无法充分回应快速发展中的养老服务行业对专业人才的需求。

这种情况的产生，一方面是高校偏重于理论方法的教育，缺乏直接和养老服务行业进行充分有效交流的动力；另一方面是养老服务行业里不同地区、不同服务模式、不同养老服务机构之间暂时很难形成非常统一的、对专业养老服务人才的需求。因此，针对此种情况，需要从国家层面为老年社会工作者的专业发展提供更多的政策支持，引导高校和养老服务行业之间对专业人才的要求达成共识，也为养老服务社会工作专业者提供更为明确的就业途径和保障。

首先，全国老龄委、有影响力的老年服务行业协会等政府或行业引领机构，应设定老年社会工作的专职岗位，将养老服务社会工作的高级人才引入到参与老年政策的制定与服务管理监督中；而民政部门可在广泛分析养老产业研究结果和收集专业指导意见的前提下，要求各级养老服务机构、社会福利机构、社会工作服务机构规范其应有的老年社会工作岗位的数量、比例与层次，确保老年社会工作人才有稳定、较为多样的就业岗位。其次，通过人力资源部门、民政部门、行业协会等联合国内外与养老服务专业职能相关的高校，为老年社会工作人才提供培训与晋升的平台，给予其可以进一步发展专业和提升能力的途径。对需要进行特定的专业培训，经过补充新的理念、知识体系与实践技巧才能掌握专业职能的人员，例如前面提到的照料经理人，可以考虑出台相应的专业资格考取制度，让养老服务社会工作专业人才可以根据工作需要和自身专业发展目标，考取相应的资格证书，进一步提升专业技术水平，在促进养老服务质量发展的同时，也使社会和养老服务行业产生对养老服务社会工作专业人才的认可。

五 给予四川养老服务社会工作人力资源的启示

我国老龄化产业在国家政策支持和社会现今形势的双重促使下得到了快速发展，从而对我国从事养老服务的人力资源保障也提出了更进一步的需求。四川省统计局2016年公布的抽样调查数据显示，四川省内60周岁以上的人口已经达到1672万人，占到了整个常住人口的20.38%，其老龄化程度也处于全国前列[1]。对四川省老年人口健康状况的调查发现，尽管60~69岁的老年人中不健康但生活能自理和生活不能自理的比例分别为9.06%和1.20%，尚未达到非常严峻的程度，但随着老年人年龄的增加，这两项数字的增长却非常明显，70~79岁老年人的这一比例分别是22.03%和3.83%，80~89岁分别是32.53%和11.08%，特别是生活不能自理的比例，在90岁以上的老年人中达到了25.25%[2]。随着社会经济发展和生活水平的提高、社会保障制度的健全和社会医疗保健能力的提升，可以预见四川老年人会在以上数字的前提下产生巨大的养老服务需求，特别是生活不能自理、需要养老照护服务的情况将会越发明显，成为比现在更加紧迫的刚性需求。目前，在省民政厅的规划指导下，各地快速增长的养老床位数量就非常客观地印证了市场对刚性养老服务需求的增长。

从国内外的经验来看，无论政府部门如何投入资金和人力，养老服务所需的各个载体，如大型康养社区、不同规模的养老入住机构、

---

[1] 四川省统计局：《四川省2015年全国1%人口抽样调查主要数据公报》，2016。
[2] 四川省统计局：《四川老年人口健康状况和生活来源大调查》，2013。

居家服务的工作点位等，始终需要交予市场本身，由市场的资源力量来进行建设。鉴于此，四川省的养老服务社会工作应当与省内本地的养老服务市场紧密联系起来。作为养老服务社会工作人力资源的主要培养机构的高校、学院，在已经有相当多国内外研究交流的基础上，也应当主动从另一个方向，即四川养老服务市场的方向研究怎么为省内的养老服务社会工作奠定好优质且稳定的人力资源基础。首先，可以从整体上了解市场上的养老需求状况，重点要了解目前市场上养老服务中最需要的是哪些服务，是哪些人群最需要这些服务；其次，养老服务社会工作可以提供养老服务需求中的哪些部分，这些部分又要求专业的社会工作人员应当有怎样的基本素质和能力；再次，为了培养年轻社会工作者从事养老服务工作所需的基本素质和能力，可以从哪些资源着手保障在人才培养过程中有合适的师资和教学实践基地，以及如何打通社会工作专业人才与养老服务载体的就业连接通道；最后，可以充分利用高校、学院的产业研究资源和培养的养老服务社会工作专业人才，帮助当地乃至全国的养老服务打造服务全面、职能清晰、运转高效、保障齐全的养老服务体系。

可以推测，四川的养老服务社会工作与全国整体的现状有着非常类似的情况。从养老服务的切入，如调动资源、提升效率和质量，到人才培养，如培养模式、专业认知和理论实践，以及行业发展，如就业方向、工作定位、专业人数和职业化发展等，四川养老服务社会工作都可以从全国整体的现状中得到启发。同样，也可以从全国各地其他地区经验和专业研究的成果中寻找到适合四川省实际现状的解决思路。

参考文献

陈峰、陈涛：《中国社会工作政策与规划之分析：内容、特点与前瞻》，

《社会工作与管理》2014年第2期，第34~41页。

范明林等：《老年社会工作》，上海大学出版社，2005。

方舒、刘世雄：《高校社会工作专业人才培养模式的反思与建议——以中央财经大学为例》，《河北青年管理干部学院学报》2017年第2期，第40~47页。

冯晓娟：《我国养老服务发展状况与社会工作介入分析》，《理论与现代化》2013年第1期，第72~75页。

桂舟：《社会工作专业人才队伍建设的现实困境与化解路径》，《中共郑州市委党校学报》2017年第2期，第72~75页。

国家统计局：《2016年国民经济和社会发展统计公报》，2017。

国务院：《国家人口发展规划（2016~2030年）》，2016。

加瀬裕子，多賀努，久松信夫：《認知症の行動心理症状（BPSD）と効果的介入》，老年社会科学，2012年，第34巻第1期，29-38。

久松信夫：《在宅認知症高齢者支援におけるソーシャルワーカーの役割観》，社会福祉学評論，2017年第18号。

老龄办：《人口老龄化发展趋势预测研究报告预测研究报告》，2007年。

上海统计局：《闵行区医养结合机构发展状况调查》，2015。

四川省统计局：《四川老年人口健康状况和生活来源大调查》，2013。

四川省统计局：《四川省2015年全国1%人口抽样调查主要数据公报》，2016。

谭磊：《我国老年社会工作本科人才培养路径研究》，《社会工作与管理》2016年第3期，第39~45页。

鵜浦直子：《ソーシャルワークの機能強化に向けた後見人等との連携・協働に関する研究—成年後見制度を活用したソーシャルワーク実践の分析から》，社会福祉学，2011年第51巻第4期，31-42。

周渭兵：《未来五十年我国社会抚养比预测及其研究》，统计研究，2004年第11期，第35~38页。

社会科学文献出版社　　　　　　　　　　**皮书系列**

❖ 皮书起源 ❖

"皮书"起源于十七、十八世纪的英国，主要指官方或社会组织正式发表的重要文件或报告，多以"白皮书"命名。在中国，"皮书"这一概念被社会广泛接受，并被成功运作、发展成为一种全新的出版形态，则源于中国社会科学院社会科学文献出版社。

❖ 皮书定义 ❖

皮书是对中国与世界发展状况和热点问题进行年度监测，以专业的角度、专家的视野和实证研究方法，针对某一领域或区域现状与发展态势展开分析和预测，具备原创性、实证性、专业性、连续性、前沿性、时效性等特点的公开出版物，由一系列权威研究报告组成。

❖ 皮书作者 ❖

皮书系列的作者以中国社会科学院、著名高校、地方社会科学院的研究人员为主，多为国内一流研究机构的权威专家学者，他们的看法和观点代表了学界对中国与世界的现实和未来最高水平的解读与分析。

❖ 皮书荣誉 ❖

皮书系列已成为社会科学文献出版社的著名图书品牌和中国社会科学院的知名学术品牌。2016年，皮书系列正式列入"十三五"国家重点出版规划项目；2012~2016年，重点皮书列入中国社会科学院承担的国家哲学社会科学创新工程项目；2017年，55种院外皮书使用"中国社会科学院创新工程学术出版项目"标识。

中国皮书网

发布皮书研创资讯,传播皮书精彩内容
引领皮书出版潮流,打造皮书服务平台

栏目设置

关于皮书:何谓皮书、皮书分类、皮书大事记、皮书荣誉、
皮书出版第一人、皮书编辑部

最新资讯:通知公告、新闻动态、媒体聚焦、网站专题、视频直播、下载专区

皮书研创:皮书规范、皮书选题、皮书出版、皮书研究、研创团队

皮书评奖评价:指标体系、皮书评价、皮书评奖

互动专区:皮书说、皮书智库、皮书微博、数据库微博

所获荣誉

2008年、2011年,中国皮书网均在全国新闻出版业网站荣誉评选中获得"最具商业价值网站"称号;

2012年,获得"出版业网站百强"称号。

网库合一

2014年,中国皮书网与皮书数据库端口合一,实现资源共享。更多详情请登录www.pishu.cn。

权威报告·热点资讯·特色资源

皮书数据库
ANNUAL REPORT(YEARBOOK) DATABASE

当代中国与世界发展高端智库平台

所获荣誉

- 2016年，入选"国家'十三五'电子出版物出版规划骨干工程"
- 2015年，荣获"搜索中国正能量 点赞2015""创新中国科技创新奖"
- 2013年，荣获"中国出版政府奖·网络出版物奖"提名奖
- 连续多年荣获中国数字出版博览会"数字出版·优秀品牌"奖

成为会员

通过网址www.pishu.com.cn或使用手机扫描二维码进入皮书数据库网站，进行手机号码验证或邮箱验证即可成为皮书数据库会员（建议通过手机号码快速验证注册）。

会员福利

- 使用手机号码首次注册会员可直接获得100元体验金，不需充值即可购买和查看数据库内容（仅限使用手机号码快速注册）。
- 已注册用户购书后可免费获赠100元皮书数据库充值卡。刮开充值卡涂层获取充值密码，登录并进入"会员中心"—"在线充值"—"充值卡充值"，充值成功后即可购买和查看数据库内容。

卡号：812318366580
密码：

数据库服务热线：400-008-6695
数据库服务QQ：2475522410
数据库服务邮箱：database@ssap.cn
图书销售热线：010-59367070/7028
图书服务QQ：1265056568
图书服务邮箱：duzhe@ssap.cn

子库介绍
Sub-Database Introduction

中国经济发展数据库

涵盖宏观经济、农业经济、工业经济、产业经济、财政金融、交通旅游、商业贸易、劳动经济、企业经济、房地产经济、城市经济、区域经济等领域，为用户实时了解经济运行态势、把握经济发展规律、洞察经济形势、做出经济决策提供参考和依据。

中国社会发展数据库

全面整合国内外有关中国社会发展的统计数据、深度分析报告、专家解读和热点资讯构建而成的专业学术数据库。涉及宗教、社会、人口、政治、外交、法律、文化、教育、体育、文学艺术、医药卫生、资源环境等多个领域。

中国行业发展数据库

以中国国民经济行业分类为依据，跟踪分析国民经济各行业市场运行状况和政策导向，提供行业发展最前沿的资讯，为用户投资、从业及各种经济决策提供理论基础和实践指导。内容涵盖农业，能源与矿产业，交通运输业，制造业，金融业，房地产业，租赁和商务服务业，科学研究，环境和公共设施管理，居民服务业，教育，卫生和社会保障，文化、体育和娱乐业等100余个行业。

中国区域发展数据库

对特定区域内的经济、社会、文化、法治、资源环境等领域的现状与发展情况进行分析和预测。涵盖中部、西部、东北、西北等地区，长三角、珠三角、黄三角、京津冀、环渤海、合肥经济圈、长株潭城市群、关中—天水经济区、海峡经济区等区域经济体和城市圈，北京、上海、浙江、河南、陕西等34个省份及中国台湾地区。

中国文化传媒数据库

包括文化事业、文化产业、宗教、群众文化、图书馆事业、博物馆事业、档案事业、语言文字、文学、历史地理、新闻传播、广播电视、出版事业、艺术、电影、娱乐等多个子库。

世界经济与国际关系数据库

以皮书系列中涉及世界经济与国际关系的研究成果为基础，全面整合国内外有关世界经济与国际关系的统计数据、深度分析报告、专家解读和热点资讯构建而成的专业学术数据库。包括世界经济、国际政治、世界文化与科技、全球性问题、国际组织与国际法、区域研究等多个子库。

法 律 声 明

"皮书系列"(含蓝皮书、绿皮书、黄皮书)之品牌由社会科学文献出版社最早使用并持续至今,现已被中国图书市场所熟知。"皮书系列"的 LOGO ( ) 与"经济蓝皮书""社会蓝皮书"均已在中华人民共和国国家工商行政管理总局商标局登记注册。"皮书系列"图书的注册商标专用权及封面设计、版式设计的著作权均为社会科学文献出版社所有。未经社会科学文献出版社书面授权许可,任何使用与"皮书系列"图书注册商标、封面设计、版式设计相同或者近似的文字、图形或其组合的行为均系侵权行为。

经作者授权,本书的专有出版权及信息网络传播权为社会科学文献出版社享有。未经社会科学文献出版社书面授权许可,任何就本书内容的复制、发行或以数字形式进行网络传播的行为均系侵权行为。

社会科学文献出版社将通过法律途径追究上述侵权行为的法律责任,维护自身合法权益。

欢迎社会各界人士对侵犯社会科学文献出版社上述权利的侵权行为进行举报。电话:010-59367121,电子邮箱:fawubu@ssap.cn。

社会科学文献出版社